김혁 교수의 경영 캠프

내일의 CEO를 위한
김 혁 교수의 경영캠프

ⓒ 김 혁, 2008

초판 1쇄 찍은날 | 2008년 5월 15일
초판 1쇄 펴낸날 | 2008년 5월 25일

지은이 | 김   혁
펴낸이 | 장시원
펴낸곳 | (사)한국방송통신대학교출판부
       110-500 서울시 종로구 이화동 57번지
       전화 영업 02-742-0954
           편집 02-3668-4764
       팩스 02-742-0956
       출판등록 1982년 6월 7일 제1-491호
       홈페이지 http://press.knou.ac.kr

출판위원장 | 권수열
편집 | 장웅수
본문디자인 | (주)하람커뮤니케이션

ISBN 978-89-20-92709-6 03320
값 12,000원

※ 잘못 만들어진 책은 바꾸어 드립니다.

김혁 교수의 경영캠프

김 혁 지음

지식의날개

C**O**NTENTS 내일의 CEO를 위한 김 혁 교수의 **경영캠프**

3부 날마다 새롭게 나아가라

4부 역사에서 배우는 리더십과 내일의 경영

■ **에필로그** | 경영을 알면 행복합니다

멋진 CEO를 위하여

책으로 만나는 여러분 반갑습니다. 이 책을 읽는 바로 당신이 '멋진 CEO'가 되어 성공적인 삶을 살아가길 진심으로 바랍니다.

이 책은 경영 활동이 우리 삶과 어떤 관계를 맺고 있는가 하는 주제를 놓고 여러분과 대화를 나누고자 쓴 것입니다. 우리는 흔히 경영이라는 활동을 기업의 사장이나 사업을 하는 사람들에게나 필요하고, 우리 삶과는 밀접하지 않다고 여기곤 합니다. 그렇지만 어떤 일을 하더라도 우리 삶은 경영과 연관되어 있습니다.

우리나라의 원로 패션 디자이너인 노라노 여사가 미국 브라운 대학교에서 강연을 한 일이 있습니다. 디자이너 지망생들이 디자이너로 성공하기 위해 가장 중요한 것이 무엇이냐고 질문하자, "MBA와 결혼하라"고 답했다고 합니다. 어리둥절한 표정의 청중에게 패션 디자인을 잘하기 위해서는 마케팅, 생산관리, 재무관리 등의 경영 활동이 뒷받침되어야 한다는 설명을 했습니다. 자신이 몸담은 분야가 예술일지라도 경영이 필요하고 경영 마인드가 필요하다는 것을 알려주는 이야기입니다.

　‘멋진 CEO’는 ‘멋진 인생’을 사는 사람이라고 생각합니다. 멋진 인생은 여러 가지 방식으로 이룰 수 있겠지만, 경영학을 전공한 저는 멋진 인생이란 사람들이 더 행복하고 보람되게 살도록 만드는 삶, 즉 멋진 경영인으로서 살아갈 때 이루어진다고 생각합니다.

　경영이 무엇인지 진짜로 아는 사람과 그렇지 못한 사람은 직위에 상관없이 자신이 하는 일의 성과나 삶의 방향이 매우 다르게 나타납니다. 경영의 기본 개념, 즉 경영은 사람들과 더불어 일을 잘하도록 하는 것임을 잊지 않길 간절히 바랍니다. 함께 일하는 사람들을 자신만큼 존중하고 배려할 수 있는 마음가짐으로, 자신의 일을 전문적으로 해낼 수 있는 능력을 갖춘 사람이 제대로 된 경영을 할 수 있습니다. 그런 마음을 가진 사람들이 이끌어나가는 기업이 지속적으로 발전할 수 있습니다. 회사에서의 위치가 신입사원이거나 혹은 대리나 과장이라 하더라도 시간이 지나면 여러 사람을 리드하는 책임을 맡아야 할 때가 올 것입니다. 경영에 대한 지식도 개념도 없다면 과연 자신이 맡을 조직이나 기업을 제대로 운영할 수 있을까요?

　이 책에서는 성공한 경영자들의 일화를 소개하고 있는데, 성공한 사람들은 미리미리 무언가를 준비하고 자신이 하는 일에 주인의식을 갖고 남보다 잘하려고 노력합니다. 평소에 준비하고 노력하다 보면 다른 사람들이 생각하지 못하는 아이디어도 떠올리고 새로운 도전을 할 수 있는 것입니다. 그런 의미에서 지금부터라도 경영에 대해 배우고 준비해야 합니다.

이 책을 통해 저는 경영학을 공부하지 않은 일반인, 청소년, 그리고 대학에서 경영과 전혀 관련 없는 인문학이나 공학, 예술 등을 공부하는 대학생들이 경영의 기초 개념을 이해해 자신의 삶을 멋지게 경영하는 방법을 소개하고자 했습니다. 이런 의도로 이 책을 크게 4부로 구성했습니다.

1부에서는 멋진 CEO가 알아야 할 삶의 지혜를 다루고 있습니다. 2부에서는 경영과 리더십이 무엇인지 이야기합니다. 3부에서는 경영의 새로운 화두를 소개합니다. 창조경영, 브랜드경영, 지식경영 등 새로운 경영 트렌드와 남과 다른 방식으로 성공한 기업의 이야기를 만날 수 있습니다. 4부에서는 여러 국가들의 흥망성쇠를 토대로 올바른 리더십에 대해 검토하고, 다가올 미래를 조망해 봅니다.

이제 경영은 단순한 기술이나 과학이 아닙니다. 사람의 감성을 움직이는 무엇이 있어야 합니다. 경영자로서 사람들을 이끌기 위해서는 지혜가 필요한데, 이러한 지혜는 인문학이나 예술에 대한 폭넓은 이해와 인간에 대한 애정에서 생겨납니다.

내일의 멋진 CEO 여러분, 기쁨과 보람이 가득한 멋진 삶을 누리길 바랍니다.

명륜골에서 김혁이 올립니다.

1

경영을 위한 첫걸음

수영이나 축구 등 운동을 하기 전에는 먼저 해야 할 일이 있다. 그것은 바로 준비 운동이다. 준비 운동을 하면 부상도 예방하고 운동 에너지를 효과적으로 끌어올릴 수 있다. 본격적인 경영 학습에 들어가기 전에 미리 마음을 가다듬고 준비 작업을 하는 것이 좋을 것이다.

이 장에서는 성공하는 사람들의 마음가짐과 그들이 들려주는 교훈에 귀 기울여보자. 우리도 언젠가는 성공하리라는 꿈을 품고 첫걸음을 내딛어보자.

성공하는 사람

서점에 나가보면 성공하는 사람으로 이끌어주는 책을 흔히 볼 수 있다. 돈 잘 버는 방법, 직장에서 성공하는 방법…… 등. 이런 책 중에서 스티븐 코비가 쓴 『성공하는 사람들의 7가지 습관』은 삶을 성공적으로 살기 위해 꼭 필요한 마음가짐과 행동 방식을 잘 정리한 책이다. 오래도록 사랑받은 이 책은 출간되자마자 매스컴과 독자의 주목을 받으며 베스트셀러가 될 정도로 알찬 내용을 담고 있다. 많은 이들이 이 책을 읽었겠지만 책의 내용을 다 기억하지는 못할 것이다. 시간이 지나면서 그 내용이 가물거리게 되는 것이 자연스러운 일이기 때문이다. 일반적으로 우리의 머리는 한두 가지 또는 서너 가지 정보만 기억한다. 머릿속에 모두 담아내기에 일곱 가지는 좀 많지 않은가? 일곱 가지를 모두 기억하기 힘들다면 가장 중요한 세 가지만은 잊지 말자.

첫 번째 습관: 자신의 삶을 주도한다

삶의 주인은 나 자신이다. 자신의 삶에 책임을 져야 한다. 어떤 일이 좋지 않은 방향으로 흘러가면 결과에 책임을 지려 하지 않는가? 우리가 어떤 행동을 하는 것은 이미 마음속으로 그렇게 행동하겠다는 마음의 결정을 내리고 이를 따르기 때문이다. 그렇기에 스스로 내린 결정에 책임을 져야 한다.

책임을 뜻하는 'responsibility'를 두 단어, 'response(반응)'와 'ability(능력)'로 나누어 보면 재미있는 사실을 알 수 있다. 살아가면서 외부의 '자극'을 받으면 이에 대해 '반응'하게 되는데, 이때 우리에게는 선택을 할 수 있는 '자유 또는 능력'이 있다. 이런 개념은 공지영의 소설 『즐거운 나의 집』의 한 대목에서도 볼 수 있다. "어떤 작가가 말했어. 자극과 반응 사이에는 공간이 있다. 그 공간에는 반응을 선택할 수 있는 자유가 있다. 우리의 성장과 행복은 그 반응에 달려 있다."

이 같은 선택을 내릴 때 우리에게는 자아의식, 상상력, 양심, 독립의지와 같은 가치관이 작용하게 된다. 즉 선택은 자유에 의해 스스로 내리는 것이다. 예를 들면, '우리 자신이 고통스럽게 되는 것은 일어난 자극에 대해 반응하면서 고통을 선택하기 때문이다.' 자신의 삶에 대해 주도적인 사람이 되면 스스로 선택을 내리는 '자유'를 느끼게 되고 자신의 '감정'보다는 '가치'를 우선하는 마음이 싹트게 된다. 또한 자신에게 주어진 조건을 걱정하는 대신 자신이 무엇을 할 수 있는지에 관심을 둔다. 스티븐 코비는 자신이 할 수 있는 영역을 '영향력의 영역', 자신에게 주어진 조건은 '통제의 영역'이라고 했는데, 진정으로 어떤 상황이 개선되기를 원한다면 '자기 자신'에 초점을 맞추도록 노력해 '영향력의 영역'을 넓혀야 할 것이다.

실수하지 않는 사람이 어디 있으랴. 그런데 우리는 종종 실수를 저지르고 자신의 삶에 책임을 지려 하지 않는다. 한번 저지른 실수는 되돌릴 수 없으며, 그로 인해 벌어진 결과를 통제할 수 없을 때 무력감에 빠진다. 즉 실수를 저지르고 나서 '영향력의 영역'이 아닌 '통제의 영역' 안에서만 맴도는 것이다. 실수를 해결하려면 그것을 즉시 인정하고 수정해 거기에서 교훈을 얻어야 한다. 그렇게 함으로써 과거의 실수와 실패를 미래의 성공을 위한 발판으로 바꾸게 되는 것이다. 물론 실수를 인정하는 것은 용기가 필요한 일이다. '반응'에 대한 '능력', 즉 자극과 반응 사이에서 선택할 수 있는 '자유'가 필요하기 때문이다.

'오늘의 나는 어제 내가 한 선택의 결과다.'

두 번째 습관: 목표를 정하고 행동한다

우리 모두는 목표를 정하고 살아가는 삶과 그렇지 않은 삶에 얼마나 큰 차이가 있는지 잘 알고 있다. 그러나 많은 사람들이 구체적으로 목표를 세우지 않는다. 스티븐 코비는 학생들에게 한 학기 동안만 살 수 있다고 가정하게 한 후 그 시간 동안 어떻게 살 것인지를 상상하도록 했다. 그러자 학생들은 자신의 인생에서 가장 중요하다고 생각하는 것, 즉 진정으로 하고 싶은 것을 찾기 위해 경건한 모습을 보였다. 이처럼 상상을 통해 목표를 발견하고 목표를 이루기 위해 행동하는 것은 성공을 위해 필요한 것이다.

목표를 발견하기 위해서는 우선 상상을 잘해야 한다. 잘못된 상상은 잘못된 결과를 낳기 때문이다. 세계적인 운동선수들뿐 아니라 역사에 길이 남은 위인들 대부분은 훌륭한 상상력을 가졌다. 이들은 실제로 행동하기 전에 마음속에 그 결과를 그려본다. 즉 마음속에 목표를 그리고 행동한다.

『성공하는 사람들의 7가지 습관』에서 스티븐 코비는 어떤 목사의 일화를 소개한다. 그 목사는 목회 초기에 교인 5명을 앞에 두고 설교하면서도 마음속으로는 수천 명이 앞에 있다고 상상하고 설교했다. 결국 머지않아 상상이 현실이 되었다. 이처럼 상상을 통해 자신이 이루려는 것을 얻을 수 있고 또한 그에 맞도록 행동할 때 큰 힘과 능력을 얻게 되는 것이다.

세 번째 습관: 소중한 것부터 먼저 한다

일상생활에서 소중한 것부터 먼저 하는 버릇을 길러야 한다. '버릇 들이기discipline'란 말은 문하생disciple이라는 말에서 나왔는데, 이는 철학에 대한 추종이나 일련의 가치를 따르는 것 또는 위대한 사람에 대한 추종을 의미한다. 우리는 스스로를 효과적으로 관리해 '버릇 들이기'를 해야 한다.

소중한 것부터 먼저 하기 위해서는 시간관리 매트릭스를 만들어 보는 것이 좋다. 매트릭스의 한 축은 '중요함'과 '중요하지 않음', 다른 한 축은 '긴급함'과 '긴급하지 않음'으로 나눈다. 자기계발을 위한 노력, 인간관계 구축, 새로운 가치 발굴 등은 장기적으로 해야 할 것들이다. 이처럼 많은 시간을 들여 실행해야 할 활동들은 중요하지만 긴급하게 해야 할 일이 아니기 때문에 뒤로 미뤄지는 경우가 많다.

대부분 사람들은 잠깐의 질문, 전화 통화, 인터넷 검색, 회의 등 중요하지는 않지만 긴급한 일들에 많은 시간을 할애한다. 우리는 긴급하지도 않고 중요하지도 않은 오락이나 하찮은 일에 시간을 낭비하지는 않는지 살펴봐야 한다. 물론 중요하고 긴급한 일, 즉 기일이 정해진 프로젝트나 급박한 문제는 반드시 해내야 할 활동이다.

스티븐 코비는 상대방과 신뢰를 구축하기 위한 활동을 가장 소중한 활동으로 보고 있다. 서로 신뢰해야 진정한 대화가 이루어질 수 있기 때문에 신뢰 구축에 힘써야 한다는 것이다. 신뢰 구축을 위해서는 먼저 상대방을 이해해야 한다. 상대방이 중요하게 생각하는 것을 중요하게 생각하고, 약속을 하면 반드시 지키고, 말과 행동이 일치하는 것을 보여주어야 한다. 그리고 무언가 잘못을 했다면 진지하게 사과해 상대방이 당신을 신뢰하도록 해야 한다.

스티븐 코비는 이렇게 말했다. "문제를 가진 사람 한 명과 좋은 관계를 형성하는 것이 많은 대중을 구원하는 것보다 더 고귀한 일이다." 문제를 가진 사람과 바람직한 관계를 형성하기 위해서는 겸손, 용기, 의지 같은 고귀한 품성이 요구되기 때문이다. 대인관계에서는 항상 시너지를 활용해야 한다. 시너지의 본질은 차이를 인정하는 데 있다. 차이를 존중하고 장점을 활용해 약점을 서로 보완하는 데서 시너지가 생긴다. 진정한 성공은 자신을 제대로 파악해야 이룰 수 있다. 즉 진정한 성공은 물질을 소유하는 것이 아니라 자신과의 싸움에서 이기는 것이다.

　마지막으로 이집트의 지도자였던 사다트 대통령의 말을 들어보자. "내가 그 폐쇄된 감방 안에서 인간성과 삶에 관해 깊이 생각하면서 깨달은 것은 자신의 사고의 바탕을 바꿀 수 없는 사람은 현실 문제도 바꿀 수 없으며, 결국 진보할 수 없다는 것이었다."

긍정이 주는 힘

조엘 오스틴 목사가 쓴 베스트셀러 『긍정의 힘』은 우리가 늘 보고 들으면서도 실행하지 못하는 '삶에 대한 긍정의 힘'을 이야기한다. 이 책은 목사가 쓴 책이기 때문에 교회에 다니지 않는 사람은 거부감을 가질지도 모르지만 긍정적인 마음이라는 것은 종교와 관계없이 모든 사람에게 꼭 필요한 것이다.

누구나 살아가면서 아무것도 하기 싫고 생각조차 하기 싫은 절망의 나락에 빠져 허우적댄 경험을 한두 번쯤 해보았을 것이다. 그럴 때 손을 내밀어주는 사람, 절망의 늪에서 건져내 밝고 환한 기쁨과 즐거움의 세계로 이끄는 친구, 가족, 선후배가 있다면 얼마나 좋을까? 혼자 힘으로 일어서지 못할 때 일으켜 세워주는 사람이 있다면 기쁨을 느낄 것이다. 격려해주고 칭찬해주며 마음속 깊이 숨어 있는 어떤 가능성을 알아보고 이를 키우도록 해주는 그런 사람!

그런 멋진 사람이 곁에 있으면 좋겠지만, 그런 사람이 없더라도 실망하지는 말자. 자신의 마음 깊은 곳에서 그런 역할을 하도록 하는 긍정적이고 밝은 마음이 활화산처럼 용솟음친다면 절망과 두려움을 이겨내고 멋진 삶을 누릴 수 있지 않을까? 인생에서도 경영에서도 위기는 자주 찾아온다. 절망을 희망으로 바꾸는 힘인 '긍정의 힘'을 살펴보기로 하자.

자신의 가치를 발견하라

자신에 대해 만족하고 스스로를 존중해야 한다. 우리는 흔히 잘나가는 사람을 보면 자신을 그 사람과 비교해 못생겼다거나 능력이 부족하다는 식으로, 자신의 부족한 면을 보곤 한다. 그러나 성공하는 사람들은 자기 자신을 긍정적으로 받아들인다. 마음속에 매우 성공적인 자신의 모습을 그린다. 사람은 누구나 부족한 점이 있게 마련이지만 단점보다 장점을 보고 자화상을 그릴 때, 할 수 있다는 용기와 열정이 솟아나는 것이다.

자신의 내면에 있는 가치를 알아내려면, 남이 자기를 어떻게 대하는지 또는 자신이 얼마나 성공했는지를 기준으로 삼아선 안 된다. 우리가 이 세상에 태어날 때 신이 우리에게 그 무엇보다도 소중한 가치를 주었다는 것을 믿고 자신을 인정해야 한다. 『긍정의 힘』의 조엘 오스틴 목사는 몸집이 크고 힘이 센 닉의 이야기를 들려준다. 어느 여름날 저녁에 동료 직원의 생일을 축하하기 위해 모든 직원이 퇴근 시간을 한 시간 앞당겨 동료 직원의 집으로 갔는데, 닉은 냉동열차를 수리하러 갔다가 사고로 갇히게 되었다. 자신이 냉동열차에 갇혔다고 깨닫는 순간 닉은 공포에 사로잡힌 나머지, 종이에 지금 너무 춥고 빨리 나가지 않으면 이것이 마지막 글이 될 것이라고 적었다.

다음날 아침, 출근한 직원이 냉동열차 문을 열었을 때 닉은 한쪽 구석에 쪼그린 채 죽어 있었다. 부검한 결과, 얼어 죽은 것으로 밝혀졌다. 그런데 닉이 갇혀 있던 냉동열차는 고장이 나서 냉동 기능이 사라졌고 실내 온도 역시 바깥 기온보다 약간 낮을 뿐이었다. 닉은 냉동열차가 가동한다고 믿은 나머지 추위를 느끼고 얼어 죽은 것이다. 스스로 가능성이 없다고 믿는 순간 몸도 죽어간 것이다. 이처럼 마음가짐이 인생을 결정한다는 것을 명심하자. 인생에 시련이 온다 하더라도 가능성에 초점을 맞추고 자신을 도와주는 모든 손길을 믿을 때, 불가능한 일도 이룰 수 있다는 것을 진심으로 믿는 마음의 힘을 붙잡아야 한다.

자신의 가치를 발견하려면 우선 있는 그대로의 자신을 사랑하는 마음이 필요하다. 자신을 패션모델이나 유명한 운동선수 등과 비교할 필요가 없는 것이다. 남을 모방하려 하지 말고 있는 그대로의 자신의 모습과 능력을 감사하게 받아들여야 한다. 자신이 다른 사람과 차이가 있음을 인정해야 한다. 차이를 인정하면 자신만의 스타일이나 자신만의 길을 볼 수 있는 것이다. 그러나 다른 사람의 생각이나 의견을 무시하고 독단으로 모든 것을 결정하는 것은 피해야 한다. 지혜 있는 친지나 스승에게 어떤 일이나 문제에 대한 조언을 듣고, 이를 마음속으로 깊이 헤아리는 태도를 가져야 한다.

생각과 말의 힘

생각은 감정에 영향을 미친다. 조엘 오스틴 목사는 마음속에 행복한 생각을 품지 않으면 절대 행복할 수 없다고 강조한다. 자신의 생각을 선택할 수 있는 유일한 존재는 바로 자기 자신이다. 자신의 생각을 동의하지 않는 한 자기 마음대로 선택할 수 없다. 문제가 생겼을 때 문제만 바라보고 부정적인 생각을 하는 한 진정으로 문제를 해결할 수 없다. 문제 자체보다 문제의 해결 방안과 이를 이루어나가는 자신의 모습에 초점을 맞추면 시련도 이겨낼 수 있고, 불가능할 것 같은 바람도 이루어진다.

마르틴 루터 킹 목사가 "나는 꿈이 있습니다"라고 세상을 향해 외쳤을 때의 모습을 생각해보자. 지금은 어느 정도 나아지긴 했지만 그 당시 백인들은 흑인들을 인간으로 여기지 않았다. 그런 상황에서도 세상을 향해 백인과 흑인이 함께 손잡고 어울리는 사회를 꿈꾼다고 목소리를 높인 행위, 그런 꿈을 꾸고 그 꿈을 이루기 위해 온 인생을 불태운 열정, 얼마나 멋지고 훌륭한 모습인가? 마음속에 어떤 생각을 담고 어떤 꿈을 꾸느냐에 따라 삶의 모습이 달라진다는 것을 깨달아야 한다. 기쁨, 승리, 풍요 같은 긍정적인 생각을 하면, 그런 긍정적인 요소들이 우리 삶으로 자석처럼 끌려온다.

우리 마음은 컴퓨터와 비슷하다. 마음은 우리가 프로그램한 대로 움직이기 때문이다. 우리는 본디 풍요롭고 행복하고 건강하게 살도록 프로그래밍 되었다. 그러나 두려움, 공포, 열등감, 불안 같은 바이러스가 프로그램을 침범해 마음을 오염시키는 것이다. 인터넷을 통해 다른 컴퓨터에 바이러스를 퍼뜨리듯 자신으로 인해 주위의 친구, 가족, 직장 동료에게 부정적인 프로그램을 퍼뜨릴 수 있음에 주의해야 한다. 마음속에 부정적인 생각이 들어오면 바이러스를 백신으로 퇴치하듯 긍정적인 생각으로 원래의 프로그램이 실행되도록 해야 한다.

우리가 무엇을 생각하고 말로 표현하면 생각은 생명을 얻게 되어 우리 행동은 그대로 따라간다. 그러므로 말은 신중히 해야 한다. 우리 속담에 "말이 씨가 된다"고 했다. 말은 입 밖으로 나오자마자 우리의 무의식 속에 심어져 생명을 얻고 뿌리를 내리고 자라나 열매를 맺는다. 조그만 방향키가 배 전체의 방향을 좌우하듯, 우리의 혀도 우리 삶의 방향을 좌지우지한다. 어느 의사가 환자에게 다른 처방은 내리지 않고 적어도 하루 한 번씩 '나의 몸 구석구석이 매일 좋아지고 있어'라고 말하도록 했다. 그 환자는 놀랍게도 다른 환자들보다 훨씬 빨리 회복했다. 우리도 아침이면 눈을 뜨자마자 거울을 보고 '나는 소중한 존재야. 나는 무엇을 하든 번영하고 성공할 거야. 멋진 미래가 나를 기다리고 있어'라는 긍정적인 말을 하면 말이 씨가 되어 열매를 맺을 것이다.

최근 신문에 서울대학교 생명과학부의 김빛내리 교수가 2008년 로레알-유네스코 여성과학자상을 받게 된 기사가 발표되었다. 김 교수는 마이크로 RNA라는 유전자 분야의 연구를 하고 있는데, 후배들이 연구에 어려움을 느낄 때마다 심호흡을 하고 거울 속의 자신에게

‘넌 할 수 있어’라고 외치라고 조언했다. 거울을 보며 할 수 있다고 ‘말’로 외치는 건 매우 강력한 방법이다. 우리가 18세까지 주위에서 듣는 부정적인 말은 평균 14만 8천 번이지만 긍정적인 말은 수천 번밖에 되지 않는다. 따라서 이 불균형을 바로잡기 위해서도 스스로 ‘나는 할 수 있어. 나는 행복해’와 같은 긍정적인 말을 자주 해야 한다. 자신뿐만 아니라 주위 사람에게도 긍정적인 말을 해주면 어떨까? 직접 말하기 쑥스럽다면 노래를 불러주는 것도 괜찮을 것 같다. 강산애의 노래 ‘넌 할 수가 있어’는 어떨까? “너라면 할 수 있을 거야, 할 수가 있어. 그게 바로 너야, 굴하지 않는 보석 같은 마음 있으니”라는 가사는 정말 멋지지 않은가? 이 노래 말고도 긍정의 힘을 불러일으키는 노래라면 어떤 곡이든 좋다.

베푸는 삶이 행복이다

사람이 행복하게 사는 데 ‘베푸는 삶’처럼 중요한 것은 없다. 무언가 남에게 베풀어 본 사람은 베푸는 순간 기쁨과 행복을 느꼈을 것이다. 그러나 베풀어 보지 못한 사람은 베푸는 삶이 가져오는 행복을 크게 맛보지 못한다. 다른 사람에게 베풀어 꿈을 이루도록 하면, 자신의 꿈도 이루어진다는 진리는 경험해 본 사람만 알 것이다.

성경에는 ‘복의 근원’ 또는 ‘복 있는 사람’이라는 말이 나오는데, 이는 혼자 잘 먹고 잘 사는 개인적인 복을 말하는 것이 아니다. 그보다는 자신을 통해 주위 사람들이 많은 도움을 받고 삶의 기쁨과 풍요로움을 누리고 살게 되는 것을 가리킨다.

그러나 베푸는 삶을 실천하기란 쉬운 일이 아니다. 베푸는 방법을 배우고 올바른 습관을 길러야 한다. 자신의 일에만 매달리면 남에게 베풀 수 있는 마음을 가질 수 없다. 주위를 볼 수 있는 마음의 자세를 먼저 가져야 하는 것이다. 자신만 바라보지 말고, 곤경에 빠진 주위에 눈을 돌리는 일을 먼저 해야 한다.

필자는 어렸을 때 읽은 버트런드 러셀의 책을 지금도 생생히 기억한다. 행복하게 살던 부부가 있었는데 부인이 먼저 세상을 떠나자 홀로 남은 남편은 세상을 살아갈 기쁨과 의지를 잃고 만다. 끼니도 거르고 아무 일도 안 하고 서서히 죽어가는 나날을 보내는 것이었다. 그러던 어느 날 마당에 묶어놓고 기르던 개가 자신이 음식을 주지 않아 힘을 잃고 죽어가는 모습을 보게 되었다. 자신이 굶는 것은 자기 의지에 달려 있지만 개는 주인이 돌봐주지 않으면 죽게 된다는 것이 애처롭게 느껴졌다. 그래서 개에게 먹이를 주고 건강을 되찾도록 돌보게 되었다. 그러던 중에 자신의 삶도 다시 추슬러 밥을 먹고 삶의 의미를 발견하고 행복을 찾게 되었다. 행복은 자신의 욕구를 채우는 데 있는 것이 아니라 주위에 무언가를 베풀 때 찾아오는 것이다.

남에게 베풀며 살아야 한다는 말은 쉽게 받아들이기 힘든 법이다. 그 말을 들으면서도 우리 마음 한편에는 '먹고살기도 힘든데 무엇을 베풀라고 하는 거야' 하는 부정적인 마음이 생기기 때문이다. 그러나 굳이 물질적인 것이 아니더라도 베풀 수 있는 것은 많다. 남에게 환한 웃음을 전할 수도 있고, 격려를 해줄 수도 있고, 장애인을 돌보는 봉사를 할 수도 있다. 그런 마음만 있다면 충분히 베푸는 삶을 살 수 있는 것이다.

행복해지기 위해서는 범사에 감사하는 마음을 갖는 것 역시 필요하다. 감사하는 마음이 넘칠 때 웃음이 생기고 자신의 삶에 만족할 수 있는 것이다. "어떤 성자도 과거가 없는 자는 없으며, 어떤 죄인도 미래가 없는 자는 없다"라는 성 어거스틴의 말에 귀 기울이고, 늘 마음속에서 열정이 솟아오르고 행복한 미소와 에너지가 넘치는 삶을 살아야 할 일이다.

육일약국 아저씨

『육일약국 갑시다』의 저자 김성오는 약대를 졸업하고 마산에서 4.5평짜리 '육일약국'을 개업했는데, 약국에서 큰 성공을 거두고 지금은 대한민국 최고의 온라인 교육 업체인 메가스터디의 중등부 사이트인 엠베스트 대표를 맡고 있다. 육일약국의 '육일'은 육일 동안 일하고 하루 쉰다는 의미로 지은 것인데, 저자의 아버지가 시골에서 목회를 했고 저자도 기독교를 믿는 까닭에 기독교적인 의미를 약국 이름에 연관시킨 것으로 생각된다. 이 책은 '나눔'의 가치를 이야기한다. 다른 사람들과 '기쁨'이나 '행복'을 나눌 수 있어야 성공할 수 있다는 지혜를 주는 것이다.

기쁨과 행복은 함께 나누어라

육일약국을 경영할 때 김성오 대표는 시골에서 올라와 길을 묻는 사람이 있으면 자세히 알려주고, 그 집으로 전화를 걸어 모셔가도록 했다. 그 집에 아무도 없으면 직접 길 안내를 했다. 도움을 받은 사람들은 고마워했고 김성오 대표는 기쁨을 나눈 것에 흐뭇해했다. 약품의 포장을 뜯어 환불을 요구하는 손님에게는 손해를 감수하고 두말없이 환불해 줌으로써 손님이 감동을 받도록 했다. 600만 원의 돈을 빌려 약국을 개업한 뒤 1년 만에 빚을 갚고, 그 뒤 매월 10만 원씩 초등학교에 장학금을 주기 시작했다. 형편이 넉넉하지 않았지만 '나누는 습관'을 길러야 큰 돈이 생겨도 욕심을 부리지 않을 것이라는 마음가짐이 있었기 때문이다.

약사로서 큰 성공을 거둔 그는 약국을 정리하고 1999년 영남산업 대표이사를 거쳐, 2000년 메가스터디 부사장을 맡으면서 교육 사업에 뛰어들었다. 어느 일요일 자신이 다니는 교회 행사에 가족 단위로 회사 직원들을 초청했는데, 직원들이 돌아가고 난 뒤 낡은 지갑을 발견했다. 지갑은 회사 여직원의 남편 것으로 밝혀졌는데, 그 지갑 속에 여직원에 대한 칭찬을 쓴 메모와 10만 원짜리 수표 한 장을 넣고 새 지갑을 살 때 보태라고 메시지를 적어 보내자, 그 여직원 가족 모두는 감동을 받았다. 이처럼 그는 직원을 늘 칭찬하고 인정하고 신뢰한다는 말을 건넨다.

엠베스트를 경영하면서 그는 불우한 형편의 학생들을 위해 '사랑의 입학식'이라는 행사를 진행한다. 예비 중학생에게 학용품, 책가방, 교복맞춤권 등을 선물하고 엠베스트의 모든 강좌를 자유롭게 수강하도록 한 것이다. 또한 『육일약국 갑시다』가 베스트셀러가 되자 인세를 모두 불우청소년을 위해 장학기금으로 내놓았다. 나눔을 실천하는 모습을 보인 것이다.

아이디어가 경쟁력인 경영 활동

김성오 대표는 약대를 다녔지만 경영자가 되겠다는 마음을 갖고 있었다. 대학 4학년 때 경영학원론 책을 10번이나 읽으며 경영의 기초 개념을 먼저 익혔다. 그는 경영의 개념을 먼저 익히고 이를 활용했는데, 『육일약국 갑시다』에는 자신만의 아이디어를 발휘해 경영 활동을 펼치는 저자의 모습이 생생히 소개된다.

먼저 책 제목으로 쓴 '육일약국 갑시다'라는 말에는 저자의 아이디어가 숨어 있다. 외진 곳에 있는 육일약국을 사람들에게 알리기 위해 저자는 택시를 이용한 광고 기법을 동원했다. 즉 저자와 가족, 저자를 아는 사람들이 택시를 탈 때마다 택시기사에게 '육일약국 갑시다'라고 말했고, 택시기사들은 이 말을 반복해서 오랫동안 들음으로써 1년 반 정도 지나자 자연스럽게 육일약국이라는 이름이 마산 지역에서 유명세를 타게 된 것이다.

작은 약국을 경영하면서도 그는 공간을 활용한 마케팅을 펼쳤다. 약국이 밤에는 컴컴해서 안 보이는 것을 바로잡기 위해 25개의 형광등을 설치했다. 대낮같이 환해지자 행인들의 시선이 자연히 약국을 향하게 되었다. 또한 처음 약국을 열 때 창업자금이 부족해 약품을 전부 구입하지 못하자 빈 약통을 진열장에 채워 약국을 안정적인 모습으로 만들었다. 1986년, 마산 롯데호텔에서 자동문을 보고는 마산에서 두 번째로 자동문을 설치함으로써 육일약국은 마산의 명물이 되었다.

그 당시 보통의 약국들과는 달리 약사와 손님 사이에 있는 높은 테이블을 낮은 책상으로 교체해 누구나 편히 앉을 수 있도록 바꾸었다. 약사를 어려워하는 손님의 마음을 열기 위해서였다. 한약을 조제하기 위해 공부하는 기간에는 약국에 한약을 달여 손님들에게도 대접함으로써 향기 마케팅과 함께 손님들에게 기대감을 주기 위한 프리마케팅pre-marketing을 활용했다.

일년이 지나 약국을 확장하면서 시내가 아닌 마산역 앞으로 이전했는데, 이는 미국 기업 월마트가 마이카 시대를 맞아 도시 외곽에서 성공한 기사를 보고 이 아이디어를 적용한 것이다. 당시에는 한적한 기차역이 머지않아 공용주차장으로 활용될 수 있을 것으로 전망한 것이다. 시장조사 결과 승산이 있다고 판단한 그는 인테리어 공사를 하기 전부터 간판을 미리 달고 조명을 밝게 설치하는 등 사전 준비를 철저히 했고 결국 큰 성공을 거두게 되었다.

약국으로 성공한 그는 청소기 제조업체인 영남산업을 인수했는데, 이 회사는 LG전자에 청소기 부품과 일부 조립품을 납품하는 협력업체였다. 이때 다른 업체는 잘 취급하지 않으려 했던 귀찮은 부품을 LG전자에게 주문받았다. 결국 LG전자가 다른 부품의 주문도 늘려주어 동종 업계 4위에서 1위로 올라섰다. 차별화 전략과 한번 넣은 발을 쉽게 빼지 않는 '늪 작전'이 성공한 것이다.

어느 날, 영남산업 사장이 된 지 3개월 쯤 되었을 때 협력업체 사장들 12명이 중국 천진으로 시찰을 가기로 했는데 항공사 실수로 김성오 대표만 못 가게 된 일이 벌어졌다. 다른 사람 같으면 포기했을 테지만 항공사 직원을 설득해 간신히 북경행 항공권을 얻어 북경에

도착한 뒤 다시 기차를 타고 천진으로 가서 우여곡절 끝에 일행과 합류했다. 불가능한 일도 해내는 강렬한 인상을 LG전자 직원에게 심어 주었고, 이후 영남산업은 더욱 발전하게 되었다.

김성오 대표가 온라인 교육사업을 하면서 유명강사를 섭외한 일화도 재미있다. 유명 강사와 처음 대면하고 한 달 뒤에 다시 만날 것을 약속하고 헤어졌는데, 이 강사는 깜박 잊고 약속장소에 나타나지 않았다. 그런데 그는 그 강사가 약속장소에 나타나지 않을 거라고 예상했다. 한달이라는 시간은 약속한 사실을 망각하는 데 충분하기 때문이다. 약속장소에서 만나기 전에 다시 전화 약속을 할 수도 있었지만, 그는 일부러 강사에게 전화를 안 했다. 자신이 약속을 어긴 것만 생각한 그 강사는 미안한 마음이 생겼고, 다시 만나는 자리에서는 함께 일하자는 그의 제안을 선뜻 받아들였다. 이는 시간을 전략적으로 사용한 것을 본받을 수 있는 일화다.

또한 그는 다른 사람들의 아이디어를 자기 것으로 만들기도 했다. 육일약국을 경영하면서 성공적으로 경영하는 전국 각지의 약국을 찾아다니면서 약사들에게 비법을 배웠다. 4년 정도 그렇게 한 결과 다른 사람들의 장점을 모두 배우고 이것을 융합해 자기 것으로 만들었다. 결과는 200배 성장이라는 놀라운 성과로 돌아왔다.

경영을 할 때 항상 고려해야 하는 문제들인 자금과 손익분기점에 대해서도 그는 값진 경험을 들려준다. 사업 자금이 부족하면 초조해져서 자신감을 잃고 판단력이 흐려질 수 있다. 자금은 예상한 것의 3배 정도를 마련해야 한다. 매출 역시 예상했던 것보다 3배 이상 시간이 걸려야 목표치를 이룰 수 있다는 것을 생각해야 한다.

마지막으로, 김성오 대표의 실패 사례를 하나 소개하겠다. 그는 원가 계산을 잘못해 손해를 본 적이 있다. 꽃가루 영양제를 만들자 소비자의 반응도 좋고 주문과 매출이 늘었지만 팔면 팔수록 손해를 보게 된 것이다. 원가 계산을 잘못해 문제가 생긴 것이었다. 6개월 후 잘못된 것을 알고 과감히 사업을 접었다. 그는 실패를 통해서 교훈을 얻을 수 있다고 강조하는데, 그때의 실수를 통해 가망이 없는 사업에는 미련을 갖지 말고 실패를 받아들이는 용기가 필요하다고 깨달은 것이다.

섬김의 경영

김성오 대표는 한마디로 '섬김의 경영'을 하고 있다. 섬김의 경영이라는 큰 바탕 위에 정직과 신용, 세밀함, 긍정적인 마음가짐, 실패를 두려워하지 않는 자세 등을 보이는데, 이는 경영자에게 필요한 것이다. 특히, 고객의 마음을 알기 위해 상대방의 성격, 경제력, 교육 수준, 인격 등을 세심히 살펴 눈높이식 맞춤 상담을 하는 것이 인상적이다. 고객의 뒷모습을 보면서 내게 만족했는지, 다음에 다시 올 것인지, 그리고 다른 손님을 데리고 올 것인지를 생각하는 것은 본받을 만한 경영 태도다.

자신과 함께 일하는 직원에게 늘 칭찬과 격려를 하며, 사직을 하려는 직원에게는 그가 매우 필요한 사람이라고 간곡히 설득해 같이 일하도록 만드는 것도 본받을 만하다. CEO인 그는 직원들에게 자영업자처럼 주인의식을 갖고 일하는 분위기를 만들어서 함께 일하면서 능력을 키우도록 하고 있다. 김성오 대표가 대학에 다닐 때에는 한 학기에 1만 원 무이자로 학자금을 대출해 주는 제도가 있었다. 다른 사람들은 큰 금액도 아니고 절차도 복잡하며 자존심 때문에 관심을 갖지 않았지만, 저자는 융자금 신청을 매 학기마다 하면서 지도교수와 친밀감을 쌓았다. 그러면서 가정교사 자리도 부탁했다. 3학년 2학기에 지도교수가 장학금을 받도록 주선했으며 4학년 1학기에는 전액 장학금을 받게 되었다. 도움을 받을 수 있는 채널을 미리 미리 준비한 결과다. 이 같은 적극성과 내일의 기회를 위해 오늘 미리 준비하는 자세 역시 배울 만하다.

『이기는 습관』의 저자 전옥표는 '성공하는 습관'을 매일 실천하라고 한다. 새가 날기를 무서워하면 둥지를 떠날 수 없듯이 용기를 갖고 첫걸음을 떼어 성공을 하게 되면 용기가 솟아나며 경험이 쌓여 결국 성공하게 된다는 것이다. 작은 것, 예를 들어 게으름과 나태함과 싸우거나 친절과 열정 같은 것을 습관으로 기르는 것에서 시작하라고 충고한다. 또한 경쟁을 회피하지 않고 즐기면 나 자신이 남들이 부러워하는 블루오션이 된다는 것이다. 즉 경쟁을 즐기면 강한 경쟁력이 생긴다는 것이다.

마지막으로 이윤보다는 사람을 남기는 장사를 해야 한다. 사업을 통해 만나는 사람 한 명 한 명이 내게 '복을 주러오는 사람'이라는 마음가짐을 갖고 경영하는 것이 중요하다. 자신을 엘리트라고 여기는 사람들은 자신보다 낮은 사람에게 머리를 숙이거나 도움을 청하는 것을 구차하다고 여기는데, 전옥표 씨는 자신의 아버지에게 그런 자세가 매우 잘못된 것임을 배웠다. 지금 힘없고 약하고 초라해 보이는 사람이라고 해서 교만하고 불손하게 대하는 것은 '내게 오는 복을 쫓아 버리는 것'이나 다름없다. 정성을 다해 대접하고 베풀면 모든 복이 자신에게 돌아온다. 동업자, 종업원, 상급자, 가족, 친척 모두가 '복의 전령사'다. 복을 받으려면 자신의 가슴을 열어야 한다. 오늘 만나는 한 사람 한 사람을 소중히 여기는 것이 성공의 열쇠다.

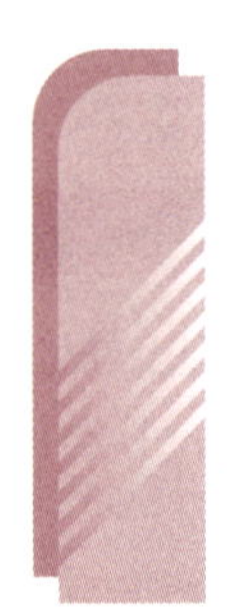

남과 함께하는 행복한 삶

키이스 페라지는 딜로이트 투시 컨설팅과 스타우드 호텔 리조트의 마케팅 최고책임자를 지낸 뒤 현재는 마케팅 컨설팅 회사인 페라지그린라이트의 CEO로 활동하고 있다. 그는 자신의 비즈니스 경험을 담뿍 담아 다른 사람과 관계를 맺는 데 필요한 태도와 다양한 실전 테크닉을 『혼자 밥 먹지 마라』는 책에서 자세히 소개했다.

그 책에서는 '인맥 쌓기'를 위한 마음가짐과 실제적인 방법론, 예를 들어 대화의 기술, 자기를 PR하는 방법 등을 31가지 주제로 폭넓게 이야기한다. 그 중에서 몇 가지를 살펴보기로 하자.

먼저 베풀라

다른 사람에게 다가가려면 먼저 상대방이 성공할 수 있도록 관심을 갖고 도와줘야 한다. 상대방에게 먼저 도움을 주면 상대방도 자신을 돕게 되어 결국 성공하게 된다.

이렇게 서로를 아끼고 돌봐주는 사람들로 이루어진 네트워크 또는 커뮤니티를 형성하면 인생이 훨씬 더 풍요롭고 충만하게 되는 것이다. 또한, 사람과의 관계는 신뢰를 통해 맺어지는데, 이러한 신뢰는 남을 위해 무언가를 해줄 때 생긴다. 케네디의 말을 빌리자면, 다른 사람에게 무엇을 바라기 전에 당신이 무엇을 해줄 수 있는지 생각해 봐야 한다는 것이다.

다른 사람에게 베푸는 일은 일회성이 아니라 끊임없이 해야 한다. 이렇게 이루어진 커뮤니티를 넓혀가며 자신의 시간과 돈, 전문지식을 베풀어야 한다.

어떤 삶을 살 것인가

성공한 사람들은 대부분 목표를 설정하는 점에서 대단히 확고하다. 목표는 구체적이어야 달성 가능성이 높아진다. 키이스 페라지는 『혼자 밥 먹지 마라』에서 목표를 설정하는 과정을 3단계로 제시한다.

1. 열정을 느끼는 분야를 찾는다. 남보다 잘하는 일, 진정으로 이루고 싶은 것이 무엇인지 깊게 생각해야 한다. 열정과 능력이 모이는 지점인 '푸른 불꽃'이 자신의 내부에서 점화될 때, 원하는 곳을 향해 돌진할 수 있는 원동력이 생긴다. 꿈을 현실로 연결하는 이러한 작업은 실로 고된 노력과 훈련을 필요로 한다.
2. 목표와 실천 계획을 종이에 옮긴다. 목표를 달성하기 위한 구체적인 실천 계획을 종이에 써놓아야 한다. 3년 안에 이루고자

하는 목표를 세우고, 이 목표를 이루기 위한 중·단기적인 목
표를 설정해 1년과 3개월 계획을 세운 계획표를 만들어 실행
에 옮긴다.

3. 자문위원단을 조직한다. 목표는 혼자서 달성할 수 없기 때문에
목표 달성을 위한 충고와 수정을 해주는 두세 명의 멘토가 필요
하다. 가족이나 친구, 직장 상사 등에게 요청하여 도움을 받는다.

거절과 실패를 두려워 말라

우리는 상대방이 거절하거나 계획했던 일이 실패하는 것을 두려
워한다. 그러나 두려움 때문에 행동하지 못하면 결코 성공하기 힘들
다. 최악의 경우 거절당하기밖에 더 하겠느냐는 담대함을 갖게 되면,
성공할 수 있는 방법을 깨달아 성공하는 것이다.

타인과의 관계에서 대담해질 수 있는 능력을 키우는 방법 몇 가
지를 소개한다.

1. 본받을 사람을 찾아라. 사교술이 뛰어난 사람을 주의 깊게 살
펴보고 그들의 기술을 습득하라.

2. 말하는 법을 배워라. 사람들 앞에서 수줍음을 극복하고 자신감
을 키워라.

3. 참여하라. 원하는 클럽에 들어가서 적극적으로 활동하라.

4. 카운슬링을 받아라. 긍정적인 마음을 얻게 된다.

5. 실행하라. 일주일에 한 명씩 새로운 사람과 만나 인사를 나누
고 말을 건네라.

만남의 기본은 대화

인간은 자신의 욕망을 정확하고 구체적으로 표현하기 위해, 또 그 욕망을 성취하는 과정에서 다른 사람을 설득하기 위해 대화라는 수단을 사용한다.

자신의 약점 등 모든 것을 숨기지 않고 정직하게 표현하는 것이 좋은 대화다. 또한, 대화의 밑천을 미리 준비해야 한다. 가장 좋은 주제는 건강, 돈, 자식이다.

또한 대화에서 가장 필요한 것은 듣는 기술이다. 상대방의 말에 미소를 보이고 적당히 눈을 마주치고 '대단하십니다. 좀 더 말씀해 주세요' 같은 말을 하여 관심을 표현하는 것이다.

끌리는 사람은 이것이 다르다

『혼자 밥 먹지 마라』에서는 매력 있는 사람의 특성을 다음과 같이 정리한다.

1. 함께하고 싶은 사람이 되어야 한다. 상대방이 당신과 함께 식사하며 시간을 보내고 싶을 만큼 호감을 심어줄 수 있어야 한다.

2. 세상을 보는 안목을 넓히고 열정과 믿음을 가져야 한다. 자신의 지적 재산을 인식하고, 다른 사람들에게 이익이 되는 말을 할 수 있어야 한다. 또한, 어떤 조직이나 직장에 있든 깊은 열정과 믿음이 있어야만 자신의 노력에 힘이 실린다.

3. 체계적으로 정리된 견해가 있어야 한다. 화술의 힘만으로는 끌리는 사람이 될 수 없다. 평범한 보통 사람들 중 하나면서도 독

특한 견해를 갖춘 전문가가 되어야 한다. 비즈니스에서 창조란, 생각을 체계적으로 연결해 나가는 것이다. 바퀴를 다시 발명할 필요는 없다. 그것을 새 수레에 부착하는 것이 중요하다. 남을 설득하기 위해서는 당신의 회사에 대한 이야기와 고객들이 관심을 가질 만한 아이디어를 만들어 내야 한다.

4. 콘텐츠를 만들고 브랜드를 구축하라. 당신 자신을 브랜드로 여기고 콘텐츠를 만들어 이를 팔도록 한다. 독창성과 전문지식을 갖춰 콘텐츠를 만들어야 한다. 진취적인 태도로 자신의 일을 차별화할 수 있는 사람만이 성공적인 브랜드를 창조해낼 수 있다. 배우고 성장하고 기술을 쌓는 노력 없이는 차별화하지 못한다.

자신의 가치를 찾아라! 이미지를 창출하라! 모든 것을 당신의 브랜드를 구축하는 기회로 삼아라.

 문화 속에 숨어 있는 코드

애플의 아이팟이 세계적인 인기를 끈 이유는 소비자의 감성을 자극했기 때문이다. 클로테르 라파이유의 『컬처 코드』는 우리가 어떤 일을 하거나 마음의 결정을 내릴 때 그 밑바닥에서 문화 코드가 작동한다는 것을 알려준다. 예를 들어 크라이슬러 자동차가 만든 지프 '랭글러' 는 미국인들에게 말의 이미지로 다가갔다. 크라이슬러 자동차는 광고에서 말의 이미지를 강조했다. 지붕을 개폐식으로 하여 마치 말을 탈 때처럼 온몸으로 바람을 느끼는 이미지를 묘사하는 광고를 한 결과 랭글러의 판매량은 급격히 늘었다. 그런데 프랑스에서 전달한 지프의 이미지는 미국에서와는 달랐다. 프랑스인에게 랭글러는 독일군에게서 해방된 해방자의 이미지로 다가갔다. 지프를 몰 때 얻는 해방감을 강조해 프랑스인들에게 인기를 끌었는데 이처럼 문화마다 소비자의 감성은 다르다.

마음속의 이미지, 컬처 코드

'컬처 코드'는 우리가 어떤 대상에 부여하는 무의식적인 이미지를 말한다. 사람들이 어떤 경험을 하고 그에 따른 감정이 결합되면 어떤 '각인'이 이루어지는데, 이런 각인은 우리가 어떤 생각을 하거나 행동을 할 때 무의식적으로 영향을 미친다. 이를 알아내는 것이 바로 컬처 코드라는 것이다. 라파이유는 『컬처 코드』에서 각인은 자물쇠요, 코드는 자물쇠의 비밀번호라고 이야기한다.

예를 들어 프랑스에서는 태양을 남성으로 인식하며, 남성을 찬란하게 빛나는 존재로 본다. 이와는 달리 독일에서는 태양을 여성으로 인식하며, 여성이 따뜻함으로 사물을 자라게 하고 아이를 기르는 존재로 생각한다. 이처럼 우리 행동 방식의 밑바탕에 숨어 있는 컬처 코드를 알면, 새롭고 역동성 있게 세상을 바라보는 힘을 얻을 수 있다.

『컬처 코드』의 저자는 프랑스인이지만 미국으로 이민을 가서 미국의 문화 코드를 연구했다. 그 결과, 책의 대부분은 미국의 컬처 코드에 대해 설명한다. 그런데 재미있는 사실을 알 수 있다. 그것은 바로 우리나라의 컬처 코드가 미국의 그것과 비슷한 점이 많다는 것이다. 몇 가지 재미있는 컬처 코드를 살펴보자.

자동차

미국인은 자동차를 통해 무언가 독특한 것, 즉 자유롭고 관능적인 경험을 원한다. 독특하면서도 도전적이며 섹시한 이미지를 갖는 크라이슬러의 '피티크루저'는 이러한 이미지를 살려 폭발적인 인기를 얻었다. 그러나 독일인에게 자동차의 컬처 코드는 엔진이다. 피티

크루저는 독일에서 별다른 반응을 얻지 못했다.

청년기적 문화

미국은 청년기적 문화를 갖고 있다. 미국으로 이주해 온 사람들은 자신의 옛 문화를 버리고 오기 때문에 반항아로 남는다. 새로운 반항아들이 끊임없이 들어오므로 미국 문화 전체를 청년기에서 벗어나지 못하게 한다. 청년 문화기 때문에 코카콜라, 나이키, 패스트푸드, 청바지, 시끄럽고 폭력적인 영화 등 젊은이들을 위한 상품이 크게 성공한다. 빌 클린턴 역시 속임수와 거짓 선서, 성추문 등 젊은이의 특성으로 미국의 컬처 코드에 부합한 능력을 보여준 정치가였다. 현재 우리나라의 젊은이들을 유심히 살펴보면 미국의 컬처 코드가 잘 들어맞는 것을 알 수 있다.

건강과 젊음

인간에겐 '좋은 감정을 느끼는 것'이나 '올바로 이해하는 것'보다 '생존'이 훨씬 더 중요한 문제다. 논리나 감정과의 싸움에서 늘 승리하는 것은 본능이다. 문화 역시 생존의 차원에서 변화하고 발전한다. 문화는 우리가 한 세대에서 다음 세대로 이어지는 데 필요한 일종의 생존 수단이다. 청교도적 특성과 강한 근면성, 사람에게는 두 번의 기회가 온다는 믿음, 성공을 중시하는 태도 등은 모두 미국이라는 신세계에서 살아남는 데 필요한 것이었다. 미국인에게 건강과 행복은 자신의 사명을 완수할 수 있는 활동력을 의미한다. 쇠약해진 노인들은 스스로 더 이상 활동할 수 없다는 것 때문에 우울증에 빠진다. 활동을 멈추는 것은 곧 삶을 멈추는 것으로 받아들이기 때문이다. 사람들이 나이가 들어서도 필사적으로 운동을 하는 이유는 바로 활동을 지속함으로써 삶을 계속 이어나가기 위해서다.

가정

미국에서 가정은 사랑하는 사람들이 있는 곳으로 인식된다. 야구에서 세 개의 베이스와 하나의 홈 플레이트가 있는 것이 우연이 아니다. 야구에서 점수를 얻는 유일한 방법은 가정을 의미하는 홈으로 들어오는 것이다. 미국인들은 가정을 자신이 성장한 집 또는 가족과 함께 살아가는 곳으로 생각할 뿐 아니라, 나라 전체로 확장해 생각하기도 한다.

직업과 돈

미국인은 직업으로 그 사람을 판단하는 경향이 있다. 실직한 사람은 할 일이 아무것도 없게 되어 자신의 존재 역시 아무것도 아니라고 생각해 우울증에 빠진다. 미국인은 또한 크게 성공한 기업인을 찬양한다. 이는 자신도 적성에 맞는 일을 찾아 열심히 노력하면 비범한 인물이 될 수 있다는 믿음을 확고히 해주기 때문이다. 미국인은 틀에 박힌 일만 반복해서는 안 된다고 생각한다. 자신을 끊임없이 혁신해야 한다고 생각하고 과감하게 모험을 시도한다. 그런데 미국인은 자신이 훌륭한 사람이며 참된 가치를 갖고 있다는 사실을 과시하기 위해 돈에 의지한다. 돈을 성공의 척도로 여기는 것이다.

독일인의 코드

독일인은 미국인을 인정 많은 카우보이로 본다. 존 웨인은 독일인이 생각하는 미국인의 이미지, 즉 강인함과 친절함을 동시에 지닌 따뜻한 터프 가이 이미지를 갖고 있다. 영국인은 미국인을 소란스럽고, 강하고, 천박하고, 극단적이고, 무슨 수를 써서라도 이기려 드는 사람으로 본다. 동시에 자신감과 열정을 찬양한다. 장난감 회사 레고는 독일시장에서는 성공을 거두었으나 미국에서는 어려움을 겪었다. 독일 어린이들은 설명서를 자세히 읽고 조립한 다음, 새로운 레고를 사서 설명서대로 새롭게 조립한다. 이와는 달리 미국 어린이들은 설명서를 읽지 않고 자기 마음대로 블록을 조립하고 해체한 후 다시 블록을 조립하므로, 다른 레고를 구입하지 않는다. 독일인에게는 질서라는 코드가 있는 반면, 미국인에게는 질서라는 코드가 없는 것이다.

꿈을 꾸는 미국인

미국인은 스스로를 새롭다고 생각한다. 미국인은 늘 무언가 건설하고 갱신하려 한다. 보존하는 것보다 부수는 것을 더 좋아한다. 또한 미국인들은 줄이는 것을 받아들이지 않는다. 미국을 움직인 문화 동력은 '꿈'이다. 신세계를 발견한 탐험가들의 꿈, 서부를 개발한 개척자들의 꿈, 미국을 건국한 아버지들의 꿈, 기업가의 꿈, 이주민의 꿈, 달에 착륙한 탐험가의 꿈 등 더 나은 사회를 위해 꿈을 꾼다. 할리우드와 디즈니랜드, 인터넷이 바로 꿈의 산물이다.

또한 미국인은 낙관적이다. 미국인은 실패를 딛고 다시 일어서는 사람을 좋아한다. 큰 이상을 품고, 위험을 무릅쓰고, 실수를 통해 교훈을 얻는 사람을 격려하고 재창조와 새로운 출발을 장려한다. 미국인들의 문화 동력이 '꿈'인 것처럼 한국인들도 '꿈'에 대한 동경이 매우 크다. 지난 2002년 월드컵 때 '꿈은 이루어진다'라는 구호가 우리의 마음을 휘감은 것을 보면, 우리의 잠재력도 그 에너지가 무한하다.

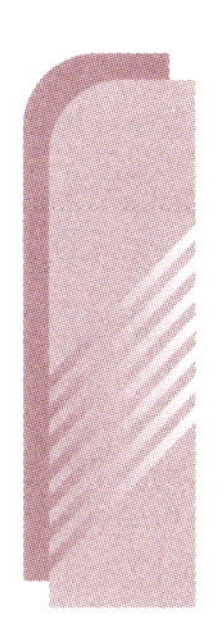

미래를 내다보는 투자

증권시장에서는 똑같은 주식을 보면서도 한 사람은 가격이 올라갈 것이라 믿고 사는가 하면 다른 사람은 가격이 내릴 것이라고 예상하며 파는데, 마치 포커에서 배팅을 하는 것과 비슷하다. 도박사의 세계를 그린 영화 〈타짜〉는 상당히 인기를 끌었다. 돈을 놓고 벌이는 승부의 세계, 기발한 속임수로 판을 쓸어버리는 주인공의 모습이 현대판 영웅 같았기 때문은 아닐까? 훨씬 오래전에 주윤발을 주인공으로 내세운 〈도신〉, 〈도성〉 등 도박을 소재로 다룬 영화가 흥행에 성공한 것도 비슷한 심리가 작용한 것이다.

도박판이나 포커판과는 분명 다르지만 승자와 패자의 운명이 확실히 갈라지는 '돈의 승부세계'인 증권시장에서 승자의 모습으로 당당히 내일을 향해 달려가는 미래에셋의 박현주 회장은 젊은이들의 꿈이 되기에 부족함이 없으리라. 그는 주가지수 2,000을 여는 데 공헌한 사람 중 1위로 선정될 정도로 증권시장의 큰 인물이다. 박현주 회장과는 만난 일이 없지만 그가 증권회사의 지점장으로 일하면서 투자의 귀재로 입소문이 나기 시작할 때부터 그 이름에 주목하고 있던 차에 그가 직접 쓴 『돈은 아름다운 꽃이다』가 출간되었다는 소식을 듣자마자 책을 읽어보았다.

책은 박현주 회장 자신의 삶에 대한 자세와 투자 철학을 담고 있다. 사실 이 책은 실전 투자 전략을 소개하는 책은 아니다. 고수에게 비법을 한수 배워 돈을 벌어보겠다고 한다면 실망할 책이다. 그 대신 투자에 대한 큰 그림을 그려준다. 책 곳곳에서 박 회장은 이런 이야기를 들려준다. '돈에 민감해지면 인생이 불행해진다.' '돈이 아닌 사람에 투자한다.' '모르는 일에 투자하지 않는다.' '장기적인 관점에서 투자한다.' '단기적인 유혹에 넘어가지 않는다.' 이런 원칙은 우리도 이미 잘 알고 있기 때문에 큰 도움이 되지 않을 수도 있다. 그러나 우리는 왜 투자를 잘하지 못하고 박현주 회장은 잘하는지, 그 이유를 알아볼 필요가 있다. 우리는 물론 박현주 회장의 원칙을 알고 있지만 중요한 것은 원칙을 실천으로 옮기는 것이다. 그냥 귀로 듣고 알고 있는 것과 이를 실천하는 것은 분명 다르다.

다시 생각해 봐도 씁쓸하지만, 1997년 IMF 외환 위기로 한국경제에 대한 비관론이 팽배해 종합주가지수가 300포인트로 폭락하고 부동산 가격이 급락했을 때를 생각해 보자. 이때 '한국경제가 다시 회복하리라는 믿음을 갖고 주식과 부동산을 사겠는가' 하는 질문에 대다수의 사람들은 '안 사겠다'고 답했을 것이다. 박현주 회장은 1996년 6월 회사를 창업하고 6개월 뒤 IMF 시기에 주식과 부동산을 사들여

훗날 많은 돈을 벌었다. 눈앞의 한국경제 상황은 비관적이었지만 10년 앞을 내다보면 회복되리라는 믿음을 가질 수도 있지 않을까? 그만큼 미래를 보는 우리의 눈이 근시안임을 이 책을 통해 반성하게 된다.

이 책에서 이야기하는 박현주 회장의 투자 전략을 요약하면 자기가 잘 아는 우량 회사나 성장하는 시장에 투자하면서, 단기간의 변동에 휩쓸리지 않고 가치를 제대로 파악해 장기 투자하는 것이다. 이런 간단한 방식을 깨닫고 실천할 수 있으면 투자에 성공한다는 교훈을 준다.

예를 들어 '내가 정말로 잘 아는 회사나 시장은 무엇인가', '내가 10년 정도 투자할 수 있다고 믿는 회사나 시장이 있는가'라는 식으로 질문을 해서 만족할 만한 답이 나오면 투자를 하는 것이 옳다. 그렇지 못하다면 직접 투자를 하지 않고 고수에게 맡겨 펀드에 투자하는 것이 옳은 방식일 것이다. 유홍준 전 문화재청장은 『나의 문화유산 답사기』에서 "아는 만큼 보인다"라는 말로 문화재를 바라보는 전문가의 눈과 아마추어의 눈이 분명 다르다는 것을 확실히 보여주었다. 자신이 전문가가 아니라면 보는 눈을 갖도록 열심히 공부해 고수가 되든지, 아니면 아마추어답게 전문가에게 맡기는 것이 현명한 일이다.

이 책에서는 젊은이들을 염두에 두고 교훈적인 이야기도 들려준다. 최고가 되기 위해서 최고 밑에서 배워야 한다는 충고, 첫 지점장으로 부임해 소수의 직원들을 훈련시켜 1등 지점으로 만들었던 이야기, "바람이 불지 않는데도 바람개비를 돌리기 위해서는 앞으로 나가야 한다"라고 미래를 개척해 나가는 모습 등, 저자의 경험담을 들려주고 있다. 특히 박현주 씨가 미래를 개척해 나가는 모습은 흥미롭다. 첫째, 폐쇄형 펀드는 만기가 있으므로 싼값에라도 주식을 처분해야 하는 상황을 맞을 수 있어서 개방형 펀드로 바꾸게 된 것, 둘째 자산 분산을 국내에서만 한다는 것이 위험하다고 인식해 해외시장을 적극적으로 개척한 점, 셋째 CEO에게는 운용보다 전략이 더 중요하다는 것을 깨달아 금융 전략가로 변신한 점 등은 본받을 만하다.

박현주 회장은 책 읽는 일의 중요성과 땀 흘리며 운동하는 일, 철학 등에 대해서도 많은 이야기를 한다. 그는 장기적인 미래의 흐름을 자기 나름대로 파악하는 일이 중요하다고 이야기한다. 10년 이상의 미래를 내다보고 투자하려면 미래의 흐름을 감지하는 역량을 기를 수 있는 훈련이 필요한데, 이는 주위 환경의 변화를 관찰하거나 독서를 통해 길러진다는 것이다. 또한, 앞으로 우리나라의 미래는 금융 산업이 한 축을 맡게 될 것이고, 고령화 사회로 접어들수록 노후자금을 위해 돈이 돈을 버는 구조가 되어야 한다는 것, 우리나라 가계 재산의 77퍼센트가 부동산에 몰려 있는 점은 고쳐야 한다는 것, 꿈이 목표라면 열정은 그 꿈을 실현시키는 엔진이라는 것을 말한다.

'미래에셋'이라는 회사 이름 또한 무척 관심이 간다. 미래는 오늘이 아니라 내일 이후의 훗날을 생각한다는 뜻인 것 같아 문제가 없는데, '에셋'이라는 명칭은 흥미를 불러일으킨다. 에셋asset은 '자산'이라는 뜻이다. '자산'이라는 말은 일반적으로 '재산'과 비슷한 뜻으로 쓰이지만 기업 회계 상의 자산은 자본의 구체적인 존재 형태를 가리키는 꽤 어려운 용어다. 이런 용어를 회사 이름으로 사용한 것도 특별해보인다.

부와 성공의 비밀, 시크릿

'비밀'이라는 말은 사람들의 관심을 불러일으키는 힘이 있다. 남이 알지 못하는 은밀하고 흥미로운 무언가를 자신만이 알게 될 때 느끼는 기분은 느껴본 사람은 잘 알 것이다. 론다 번의 『시크릿』은 그런 점에서 처음부터 호기심을 일으키는 책이다.

끌어당김의 법칙, 시크릿

'시크릿'은 우리가 모르는 우주의 법칙인 '끌어당김의 법칙'을 이야기한다. 이는 자석이 물체를 끌어당기듯 자신이 생각하는 것을 끌어온다는 것이다. 기쁜 것을 생각하면 기쁜 일을 끌어오고, 불행한 생각을 하면 불행한 일을 끌어온다는 단순한 법칙이다. 이처럼 단순한 내용을 200페이지가 넘도록 설명하는 저자의 글쓰기에 감탄하게 된다.

생각이 현실이 되는 과정은 다음과 같다. 각각의 생각은 특정 주파수가 있는데 그 주파수가 우주에 퍼져 생각의 내용대로 끌어온다는 것이다. 따라서 풍요로운 것을 생각하고 긍정적인 것을 생각하고 멋진 것을 생각하면 그 생각대로 이루어지므로, 이 비밀을 활용해 자신의 삶을 멋지게 창조하라는 것이다.

론다 번은 『시크릿』에서 무엇보다 사랑을 강조한다. 우주에는 사랑보다 강한 힘이 없기 때문에 모든 생각을 사랑으로 감쌀 수 있다면 인생이 180도 달라져서 위대한 인생을 살게 된다는 것이다. 생각에 생명력을 주는 것은 감정이고, 감정은 욕구며, 욕구는 사랑이다. 따라서 사랑이 스며든 생각은 무적이라고 한다.

비밀의 활용

론다 번은 비밀을 활용하는 법을 성경에서 가져왔는데, 그가 말하는 비밀 활용법의 1단계는 구하는 것이다. 원하는 것을 명확히 하여 물건을 주문하듯 구하는 것이다. 2단계는 믿는 것이다. 소원이 이미 이루어졌다고 완벽하고 철저하게 믿어야 한다는 것이다. 즉 구하는 것을 이미 얻은 것처럼 행동하고 말하고 생각해야 한다는 것이다. 3단계는 받는 것이다. 이 과정에서는 얻었기 때문에 생기는 멋진 기분을 느껴야 한다. 우주를 믿고 신뢰하면 멋진 기분을 느낄 수 있다. 저자는 '믿고 첫걸음을 내딛어라'고 충고한다.

비밀의 도구

비밀의 도구로는 두 가지 강력한 것이 있다. 첫 번째 도구는 감사인데 이를 위해서는 감사해야 할 일들의 목록을 작성해야 한다. 이렇게 하면 에너지가 바뀌어 사고방식도 바뀌기 시작한다. 지금 있는 것들에 감사하기 시작하면 감사할 일들이 끊임없이 꼬리를 물고 이어질 것이다.

두 번째 도구는 영상화다. 자신이 생각하는 것을 마음속에 그림으로 그리는 것이다. 이렇게 상상하면 이미 이루어졌을 때의 감정과 생각이 만들어지며 강한 파장을 우주에 내뿜고 끌어당김의 법칙이 신호를 받아 마음속에 그린 그림을 현실로 만들어 되돌려 준다는 것이다. 저자는 "마음 가는 곳에 몸도 가게 마련"이라며 "상상은 삶의 핵심이다. 다가올 미래의 시사회다"라는 아인슈타인의 말도 인용한다.

부자가 되는 비밀

돈을 끌어들이기 위해서는 돈에 대한 부정적인 생각을 버리고 잘될 것이라는 풍요로운 생각과 행복을 느끼는 것이 중요하다. 청구서가 오면 수표가 온 것으로 생각하고 청구액에 '0'을 하나 더 붙여 노트에 금액을 쓴 뒤 '고맙습니다'라는 문구를 써놓고 수표를 받아서 정말 고맙다는 감정을 느끼도록 한 저자는 진짜로 돈을 잘 벌게 되었다는 자신의 경험을 이야기한다.

또한 돈에 대해 좋은 감정을 느끼고, '난 돈을 끌어당기는 자석이야', '난 돈을 사랑하고 돈도 나를 사랑해', '날마다 돈이 들어오네', '고맙습니다, 고맙습니다'라고 말하고 느끼라고 한다.

마지막으로 충만한 마음으로 베풀면 돈을 더 많이 불러들이게 된다. 주는 행동은 '내겐 충분히 있어'라는 의미가 담겨 있기 때문이다. 큰 자선 사업가들이 막대한 돈을 먼저 베풀고, 이후 끌어당김의 법칙에 따라 엄청난 돈을 우주에게서 되돌려 받는 것을 이야기한다. 원하는 것을 볼 때마다 '저것을 살 수 있어, 가능해'라고 이야기하고 통장 잔고가 쑥쑥 늘어나는 상상을 하고, 생각의 저울이 '부자' 쪽으로 기울어지고 풍요를 생각하면 쉽게 부자가 된다는 것이다!

2

내일의 CEO가 알아야 할 경영의 기초

내일을 꿈꾸고 그 꿈을 이루어가는 모습은 아름답다. 꿈을 꾸는 사람이 멋진 CEO라면 더욱 아름답다. 그러나 꿈을 이루기 위해 노력하지 않는다면 일장춘몽에 그치고 말 것이다. 한걸음 한걸음 산의 정상을 향해 오르듯, 벽돌 한 장 한 장을 쌓아 나만의 집 한 채를 짓듯, 노력해야 하는 것이다.

집을 짓기 위해 터를 고르고 주춧돌을 놓고, 기둥을 세우는 작업이 필요한 것처럼 CEO가 되기 위해서는 경영의 기본을 알아야 한다. 어느 기자가 STX 그룹 강덕수 회장에게 어떻게 큰 그룹을 이루게 되었느냐고 질문하자, 직원으로 일할 때부터 '주인의식'을 갖고 일한 것이 '경영의 기초'가 되었다고 대답했다고 한다. 이제 CEO가 되기 위한 경영의 기초를 알아보자.

멋진 경영은 예술이다

청계천 복원사업을 이끈 경영 능력과 경영 마인드

지금처럼 아름다운 휴식 공간으로 바뀌기 전 청계천은, 낡은 고가도로와 다닥다닥 붙어 있는 가게와 차량들로 혼잡스러웠다. 당연히 공기도 나쁘고 비좁아 오가는 사람들에게 유쾌한 곳이 아니었다.

그러나 이제 청계천을 가보라. 맑은 물이 흐르며 물고기가 놀고 밤에는 야간 조명이 형형색색 수를 놓는 아름다운 장관을 볼 수 있다. 청계천을 따라 난 길을 거닐면 삶의 기쁨을 만끽할 수 있다. 이처럼 똑같은 공간이라도 어떻게 만드느냐에 따라 그 결과가 달라지는데, '어떻게 만드느냐'를 결정하는 것은 경영자, 더 구체적으로 경영자의 생각과 리더십이다.

청계천 복원사업은 당시 서울시의 CEO였던 서울시장이 서울시 공무원 및 각계의 전문가들과 협력해 해낸 일이다. 어떤 사업이나 일을 성공적으로 멋지게 해내기 위해서는 경영자와 그 일을 담당하는 조직이 협력해 효율적으로 일할 수 있는 능력을 갖춰야 한다. 이렇게 일을 해내는 능력이 경영 능력이고, 그런 경영자의 자세를 경영 마인드라고 한다.

우리 모두는 각자의 위치에서 자기가 맡은 일을 멋지게 해내는 것이 중요하다. 그러기 위해서는 그 일을 잘하기 위한 전문 지식과 함께 경영 능력을 키우고 경영 마인드를 길러야 한다.

코끼리를 춤추게 한 IBM의 거스너 회장

글로벌 기업 IBM이 1990년대에 몰락이냐 회생이냐의 갈림길에서 있을 때, 거스너 회장은 IBM을 회생의 길로 이끌었다. 거스너 회장은 IBM에 오기 전에는 마케팅 전문가였고, 컴퓨터에 대한 전문 지식은 별로 없었다. 당연히 회사 안팎에서는 과연 잘할 수 있을까 걱정했다. 그런 가운데 IBM이라는 거대 기업의 운명을 책임지게 된 것이다. 그는 코끼리와 같이 둔한 IBM이 춤을 출 수 있도록 혁신한 과정을 『코끼리를 춤추게 하라』는 책을 통해 자세히 설명한다.

거스너 회장은 당시 몰락해 가던 IBM의 실상을 정확히 파악하는 일부터 시작했다. 당시 IBM에는 재능 있는 사람들이 넘쳐났지만 회사가 나아갈 방향과 전략이 명확하지 않아 영업실적이 나빠졌고 직원들은 갈팡질팡했다. 그래서 거스너 회장이 명확한 방향을 제시하고 한곳으로 힘을 모으려 했다.

취임하자마자 직면한 첫 번째 과제는 회사를 여러 개의 작은 회사로 나눌 것인지, 하나로 통합된 체제를 그대로 유지할 것인지 결정하는 일이었다. 당시 대부분의 사람들은 회사를 분할해야 한다고 목소리를 높였다. 그러나 거스너 회장은 IBM을 통합된 형태로 운영하며 시장 상황에 따르는 것을 경영의 기본으로 세웠다.

다음으로, IBM의 가장 중심적인 비즈니스인 메인프레임에서 벗어나 고객 회사의 정보처리 서비스를 통합적으로 제공하는 솔루션 비즈니스로 사업 전략을 바꾸었다. 이러한 방향 전환은 IBM이 더 이상 하드웨어를 판매하는 회사가 아니라, IT를 이용한 통합솔루션 서비스를 제공하는 회사로 탈바꿈하게 만든 획기적인 사건이었다.

이러한 혁신 전략으로 메인프레임의 가격은 7년 뒤 96퍼센트까지 하락했고, 소프트웨어 가격 역시 6년 동안 매년 20퍼센트씩 떨어졌다. 대신 거래 기업에 대한 통합 솔루션 서비스를 통해 수익을 올릴 수 있었다.

이외에도 거스너 회장은 관료적인 기업 문화를 자유롭고 창의적인 문화로 바꾸고 원활한 커뮤니케이션을 위해 체계를 잡는 일 등 과감한 혁신을 단행한 결과, IBM이 다시 한번 흥겹게 춤출 수 있도록 했다. 거대한 코끼리가 가볍게 춤추도록 만든 것이다.

IBM 같은 기업을 운영하는 것을 기업경영 또는 경영이라고 한다. 경영은 20세기에 이르러서야 비로소 기업 현장에서 생산성을 높여 이익을 내고 기업을 효율적으로 운영하기 위한 방식이나 원리를 연구하면서 발전하게 된 것이다.

영혼이 있는 경영, 안철수 연구소

컴퓨터 바이러스를 퇴치하는 백신프로그램 'V3'로 유명한 '안철수 연구소'는 일반인들에게 무료로 백신프로그램을 제공한다. 안철수 연구소는 서울대 의대 대학원 박사 과정에 다니면서 의학 공부와 컴퓨터 공부를 병행하며 혼자서 틈틈이 컴퓨터 바이러스 프로그램을 만들던 안철수 대표가 비영리법인 형태로 연구소를 설립하고 나중에 주식회사로 전환한 회사다. 안철수 연구소의 창립자이자 CEO인 안철수는 1995년 자신을 포함한 3명의 인원으로 회사를 설립했다. 그리고 그해 9월 연구소를 직원들에게 맡기고 미국 유학길에 올라 펜실베이니아 대학교의 테크노 MBA 과정에서 2년 동안 공부했다.

펜실베이니아 대학의 MBA 과정을 마친 뒤 안철수 대표는 10년 이상 공부해 온 의사의 길을 떠나 벤처 기업의 경영자가 되어 현재에 이르고 있다. 『CEO 안철수, 영혼이 있는 승부』를 보면 회사를 처음 설립하고 겪은 여러 가지 어려움이 담담하게 그려져 있다. 그는 사무실조차 구할 수 없는 형편에 이미 채용하기로 한 직원과의 약속을 지키기 위해 자신의 집에서 함께 일해야 했다. 의과대학 교수 자리를 버리고 나온 탓에 재정적인 어려움에 직면해 병원에서 일하는 부인에게 도움을 받던 시절도 있었다. 1997년 유학 생활을 마치고 한국에 온 뒤에는 갑자기 급성간염으로 쓰러져 1998년 2월에야 퇴원하는 불운도 겪었다.

이러한 고달픈 역정의 기록을 보면 그가 과연 무엇을 위해 미래가 보장된 의대 교수 자리를 박차고 험난한 벤처 기업가로 들어섰는지 곰곰이 생각하게 만든다. 안철수는 자신의 책 『CEO 안철수, 영혼이 있는 승부』에서 이런 삶을 살게 된 마음의 일단을 다음과 같이 펼쳐 보인다.

나는 우주에 절대적인 존재가 있든 없든, 사람으로서 당연히 지켜나가야 할 중요한 가치가 있다면 아무런 보상이 없더라도 그것을 따라야 한다고 생각한다. 내세에 대한 믿음만으로 현실과 치열하게 만나지 않는 것은 나에게 맞지 않다. 또 영원이 없다는 이유만으로 살아 있는 동안에 쾌락에 탐닉하는 것도 너무나 허무한 노릇이다. 다만 언젠가는 같이 없어질 동시대 사람들과 좀 더 의미 있고 건강한 가치를 지켜가면서 살다가 '별 너머의 먼지'로 돌아가는 것이 인간의 삶이라 생각한다.

이러한 마음의 자리를 '영혼이 있는' 자리라고 생각해 자신이 쓴 책 제목에 이 말을 사용하고 있다. 또한 '영혼이 있는 기업'을 기업의 가치관으로 삼고 있다. 같은 책 91쪽을 보면 그가 생각하는 영혼이 있는 기업의 가치관이 다음과 같이 표현되어 있다.

기업은 사람과 같이 살아 있는 유기체며, 사람이 나름대로 가치관을 가지고 살아야 조화로운 삶을 살 수 있는 것처럼 기업도 하나의 가치관을 가지고 생명을 이어간다. 가치관을 가진 사람이 존재의 의미에 충실할 수 있듯이 기업도 그러한 가치관이 있어야 그 기업의 존재 의미에 충실할 수 있다. 이 가치관이 있느냐 없느냐에 따라 기업은 영혼이 있는 기업과 영혼이 없는 기업으로 나누어진다.

‘영혼이 있는 기업’을 꿈꾸는 안철수 대표는 벤처 기업으로 발걸음을 뗀 이후 보안 서비스 업종 등으로 사업 영역을 넓히며 발전을 거듭해오고 있다. 안철수 연구소는 2006년 말 총자산 1,070억 원에 총매출 435억 원, 순이익 146억 원의 매우 건실한 회사로 성장하고 있다. 앞으로 이 회사가 얼마나 더 성장하고 발전해 나갈 수 있을지는 회사와 경영진이 변화하는 경영 환경에 얼마나 발 빠르고 효율적으로 대처하느냐에 달려 있기 때문에 현재로서는 단정적으로 말하기 어렵다.

그러나 전 세계적으로 볼 때 벤처 기업의 성공률이 5퍼센트 정도밖에 안 되는 척박한 환경에서 안철수 연구소가 10년 이상 살아남아 발전하고 있는 것만으로도 진심으로 격려의 박수를 보낸다. 그리고 ‘영혼이 있는 기업’으로 정직하고 성실하며 우리 사회에 꼭 필요한 컴퓨터 바이러스 백신과 컴퓨터 보안이라는 서비스를 제공하는 회사에 대해 경영학자의 한 사람으로서 뿌듯함을 느낀다.

그는 벤처 기업 컨설턴트를 따로 고문으로 위촉해 경영의 기본을 배웠는데, 그 기본 중 하나는 CEO는 최소한 일주일에 한 번씩 매출을 확인하고 그때마다 대응책을 마련해야 한다는 것이었다. 기업이 변화를 모색하는 단계에서 미세한 문제는 전체적으로 조율해서 결정하지만, 큰 방향을 잡는 일은 결국 CEO의 몫인 것이다.

비영리 단체에도 필요한 경영

경영은 사람들이 함께 모여 더 좋은 세상을 만들기 위해, 지혜를 모으고 조직을 만들어, 주어진 환경이나 자원을 활용해 제품이나 서비스를 제공하는 인간의 활동이다. 따라서 경영은 영리를 추구하는 기업에만 해당되는 것이 아니라 우리 사회가 필요로 하는 서비스를 제공하는 학교, 병원, 종교기관, 행정기관 등과 같은 조직에 모두 필요한 것이다.

비영리 조직의 하나인 종교 기관의 사례를 살펴보기 위해 필자가 잘 알고 있는 교회를 예로 들겠다. 이 교회는 서울 강남에 있는 기독교 재단의 중·고등학교에 강당을 건축해 학교에 헌납한 뒤, 그 강당을 예배당으로 빌려 쓰고 있다. 학교에 강당을 세워줄 정도의 돈이 있는데, 예배당을 빌려 쓰고 있다니! 그 목사의 경영 방식에 문제가 있는 것일까?

그 교회는 설립된 지 20년 정도 되었다. 처음에는 교회를 세우지 않고 몇몇 뜻있는 사람들이 모여 성경 공부를 시작했다. 그러다 함께 성경 공부를 하던 사람들이 기존 교회가 안고 있는 문제를 극복할 수 있는 참된 교회를 세워보자고 제안해 남의 건물에 세 들면서 교회를 열기 시작한 것이었다.

교회는 종교적인 믿음을 가진 사람들이 모인 조직이다. 우리가 살아가는 세속적인 가치나 질서와는 다른 가치 체계를 지녀야 하는데도, 상당수 교회가 세속적인 욕심을 그대로 안고 있는 것이 현실이다. 세속적인 욕심을 억제하지 못해 돈을 밝히고, 담임목사 자리를 은퇴한 후에도 자녀에게 그 자리를 물려주는 것이 오늘날 교회의 폐단이다. 이와는 대조적으로 그 목사는 세상살이에 절망을 느낀 사람들을 위해 믿음 안에서 희망과 기쁨과 자유를 누리는 영적 서비스를 제공하겠다는 목적을 충실히 이루려 했다.

목회 일을 하기 전에 그 목사는 사업가로서 경영을 해본 경험이 있었다. 어떤 구호나 명분만 갖고서는 목적을 이룰 수 없다는 것을 잘 알고 있기 때문에 교회가 지켜야 할 기본적인 규칙 몇 가지를 만들었다.

첫째, 헌금 내는 봉투에 자신의 이름을 쓰지 못하게 해서 누가 얼마의 헌금을 내는지 모르게 했다. 부자가 교회에 와서 거드름을 피우는 것을 방지하기 위해서다. 둘째, 목사의 임기와 장로의 임기를 10년으로 하여 목사는 임기가 끝나면 물러나게 했고 장로는 평신도로 돌아가 교회를 섬기도록 했다. 지위의 세습을 방지하기 위한 것이다. 셋째, 헌금의 반 이상은 사회가 필요로 하는 곳에 도움을 주도록 했다. 넷째, 교회가 건물이나 부동산을 소유하지 않도록 했다. 교회가 부동산 투기를 해서는 안 된다는 철학이 있어서다. 그래서 남의 건물에 세들어 살다가 학교에 강당을 세워주고 빌려 쓰는 것이다.

이처럼 그 목사는 세속적인 가치를 부정하고 교회가 본디 갖추어야 할 믿음의 힘을 키우면서, 절망하고 방황하는 사람들의 영혼을 어루만지고 희망을 주는 교회의 원래 목적대로 좋은 경영을 했다. 참고로 현재의 담임목사는 그 교회의 네 번째 담임목사이며, 이런 전통은 여전히 지속되고 있다.

경영은 예술이다

맥킨지가 펴낸 『맥킨지 한국 재창조 보고서』는 한국의 생산성이 미국의 절반 수준밖에 안 되는 가장 중요한 이유를 '한국에는 경영이 없다'는 데 두고 있다. 한국의 많은 기업이 세계를 향해 뻗어가고 있는데 '경영이 없다'고 하니 너무 성급한 판단 같기도 하고 무례한 것 같기도 하다. 그러나 그들이 말하는 경영을, 경쟁에서 이길 수 있는 합리적인 경영 방식을 의미한다고 생각한다면, 마음을 열고 그들의 말에 귀 기울여야 한다. 그들이 보는 한국의 경영 방식은 주먹구구식으로 추진하는 무모한 점이 많다. 그렇다고 우리 경영이 아주 잘못된 것만은 아닐 것이다. 우리만의 방식인 '흥'이나 '정' 같은 전통을 잘 지키면서 그들의 합리성을 지혜롭게 접목한다면 글로벌 기업과 어깨를 나란히 할 수 있으리라. 한때 우리나라에 벤처 열풍이 불어 자신이 갖고 있는 특별한 기술을 활용해 창업한 사람 중 상당수가 사업에 실패한 적이 있다. 여러 가지 이유가 있겠지만 결론을 말하자면 경영이 없었기 때문이다.

2008년 초 미국 매사추세츠의 소도시 니덤에 있는 올린 공대의 밀러 총장에 대한 신문기사를 읽었는데 무척 흥미로웠다. 올린 공대는 2002년 개교한 신생 학교다. 학생이 300명, 교수가 37명인 아주 작은 대학이지만 공학 교육의 신흥 명문으로 떠오르고 있다. 공학에 경영학을 접목시킨 '기술 경영' 교육을 시도한 것이 적중해 2006년 첫 졸업생 66명이 IBM, 인텔 등에 취직하거나 옥스퍼드, 하버드, 스탠퍼드 같은 명문대의 대학원에 진학하는 성과를 올렸다. 밀러 총장은 공학 전공자들에게 기업가 정신을 심어주고 기술을 현실에 접목하고 소비자가 원하는 제품을 만들려면 경영을 알아야 한다고 강조한다. 기업과 사회는 사람과 사람의 관계가 지배하는데, 경영학에서 이를 배울 수 있기 때문이다. 문제해결 능력과 창의력, 공학적 지식과 비즈니스 마인드를 갖춘 21세기형 공학 인재 양성이 이 학교의 교육 목표라고 한다.

　우리는 무엇인가를 멋있고 아름답게 하면 '그거 예술이네' 하며 감탄한다. 경영 역시 멋있게 할 때 예술이 된다. 그것도 종합예술이 된다. 경영 활동은 모든 것이 사람과 관계를 맺는데, 사람과의 관계를 잘 형성하는 것은 매우 어려운 일이다. 이런 어려운 일을 멋있게 해내는 경영이 예술이 아니라면 이 세상 그 무엇이 예술이 될 수 있을까?

나는 내 인생의 CEO

스타 CEO의 모습

경제 주간지 「한경 비즈니스」 2007년 12월 31일자 송년호는 커버스토리를 'CEO of CEO'라고 정했다. 마치 〈왕중왕〉이라는 영화 제목이 연상되는 문구다. 여러 가지 평가 기준을 정해 전문가들이 평가한 결과 LG전자의 남용 부회장이 2007년을 대표하는 '올해의 CEO'에 선정되었으며 제조업과 비제조업, 금융 부문으로 나눈 '베스트 CEO'로는 이구택 포스코 회장, 이원걸 한국전력공사 사장, 최현만 미래에셋증권 부회장이 선정되었다.

전문가들의 평가 결과, 남용 LG전자 부회장은 LG텔레콤 사장 시절 일찌감치 통신업계의 '스타 CEO'로 능력을 인정받았으며, LG전자 사령탑에 오른 지 1년도 안 되어 매우 인상적인 성과를 올린 것이 높은 점수를 받은 것으로 나타났다. 과감한 조직 개편과 내부 혁신을 통해 실적 악화로 신음하던 LG전자를 위기에서 구해낸 공로가 크기 때문이다. 본사 인원의 40퍼센트에 달하는 인력을 각 사업본부 마케팅 현장에 재배치하고 글로벌 기업에서 40대 여성 마케팅 전문가를 임원으로 영입하는 파격적인 외부 수혈도 감행했다. 또한 프리미엄 시장을 겨냥한 초콜릿폰과 프라다폰이 성공을 거두었고, 보고 듣고 누르기 쉽게 디자인한 실버폰을 '와인폰'으로 네이밍해 성공을 불러왔다.

금융 부문에서 새로운 '스타 CEO'로 선정된 미래에셋증권 최현만 부회장은, 그동안 시중 은행 CEO들이 상위권을 휩쓸었던 과거와 비교하면 신선한 '스타 CEO'인 셈이다. 미래에셋증권은 2007년 국내 증권 업종 중 시가 총액 1위 기업으로 발돋움했다. 자산관리 역량의 척도인 주식형 펀드 판매 잔액은 10조 원을 넘어섰다. 수수료에 의존해오던 기존 증권사들과 달리 자산관리, 투자은행 부문 등에서 강점을 보여 미래에셋증권이 높게 평가된 것이다. 최현만 부회장의 약력을 살펴보면, 전남대 정치외교학과를 졸업한 후 동원증권에서 근무하다가 미래에셋그룹을 창업할 때 창업 멤버로 합류했다. 서울의 수많은 명문 대학 수재들이 많은데 지방대학, 그것도 정치외교학과 출신이 이들을 모두 제쳤다는 것이 이채롭다. 그는 기존 수수료 위주의 영업수익 구조에서 종합자산운용 컨설팅 회사라는 선진화된 모델을 제시해 '무'에서 '유'를 창조했다. 또한 홍콩, 베이징, 베트남 시장 등에 진출했고, 런던, 미국, 인도에 증권사를 설립하기 위해 준비를 하는 등 글로벌 경영의 최전방에서 진두지휘하는 최고경영자로 활약하고 있다.

2007년도 '베스트 CEO'들에게는 무엇보다도 실적이 뛰어나다는 공통점이 있다. 실적이 나쁘면 좋은 CEO가 될 수 없다. 자신이 이끄는 조직이 목표 실적을 올릴 수 있도록 하는 것이 무엇보다 중요하다. 한마디로 정리하면, 멋진 CEO는 훌륭한 지휘자가 오케스트라를 지휘하듯 자신이 몸담고 있는 조직을 최고로 이끌어 남보다 뛰어난 실적을 올리게 하는 사람이라고 할 수 있다.

한 신문사에서 'CEO의 얼굴, 뭔가 특별하다'라는 특집기사를 다루었다. 실제로 CEO의 얼굴은 특별하다고 한다. 경영 현장에서 얻은 경험이 쌓이고 자신의 품성이나 믿음 같은 것이 내부에서 숙성되어 얼굴에 나타나기 때문이다. 일본의 경영학자 이타미 히로유키 교수의 『훌륭한 경영자의 모습』에는 일본의 CEO들인 마쓰시다 전기의 마쓰시다 고노스케, 소니의 이부카 마사루, 혼다의 혼다 소이치로의 얼굴에서 발견되는 3가지 공통점이 소개된다. 그들은 과연 어떤 얼굴일까? 첫째, 부드러울 때는 부드럽지만 신념이 강한 '부드러운 강인함'을 엿볼 수 있다. 둘째는 '깊이 있는 소박함'으로, 공허한 이상을 좇지 않고 현실에 뿌리 내린 채 겸허하게 생각하는 얼굴이다. 셋째는 '커다란 투명함'으로 원대한 비전을 그리는 깨끗한 마음이다. 이러한 얼굴은 저절로 만들어지는 것이 아니다. 생각을 깊고 넓게 하고, 과감하게 마지막 결정을 내리고, 일을 마친 뒤에는 모든 사람에게 감사하는 마음을 가져야 그런 얼굴이 만들어지는 것이다.

기왕 CEO의 얼굴 이야기를 한 김에 우리나라 CEO의 얼굴 특징도 알아보자. 얼굴 경영학을 전공하는 주선희 교수는 CEO의 얼굴에서 다음과 같은 특징을 발견했다. 이건희 삼성 회장의 눈은 불거져 나와 있는데, 이는 뛰어난 추진력으로 볼 수 있다. 정몽구 현대 회장의 눈썹은 다른 사람보다 연한데, 이는 자신의 힘으로 꿋꿋하게 역경을 이겨내는 것을 의미한다. 구본무 엘지 회장의 이마에는 뚜렷한 두 개의 주름이 있는데, 이는 사람人과 땅地을 가리키며 자신의 노력과 아랫사람의 협조로 성공하는 상이다. 박삼구 금호아시아나 회장의 이마는 원숭이 이마라 불리는데 사람들과 유쾌하게 지내지만 혼자만의 시간에 빠지기도 한다. 박현주 미래에셋 회장의 코는 콧방울이 탄력 있으면서 빵빵하므로 재물을 모으는 상이라는 것이다.

훌륭한 CEO가 되기 위한 조건

훌륭한 CEO는 어떤 사람인가? 그 질문에 대한 모범 답안이 있는 것은 아니다. 「한경 비즈니스」는 올해의 CEO 선정을 위한 평가 기준을 몇 가지 밝히고 있다. 양적 평가로는 재무성과와 주주중시 경영, 질적 평가로는 이해관계자와의 관계와 비전을 평가 기준으로 삼았다. 개인적 역량으로는 리더십, 글로벌 역량, 윤리의식 등을 고려했다. 이러한 기준들이 반드시 훌륭한 CEO가 되기 위한 조건이라고 할 수는 없겠지만, 어느 정도 수긍할 만한 객관성 있는 기준일 것이다.

「한경 비즈니스」 특집기사에서는 CEO의 역할에 대해 다루었는데, 좋은 CEO의 조건을 살펴보는 데 도움이 될 것 같다. GE의 전 회장 잭 웰치는 B급 직원을 A급에 도달하도록 돕는 것이 CEO의 역할이라고 강조했다. 잭 웰치는 '4E'와 'P'로 뛰어난 경영자의 자질을 정리했는데 'E'는 변화를 두려워하지 않는 에너지energy, 활기를 불어넣는 능력energize, 까다로운 의사결정에서 '예'와 '아니오'를 분명히 하는 단호한 결단력edge, 자신의 약속을 지속적으로 수행하는 실행력 execute이며, 'P'는 열정passion을 말한다. 이러한 경영자의 자질은 배울 수 있지만 배울 수 없는 자질이 딱하나 있다. 그것은 바로 성실성 integrity이다. 성실성은 처음부터 가지고 있어야 할 자질이다.

그렇다면 경영자가 되기 힘든 사람들은 어떤 사람일까? 개인적인 공명심과 명예욕이 큰 사람, 남의 마음을 이해하지 못하는 사람, 감정적으로 판단하는 사람, 책임을 회피하는 사람, 사소한 일에 매달리는 사람이 거기에 해당한다.

한편 「포브스 코리아」 2008년 1월호에는 영국의 역사학자 폴 존슨이 쓴 '행복한 성공을 위하여'라는 칼럼이 소개되어 있다. 폴 존슨은 옥스퍼드대 신입생일 때 서머셋 모옴의 자서전을 읽고 충격을 받았다고 고백한다. "18세 때 나는 너무도 간절히, 부자가 되고 성공하고 유명해지고 싶었다. 이제 그 세 가지를 성취했으나 더 행복해진 것 같지는 않다"라는 서머셋 모옴의 글을 소개하며, 부와 명예와 성공을 행복과 연결하는 방법을 4가지 원칙으로 이야기한다.

1. 부의 추구와 창조성을 결합하라. 교묘한 서류 작업과 무형의 가치 창조만으로도 억만장자가 될 수 있다. 그러나 유형 고정자산 (공장, 사무실, 부두처럼 벽돌이나 콘크리트로 만든 시설물)이나 부동산(농지와 농장)은 우리를 더 행복하게 한다. 아무것도 없던 곳에 실체를 가진, 가시적이고 생산적인 것을 만드는 일이야말로 가장 원초적이고 건강한 인간의 본능 중 하나다.

2. 성공한 사람은 쓸모 있거나 기쁨을 주거나 또는 아름다운 어떤 것을 창조하면서 행복을 느낀다. 수억 명의 사람이 즐겨 쓰는 새롭고 편리하고 값싼 생활용품(예컨대 혁명적인 코르크 마개뽑이, 안전면도기, 휴대용 분갑, 핸드백 등)을 만드는 일이야말로 위대한 일이고 말할 수 없는 행복감을 선사한다. 필자가 어렸을 때 어머니와 누나들이 최초의 나일론 제품을 보고 기뻐하던 모습이 지금도 선하다. 그런 제품을 개발하는 것은 위대한 업적이다.

3. 일자리를 만들어 행복과 만족을 얻어라. 12세기 위대한 유대인 철학자 마이모니데스는 "자선은 축복이다. 할 수 있다면 자선을 베풀어야 한다"고 말했다. 하지만 최고의 자선 행위는 가난한 사람이 자립해 자신의 명예를 지키고 사회에 기여하도록 만드는 일이다. 사회에 유익하고 보수가 좋으며 안정된 일자리를 만드는 기업인은 두 배로 축복을 받는다.

4. 일자리 창출은 도덕적 기반 위에 이루어져야 한다. 가능하면 물질적인 것뿐만 아니라 정신적인 부분까지 충족시킬 수 있어야 한다.

필자가 즐겨보는 '주철환의 즐거운 천자문'이라는 칼럼이 있는데, 2008년 1월 1일자에는 세종대왕의 리더십을 '월인천강'으로 풀이했다. '월인천강'은, 달은 하나지만 천 개의 강을 비춘다는 뜻인데, 세종대왕의 리더십을 소통의 리더십, 창조의 리더십으로 설명한 뒤 'PD 마인드'라는 것을 세종대왕의 리더십에 비유해 재미있게 설명했다. CEO의 마인드와 매우 유사한 것 같아 원문을 그대로 옮겨본다.

PD 마인드란 무엇인가. 아름답고 새로운 목표를 세운 뒤 그 목표를 이루기 위해 필요한 수순을 요령과 강단으로 밀어붙이는 것이다. 분야마다 전문가를 초빙하고 그들이 신명나게 일할 수 있도록 분위기를 만들어 주어야 한다. 그 일에 곱지 않은 시선을 보내며 반대하는 사람을 꾸준히 설득하고 마지막 순간에 완성된 작품으로 그들의 박수를 이끌어내야 한다.

PD로 성공하려면 적어도 4개의 배ship를 갈아타야 한다. 멤버십, 파트너십, 프렌드십 그리고 리더십이다. 먼저 목표 그룹의 멤버가 되어야 한다. 그런 후 실력을 보유한 자의 인정을 받아 그와 파트너가 되어야 한다. 파트너와 친구의 차이는 의외로 간단하다. 이익을 나누면 파트너지만 슬픔까지 나눈다면 그들은 친구 사이다. 문제는 친구와 리더의 차이. 좋은 사람을 '만나면' 친구가 되지만 좋은 사람을 '만들면' 리더가 된다. 친구는 친구의 꿈이 이루어지기를 바라면 되지만 리더는 혼신을 다해 친구의 꿈을 이루어주어야 한다.

월스트리트에서 가장 촉망받는 여성 CEO

한 경제신문에 미국 최대 의료보험회사 웰포인트의 여성 CEO인 앤젤라 브랠리에 대한 기사가 실렸다. 2007년 4월, 브랠리가 4만여 명을 거느린 보험회사의 CEO로 임명되자 투자자들은 믿을 수 없었다. 브랠리는 보험과 상관없는 법률가 출신의 40대 여성으로 법률자문 및 공보책임자였기 때문이다. 그러나 브랠리는 낮은 보험가입율과 보장수준을 끌어올리려는 정부의 방침에 맞서 사보험시장의 수호자가 되어 논쟁을 이끄는 등 강한 리더십을 보이고 있다. 사보험업계가 이윤만 추구한다는 비판의 목소리에 대해 민간보험의 효율성이 미국인의 건강을 책임지는 열쇠라고 외치며 기업의 이익을 위해 활동하고 있다.

브랠리는 감성적 경영 스타일을 자랑하는데, 그 예로 들 수 있는 것 중 하나가 '기분 엘리베이터'다. 회사 직원들은 자신의 감정 상태가 '우울', '분노', '감사', '깊은 통찰'에 이르는 각 단계 중 어디에 있는지 측정한다. 브랠리는 회의 중 참석자의 기분 엘리베이터가 어느 높이에 있는지 묻고 일정 단계에 올랐을 때 논의를 마무리한다는 것이다. 또한 유명 레저정보업체와 손잡고 보험가입자들이 직접 이용한 병원과 의사의 점수를 평가해 인터넷에서 공유하는 시스템도 운영하고 있다.

브랠리는 건강지수 평가 사업을 새로 시작했다. 3,480만 가입자를 대상으로 건강 상태를 측정하는 미국 내 최초의 대규모 사업이다. 가입자의 건강 상태가 개선됐을 경우 담당 보험 매니저에게 보너스를 지급한다. 정기 건강검진과 예방치료를 장려해 미국인의 건강에 실질적으로 도움을 주는 사업이다. 이러한 적극적인 시장개척 노력을 통해 웰포인트는 「포춘」이 선정한 '올해 가장 빠르게 성장한 유망기업' 2위에 올랐다.

그녀는 말한다. "경영이란 내 길을 가는 것이고 매일 매일이 선택의 연속이다. 우회하지 말고 정직하게 앞으로 나아가야 한다. 일에 대한 열중보다 중요한 것은 옳은 일에 대한 신념이다."

삼성과 현대를 일으킨 창업자들

2008년 초 대한상공회의소는 대한민국 대표 기업인 삼성, 현대, LG, 두산을 일으킨 기업가들의 삶을 『만화 CEO 열전』이라는 책으로 엮어 청소년들에게 무료로 배포했다. 청소년들이 이 만화를 읽고 교훈을 얻어 자신의 삶을 더욱 성공적으로 이끌어가기를 바라는 마음에서 행하는 사업이다. 책에 소개된 모든 사람들에게 배울 점이 많지만, 여기에서는 삼성의 이병철 회장과 현대의 정주영 회장의 일화 몇 가지를 소개하겠다. 이 일화를 통해 멋진 CEO의 모습을 살펴볼 수 있기를 바란다.

책 표지에는 삼성을 일으킨 호암 이병철 회장을 다음과 같이 소개하고 있다. "내 일생의 80퍼센트는 인재를 모으고 교육시키는 데 썼다. 내가 키운 인재들이 성장하면서 두각을 나타내고 좋은 업적을 쌓는 것을 볼 때 고맙고 반갑고 아름다워 보인다." 인재를 키우는 소중한 일을 했기 때문에 오늘도 삼성이 우리나라의 대표기업으로 세계에 이름을 떨치는 것이리라. 이병철 회장이 사업을 일으킨 과정을 간단히 살펴보자.

이병철 회장은 처음 마산에서 정미소로 시작했으나 1년 뒤 사업에서 큰 손실을 보았다. 그 이유를 따져 보았더니 쌀값이 오를 때 사고 내릴 때 팔았던 것이다. 주식투자를 하는 분들은 이 대목을 보고 명심해야 한다. 주식을 오를 때 사고 내릴 때 팔면 집안이 거덜 난다. 이 원인을 발견하고 나서부터는 쌀 때 사고 비쌀 때 팔아서 처음으로 큰돈을 벌게 되었다. 이때 땅값이 싼 것을 보고 은행융자를 얻어 많은 땅을 사서 소작료를 받고 성공하는 듯했으나 은행에서 대출을 중단하는 바람에 토지를 헐값에 팔고 정미소까지 처분하고서야 빚을 다 갚을 수 있었다. 첫 사업은 완전 실패였다.

첫 사업에서 실패한 뒤 전국 각지를 돌다 대구에서 '삼성상회'란 간판을 걸고 두 번째로 사업을 시작했다. 삼성의 '삼'은 '큰 것, 많은 것, 강한 것'을 나타내며 '성'은 '밝고 높고 영원히 깨끗하게 빛난다'라는 뜻이다. 이병철 회장은 사람을 쓰는 것은 신중하지만 일단 기용하면 모든 것을 다 맡기는 스타일이다. 아랫사람에게 권한을 주지 못하는 자는 진정한 CEO가 될 자격이 없다는 것을 여기서 배워야 한다. 그는 의심이 가면 아예 그 사람을 고용하지 않았으며, 일단 채용하면 대담하게 일을 맡기는 스타일이었다. 이후 삼성상회를 청산하고 서울에서 주식회사인 삼성물산공사를 설립했다. 이후 무역업에서 국내 최고가 되었지만 한국전쟁으로 회사가 날아갔다.

대구로 내려가 그동안 다른 사람에게 맡겨 운영하던 양조장에서 큰돈을 벌어 부산에서 재출발했다. 다행히 큰돈을 벌어 제일제당을 설립하게 된다. 이후 삼성은 여러 우여곡절을 겪었지만 비약적으로 발전해 우리나라 최대 기업이 된 것이다. 삼성은 늘 새로운 사업에 도전해 왔지만 가장 큰 도전은 반도체 산업에 진출한 것이었다. 이때 일본 등 외국에서는 삼성이 반도체 때문에 완전히 망할 것으로 예측했지만 이런 우려를 씻고 크게 성공해 오늘날의 삼성이 있게 된 것이다.

현대를 일으킨 아산 정주영 회장은 "시련은 있어도 실패는 없다"라는 유명한 말을 남겼다. 최근 광고에서는 '해봤어?'라는 말로 도전

정신을 다시 한 번 일깨우고 있다. 정주영 회장 하면 누구나 머리에 떠오르는 것이 소나무 몇 그루와 초가집 몇 채만 있던 황량한 백사장에 조선소를 세우려 한 일이다. 현대의 실력을 전혀 믿지 않는 외국 투자자에게 우리나라의 500원 지폐에 실려 있는 거북선 그림을 보여주며, 우리가 1500년대부터 철갑선을 만든 민족임을 역설했다는 일화는 가슴 뭉클한 이야기다.

서산 간척사업을 할 때도 놀라운 일을 이루어냈다. 방조제 최종 물막이 공사를 할 때 물살이 거세 승용차만 한 바위도 흔적 없이 사라져 궁지에 몰렸다. 이때 고철 유조선을 끌어와 물줄기를 막아두고 양쪽 방조제에서 바위덩어리를 쏟아 부은 정주영 공법으로 물막이 공사를 성공적으로 해낸 것이다. 우리가 배워야 할 창조경영의 모범을 보인 것이다.

북한이 고향인 정 회장은 통일에 관심이 많았고 금강산을 개발해 관광 사업을 벌였다. 그는 500마리의 소떼를 몰고 민간인으로는 처음으로 판문점을 통과해 북한을 방문했고 금강산 관광을 성사시켰다. 이때가 84세였으니 기업가의 집념과 우리 민족의 먼 장래를 생각하는 마음에 절로 고개가 숙여진다.

실패한 CEO의 세 가지 특징

17대 대선이 다가오자 대통령에 대한 기사가 넘쳐흘렀다. 그 중에서도 최진 박사의 글이 필자의 관심을 끌었다. 최진 박사는 어떻게 하면 실패하지 않고 성공적으로 나라를 이끌어가는 대통령이 될 수 있는가를 이야기했다. 대통령이라는 자리는 우리 같은 사람들은 감히 꿈도 못 꿀 만큼 높은 위치지만, 대통령을 CEO라고 생각한다면 배울 점이 있을 것이다.

최진 박사는 먼저, 능력은 뛰어났지만 실패한 지도자로 닉슨 미국 대통령을 예로 들었다. 닉슨 대통령은 중국과의 수교 등 탁월한 외교 정책을 펼쳤지만 워터게이트 사건으로 물러났으며 권력 남용에 빠져 실패했다. 이처럼 실패하는 리더에게는 몇 가지 특성이 있는데 무능, 부패, 편협성 등이 그것이다. 국가지도자가 무능한 것은 큰 죄악이다. 우리나라의 역대 대통령 중 실패한 이들에게서는 부패와 편협성을 엿볼 수 있다. 성공적인 대통령이 되기 위해서는 민심을 제대로 읽고, 비전을 국민과 함께 공유하고, 희망을 제시해 감동을 주어야 하며, 탕평인사를 감행해야 한다.

CEO의 실패는 대부분 CEO의 자질과 연관되기 때문에 이론화하기 어렵다. 이타미 교수는 CEO가 상황을 잘못 인식하고 사람을 잘못 보거나, 성격적 결함을 보일 때 실패를 불러온다고 말한다. 이 같은 실패를 범하는 원인은 다음과 같다. 첫째, CEO가 늙어서 지적 능력이 떨어지기 때문이다. 둘째, 창업 당시의 성공에 대한 지나친 자신감 때문에 시대 변화에 적응하지 못해 일을 그르치게 되는 것이다. 셋째, CEO가 조직에 대해 강한 애착을 가지면 위기 상황에서 구조조정 타이밍을 놓치는 것이다.

나는 내 인생의 멋진 CEO

이 글을 읽는 여러분 중 대부분은 기업을 경영하는 CEO는 아닐 것이다. 하지만 CEO에 대한 이야기를 나와는 상관없는 것으로 생각해서는 안 된다. 아직도 그렇게 생각하는 독자가 있다면 정말로 잘못 생각하는 것이다. 우리 모두는 자기 인생의 CEO라는 것을 깨달아야 하며, 멋진 CEO는 높은 자리에 기를 쓰고 올라가서 거들먹거리며 남을 얕잡아보는 사람이 아니라는 것을 알아야 한다.

멋진 CEO가 되려면 우선 CEO 마인드를 가져야 한다. CEO 마인드는 주인의식을 갖고 자신이 맡은 일을 가장 효율적으로 해내려는 마음이다. 일을 잘해내기 위해서는 경영이 무엇인지 알아야 한다. 일을 계획하고 실천하는 등의 활동을 하는 것이 경영이며, 경영을 잘해야만 큰 성과를 올릴 수 있기 때문이다. 그런데 경영은 결국 사람에게 달려 있다. 따라서 사람들이 활기차고 만족스럽게 일하도록 해야 하는데, 이처럼 사람들을 보살펴서 일의 성과를 내는 것을 CEO 리더십이라고 한다.

CEO 리더십을 갖추기 위해서는 우선 다음과 같은 자세를 배워야 한다. GE의 잭 웰치가 말한 것처럼 에너지와 열정을 소유하고 남을 배려해야 하며, 실패에서 배우고, 섬기는 리더십을 실천해야 한다. 과거의 리더는 윗자리에서 부하들을 부린다는 생각으로 조직을 끌어왔지만 섬기는 리더는 구성원들을 인격을 가진 존귀한 존재로 대하고 구성원들과 함께 비전과 목표를 이끌어낸 다음 이를 성실하게 실천한다.

그러나 섬기는 리더십만으로 멋진 경영이 가능한 것은 아니다. 각각의 일을 맡을 조직을 만들어 일에 대한 결정권과 책임을 나누어

주고, 성과를 평가하는 세부적인 관리 활동이 중요하다. 이처럼 인재 관리, 자금 관리 등의 기능을 맡는 책임자들이 각자의 일을 잘할 수 있도록 해야 한다. 또한 CEO는 위기가 왔을 때 이를 해결할 수 있는 지혜를 발휘하고, 변화하는 환경에 맞춰 새로운 전략을 세우고 혁신을 추구해야 하는 것이다.

좋은 CEO가 되기 위해서는 현장에서 많은 경험을 쌓고, 자기 나름대로 관리하면서 앞으로 다가올 변화를 예측해야 한다. 변화에 대응하는 전략을 세우고 실천해야 하기 때문에 많은 훈련과 인간적인 성숙이 함께 필요하다. 경영자는 한 걸음 한 걸음 내딛어야 하며, 작은 걸음이 쌓일 때 훌륭한 조직이 되고 멋진 CEO로 사람들의 존경을 받는 것이다.

끝으로 변화경영 전문가 구본형의 책 『익숙한 것과의 결별』한 부분을 인용한다.

경영자에게 있어 경영은 인생이다. 화가에게는 그림이 인생이고, 작곡가에게는 음률과 곡조가 인생인 것과 같다. 그리고 경영은 돈만이 목적이 아니다. 좋은 경영자는 기업 속에 자신의 인생을 담고 싶어 한다. 자신이 죽더라도 자신의 원칙이 살아 숨 쉬는 기업을 만들고 싶어 한다.

대학 축제를 통해 배우는 경영

앞에서도 이야기했지만 경영 활동은 기업을 경영하는 것뿐만 아니라 일상생활에서도 그 예를 찾아볼 수 있다. 대학 축제를 준비하고 운영하는 것도 경영 활동이라 할 수 있다. 만일 당신이 대학 축제의 총책임자라면 어떻게 해야 할까?

축제에 관심이 많았던 한 대학생

성균관대학교 학생 구본석 군은 평소 영화제나 축제에 관심이 많은 대학생이었다. 학교에서 중국어와 경영학을 열심히 공부하며, 졸업 후에는 중국을 무대로 연예 계통의 사업을 하려고 준비했다.

2005년 부산영화제 때는 중국어 통역을 맡으면서 영화감독들이 영화제를 진행하는 것을 곁에서 지켜본 경험을 토대로 대학교 총학생회에서 주관한 교내 영화제 운영에도 참여했다.

　　2006년 기말고사를 끝내고 그는 남은 대학 생활을 어떻게 보낼까 고민했다. 1년 6개월 정도 남은 대학 생활 중 6개월은 자신이 하고 싶은 대학 축제를 운영하고, 나머지 1년은 졸업 후의 진로를 위해 준비하겠다고 결심했다. 대학 축제, 특히 봄에 열리는 대학 축제는 새로 입학한 대학 신입생들에게 대학 생활의 자유로움을 한껏 안겨주어야 한다고 생각했다. 하지만 이제까지의 축제는 방송사나 여느 문화 단체에서 주관하는 행사들과 다를 바 없다는 것이 그의 생각이었다. 평소 친분이 있는 총학생회장을 만나 이 같은 뜻을 밝혔는데, 총학생회장은 대학 축제를 어떻게 꾸밀 것인지 브리핑할 자료를 준비해 오라고 했다.

축제 준비

　　그는 브리핑 자료를 준비하기 위해 우선 지난해의 대학 축제에 관해 알아보았다. 그러나 지난해 축제에 관한 정보가 턱없이 부족해서 크게 실망했다. 총학생회가 보유하고 있는 자료는 그 당시 사용했던 축제 안내 팸플릿뿐인데, 그 팸플릿으로 알 수 있는 축제 관련 정보는 인사말 한 페이지와 행사 내용을 설명한 두 페이지가 전부였다.

　　그것으로는 축제를 준비하는 데 거의 도움이 되지 않는다고 판단해 처음부터 축제의 모든 것을 새롭게 그려가기로 했다. 이전의 대학 축제는 학생회에서 주관했고, 중간고사가 끝날 무렵 2주 정도 준비해 행사를 치렀기 때문에, 선배들이 축제를 치르는 방식을 그대로 답습하는 데 머물렀다. 이번에는 축제다운 축제를 만들기 위해 콘셉트를 구상하기 시작했다.

먼저 다른 대학의 특색 있는 축제를 살펴보기 시작했다. 우선 대학생들과 일반인에게 널리 알려진 연세대학교와 고려대학교가 벌이는 운동 경기인 연고전이 있었다. 연고전은 대학 고유의 특성, 예를 들어 신촌골 독수리와 안암골 호랑이라는 동물 상징을 비롯해 서로 다른 문화를 내세우고, 라이벌 의식까지 작용해 젊음의 혈기를 잘 살리고 있다. 그러나 그의 대학교에는 이러한 전통이 없는 관계로 이것은 활용하기 어렵다고 판단했다.

다음으로 홍익대학교의 축제 문화를 검토했다. 홍익대학교 주변은 대학생을 비롯한 젊은이들 사이에서 독특한 청년 문화를 형성하고 있기 때문에 홍대 축제에서 무언가 재미있는 요소를 발견하고자 했다. 그러나 홍대 문화는 학교 자체의 것이기도 하지만 홍대 앞 거리로 인식되는 학교 주변의 문화가 복합적으로 얽혀 형성된 것임을 알 수 있었다. 따라서 학교의 색깔을 드러내는 축제를 기대하기는 힘들었다. 하지만 홍대 문화에서 대학과 대학 주변의 문화가 융합되는 방식은 마음에 담아두었다.

성균관대학교는 유학 사상을 기본 이념으로 설립된 오랜 역사를 자랑하는 대학이지만, 10여 년 전부터 삼성그룹이 재단을 맡으면서 '전통과 첨단의 조화'를 통한 글로벌 대학으로 발전한다는 목표 아래 활발하게 혁신을 하고 있는 중이다. 이러한 학교의 방침은 학교 주변에 위치한 대학로의 활기찬 기운과 자연스럽게 융화될 수 있고, 다양한 퓨전 문화를 형성할 수 있다고 판단했다.

축제의 포커스를 '대학생들의 다양한 색깔'을 우선적으로 반영하면서 학생들이 직접 참여하는 콘셉트를 태스크포스팀이 잡았다. 그리고 축제 이름을 '발랄한 축제'로 정했다.

TF팀과 세부적인 역할 분담

축제의 기초자료 조사는 혼자서도 할 수 있지만 그 다음 과정인 구체적인 프로그램 구상, 콘텐츠 준비, 홍보 등의 일들은 여러 사람이 나누어 할 수밖에 없다. 그가 준비한 브리핑 자료를 검토한 총학생회에서는 축제의 총비용을 최대 1억 원으로 하여 TF팀을 구성해 모든 행사를 주관하도록 결정했다. 물론 TF팀의 책임자는 그가 맡았다.

그를 비롯한 12명으로 구성된 축제 TF팀은 '발랄 공작단'이라고 팀 이름을 내걸었다. 2006년 12월 구성된 팀은 2007년 3월까지 일주일에 두 번 모여 축제의 콘셉트와 콘텐츠에 대해 집중적으로 논의했다. 콘텐츠는 대학생들의 다양한 색깔을 반영하는 축제 콘셉트에 맞게 음악, 거리 공연, 연극, 영화의 4섹션으로 정했다.

축제 콘셉트와 콘텐츠가 정해진 다음에는 홍보팀, 스폰서팀 및 운영팀의 3개 팀으로 나누어 구체적인 준비를 하기 시작했다. 홍보팀은 학교 내부 홍보와 외부 홍보로 나누어 작업을 진행했다. 외부 홍보 담당자는 다른 대학의 학생들에게 알리는 것을 비롯해, 언론사 기자들에게 보도자료를 보내 축제를 홍보했다. 스폰서팀은 현금이나 현물 등을 후원받고 스폰서 받은 제품이나 서비스, 예를 들어 KT 신제품 홍보나 맥주 시음회 등을 열도록 해 학생들에게까지 재미를 줄 수 있도록 했다. 운영팀은 행사 일정에 맞춰 행사장을 준비하고, 출연진 접대, 주차권 발행 등 눈에 보이지 않는 세심한 것들을 준비했다.

본격적인 축제 진행

축제는 중간고사가 끝난 후 5월 초순부터 일주일 동안 진행되었다. 먼저 축제에 참여하는 학생들이나 청중이 어떤 행사가 어느 곳에서 언제 진행되는지 한눈에 볼 수 있도록 캠퍼스 맵을 작성했다. 앞면에는 공연 장소와 공연 내용 및 일정을 담았고, 뒷면에는 4개의 섹션별로 공연 일정, 공연 내용, 공연 장소를 일목요연하게 정리했다. 각 섹션에도 각각 이름을 붙였는데 음악은 '후끈후끈 음악파전', 거리 공연은 '왁자지껄 거리공연', 연극은 '숨 막히는 연극열전', 영화는 '너도나도 무비부비'로 했다. 4개의 섹션과 별도로 개막식에는 '풍물패 길놀이'를 하고 게임과 이벤트 프로그램으로 '거침없이 도전 킥킥'이라는 다양한 학생 참여 프로그램을 준비했다.

캠퍼스맵은 A4용지 두 장 크기로 만들었는데, 접으면 포켓에 들어갈 수 있도록 했다. 또한 각각의 프로그램 내용을 좀 더 자세히 알리기 위해 '프로그램 가이드'를 별도 책자로 발간했다. 책자에는 축제의 성격에 대한 설명과 동참을 권유하는 발랄공작단의 편지, 각 섹션별 목차와 함께 프로그램에 출연하는 출연진 소개, 프로그램의 내용을 소개하는 홍보물이 들어 있다. 예를 들어 뮤지컬〈루나틱〉은 "행복의 진정한 모습이 무엇인지 정확히 알고 말하는 사람은 몇이나 될까? 미친 사람들의 이야기를 다룬 루나틱은 행복한 삶을 꿈꾸는 성균관대 학생들에게 행복의 비법을 전수할 것이다"라는 식의 멋진 글로 학생들을 유혹했다.

이처럼 캠퍼스 맵과 프로그램 가이드, TF팀의 철저한 사전 준비 등으로 '발랄한 축제'는 어느 때보다 훨씬 활기차고 재미있게 진행되었으며, 큰 호응을 얻을 수 있었다.

축제가 끝난 뒤의 사후검토

축제를 성공적으로 치른 뒤, 구본석 군을 비롯한 발랄공작단 팀원들은 생맥주를 함께 마시며 이번 축제의 마무리에 대해 논의했다. 과거의 축제 자료에서는 축제에 대한 평가 자료가 없기 때문에 설문지 조사를 통해 학생들의 의견을 알아보기로 했다.

설문 결과, 제일 중요한 만족도가 40퍼센트에서 50퍼센트 사이로 나와 과거의 만족도에 비해 3배 이상 높은 것으로 나타났으며, 참여 인원은 약 8,000명으로 꽤 높은 참여 실적을 보인 것으로 판명되었다. 이런 결과를 놓고 볼 때 다양한 문화를 대학 축제에 접목한다는 콘셉트는 성공한 것으로 볼 수 있었다. 특히 외부 공연단이나 연예인에게 비싼 공연료를 지불하던 과거의 방식에서 탈피해 동아리 모임 등 학생들의 공연을 권장하는 방식으로 바꾼 것이 매우 적절한 것으로 나타났다.

축제의 총 비용은 7,500만 원 정도였다. 영수증 등 증빙자료를 첨부한 결산보고서와 남은 돈을 학생회에 반납했다.

마지막으로 아쉽거나 반성할 점을 논의했다. 그 결과, 무대 설치 등에 너무 많은 비용이 들어간 것, 야간 행사는 주점 등을 벌여 참여도가 높았지만 주간 행사는 학생들의 호응도가 높지 않았던 점, 홍보 기간이 3주밖에 안 되었던 점 등이 앞으로 축제를 준비할 때 고려해야 할 사항으로 지적되었다.

축제를 통해 배우는 경영

경영에 대한 경험이나 전문지식이 없는데도 대학생 12명이 TF팀을 조직해 축제를 치른 이야기는 경영이 어떻게 이루어지는가를 보여 준다.

제일 먼저 살펴볼 점은 축제를 준비하기 위해 콘셉트를 정하고 프로그램의 내용, 일정, 장소, 출연진 등을 계획하는 과정이다. TF팀은 3개월 동안 일주일에 두 번씩 만나면서 축제의 프로그램을 세밀한 부분까지 논의했다. 경영이란 특정 제품을 생산하거나 서비스를 제공하는 일을 가장 효율적으로 하도록 하는 사람의 활동을 말한다. 맡은 일을 잘해내기 위해 일의 성격과 그 일을 수행하기 위한 방식, 일에 들어가는 비용, 일을 맡을 사람 등 구체적인 사항을 계획하는 것이 경영의 첫걸음이다.

계획을 세운 다음에는 실제로 일을 수행하는 단계로 넘어가야 한다. 조직을 만들고 자금을 조달해 제품을 생산하거나 서비스를 제공하는 것과 같이 조직이 하고자 하는 일을 실행하는 단계다. 이때 경영을 맡은 자는 조직 내의 각 부서가 큰 마찰 없이 서로 협조하며 일할 수 있도록 업무를 조정하고, 계획대로 실행하기 어려우면 계획을 수정해 실현 가능한 계획으로 바꾸는 등의 조정 임무를 맡는다. 예를 들어 축제를 야외에서 하기로 했는데 폭우가 쏟아져서 야외 행사가 어려우면 적당한 실내 공간을 찾거나, 그것이 불가능하면 일정을 바꾸는 방식으로 조정하는 것이다.

마지막으로 업무를 수행한 결과를 처음 세운 계획과 대조해 보는 피드백 과정이 필요하다. 피드백 과정에서는 일을 하면서 사용한 비용과 계획을 수립할 때 세운 예산금액을 비교한다. 예산과 결산을 비교함으로써 어떤 원인으로 예산에 비해 더 많거나 적은 비용이 들었는지 밝히게 된다. 또한 어떤 일이 잘못되었다면 앞으로 누가 책임을 맡아야 하는지, 일의 성과에 대한 보상을 어떻게 할 것인지 등을 검토해 다음에 같은 일을 할 때 참고할 수 있다.

이같이 계획plan하고 실행do한 뒤 사후검토see를 하는 과정을 경영 활동의 순환이라고 하는데, 영어로 줄여서 'plan, do, see' 또는 앞 글자만 모아 PDS라고 한다. 경영을 효율적으로 하려면 'plan, do, see'의 과정을 반드시 거쳐야 한다.

축제와는 좀 다르지만 경영 마인드를 갖추고 콘서트를 벌이는 가수 김장훈의 사례를 「한국경제신문」 2007년 12월 10일자에 실린 기사를 통해 생각해보자.

김장훈은 '콘서트계의 CEO'다. 공연 기획에서 마케팅 방법까지 모두 그의 손을 거친다. 무대의 모든 공정을 꿰고 있으며, 티켓 유통 과정에도 훤하다.

그래서 그의 매니저는 항상 바쁘다. 잠실 실내체육관에서 공연할 때는 맞은편 학생체육관으로 잘못 찾아간 팬들을 위해 항시 승합차를 대기시켜야 한다. 이동식 화장실도 다른 공연보다 두 배 이상 많이 설치한다. 관객들이 인터넷으로 티켓을 사면 직접 디자인한 관람권을 보내주기도 한다. 모든 것이 김장훈 씨의 아이디어다.

김장훈은 오는 21~24일 서울 올림픽공원에서 열릴 '2007 김장훈 크리스마스 콘서트 원맨쇼'에 이런 그의 공연 노하우를 모두 녹여 낼 계획이다. 한국에서는 드물게 스탠딩석 정중앙에 원형무대도 설치한다. 원형무대를 만드는 데만 3억 원이 들어갔다. 10가지 이상의 각종 첨단 연출 기법도 선보인다. 음향 장비도 기존 공연의 3배를 투입한다. 하루에 3,000만 원의 비용을 들여 300개의 영상 화면을 무대에 설치한다. 모든 관객에게 물, 초콜릿, 비타민 등이 담긴 배낭도 선물할 예정이다. 구두를 신고 올 여성 관객들을 위해 배낭 안에 슬리퍼도 넣었다. 제작비만 18억 원이 들어가는 대형 공연이다. 김장훈은 2만 5,000여 명의 관객이 몰릴 것으로 기대하고 있다.

팬들에게 호수가 담긴 영상을 틀어주는 것은 노래 '혼잣말'의 외로운 느낌을 잘 전달하기 위해서이고, 배낭을 나눠주는 것은 더 편하게 콘서트를 즐길 수 있게 하기 위한 서비스다.

끌리는 리더는 무엇이 다른가

할리데이비슨과 포드

우리 사회에 리더십에 대한 논의가 무성하다. 진정한 리더십이 절실히 요구되고 있지만 그런 리더십을 보기 힘들어서인지도 모른다. 우선 할리데이비슨과 포드 자동차 두 회사의 리더십을 살펴보자.

'할리데이비슨' 하면 말발굽 소리를 연상시키는 우렁찬 엔진 소리와 검정색 가죽점퍼에 검은 선글라스를 쓰고 오토바이를 모는 이미지가 떠오른다. 1980년대 초반, 이처럼 멋진 브랜드를 만든 회사가 어려움에 빠졌다. 일본의 혼다가 값싸고 품질 좋은 오토바이로 미국 시장을 공략하자 할리데이비슨의 시장점유율이 급격히 떨어지고 거의 파산지경에 이른 것이다. 회사가 어려워지자 회사의 고위 임원들은 회사의 경영권을 인수하고 리처드 티어링크 전 회장을 최고재무책임자CFO로 영입해 강도 높은 구조조정을 단행했다. 혼다의 시스템을 벤치마킹하고 기존 고객의 충성도를 강화하는 마케팅 전략을 펼쳤다. 1989년, 10년 동안 회사를 경영한 티어링크 회장은 회사 가치를 100배 이상 올렸다. 회사가 이처럼 크게 일어선 데는 할리데이비슨 오토바이를 소유한 고객들이 클럽을 형성한 것이 큰 힘이 되었다. 회사 차원에서 클럽을 위해 랠리를 열어 마음껏 즐기도록 해주었는데, 이 클럽들이 할리데이비슨에 큰 도움을 준 것이다.

이처럼 어려움에 빠진 회사라 할지라도 CEO가 리더십을 발휘해 새로운 길을 개척하면 전혀 다른 회사가 되는 것, 이것이 바로 리더십의 묘미다. 애플의 스티브 잡스가 '아이팟'이라는 MP3 플레이어로 애플을 크게 성장시킨 사례에서도 그런 모습을 엿볼 수 있다.

이와 반대로 미국의 포드 자동차는 2006년 126억 달러의 순손실을 기록하는 등 나락에 빠져 있는 실정이다. 영국의 「파이낸셜 타임스」는 포드의 실패 원인을 분석한 기사를 실었다. 1990년대 중반까지 미국에서 판매되는 자동차의 3분의 1이 포드 자동차였지만, 2007년 포드 자동차의 비중은 7분의 1로 격감하고 있다. 포드는 왜 고전을 면치 못하고 있을까? 소비자의 욕구를 외면한 것이 첫째 원인이다. 다음으로 자동차 산업을 이해하지 못하는 빌 포드 회장이 2001년에 CEO가 된 것도 문제다. 그는 경영 능력과 전략적 사고가 부족한 CEO로 평가되고 있다. 또한 지역 담당 대표들이 상당 수준의 의사결정 권한을 갖고 있는데 이들과 의견을 일치시키지 못하고 팀워크 정신이 없었다. 조직이 사분오열된 결과, 신차 개발 프로젝트는 예산을 초과하게 되었고, 차량의 품질이 저하되는 현상이 벌어진 것이다.

리더로서 CEO가 해야 할 일

리더에게는 자신이 맡고 있는 조직이 좋은 성과를 올리도록 이끌 의무와 책임이 있다. 역사적으로 볼 때 정치가에 매우 중요한 것은 바로 리더십이다. 한 국가를 이끄는 지도자가 어떤 방향으로 국민과 국가의 힘을 모으느냐에 따라 국가의 흥망성쇠가 결정되기 때문이다. 예를 들어 20세기 말에 영국의 대처 수상은 고질적인 영국병인 광산 노조의 파업 문제를 원만히 해결해 영국이 다시 발전하도록 이끌었다. 2007년 5월, 프랑스의 대통령으로 선출된 사르코지는 느슨하게 일하는 프랑스 국민의 고삐를 바짝 당기고 있다. 주당 35시간 근로제를 바꾸기 위해 35시간 이상 일하는 경우 지급되는 25퍼센트의 초과 근무 수당에 대해 면세 혜택을 주고, 대중교통 노조가 파업을 일으키더라도 의무적으로 일정 시간 근무하도록 했으며, 개인이 부담하는 최고 세율을 60퍼센트에서 50퍼센트로 낮추는 등의 정책을 시행하는 중이다.

반면에, 이웃 일본은 압도적인 지지율을 등에 업고 출범한 아베 정권이 1년 만에 무너졌다. 아베는 엘리트 코스를 거치며 귀공자로 자랐으며, 가문이 뒷받침하는 풍부한 정치 자금, 자민당 내의 튼튼한 조직력 등 잘 갖추어진 인프라가 있었다. 그러나 주요 보직에 앉힌 각료와 측근들이 스캔들을 일으키자 몰락하고 말았다. 편향적인 언론관도 지지율 하락을 부추겼으며, 결국 국민에게 외면당해 뜻을 펴지 못하고 중도하차하고 만 것이다. 이처럼 리더의 길은 그리 순탄하지만은 않다.

기업의 CEO는 성과를 올리기 위해 리더십을 발휘해야 하는데, 어느 분야에 중점을 두어야 하는지를 먼저 알아야 한다. 필자가 젊었을 때 꽤 규모가 큰 회사 CEO의 아들이 부친의 사업을 이어받기 위해 경영 수업을 받는 것을 본 적이 있다. 그때 CEO는 아들에게 사람을 다루는 법을 가르쳐 주었는데, 지금도 생생히 기억에 남는다. 마피아 영화 〈대부〉에서도 비슷한 교훈을 얻을 수 있다. 마피아 보스인 말론 브란도는 자신의 후계자인 아들에게 보스 지위를 넘기면서 부하 다루는 법, 특히 배신할 수 있는 부하를 식별하는 법을 알려준다. 아버지는 아들에게 다른 패밀리와 타협하라고 하는 부하가 있으면 그가 배신자일 가능성이 높다고 말하는데, 아버지의 말대로 한 아들의 조직은 상대 조직을 무너뜨리며 세력을 키워간다.

일본의 이하라 류이치는 자신의 책 『사장의 제왕학』에서 "CEO의 리더십은 사람을 이끌어가는 힘이고, 이는 권력이나 재물과 같은 힘이 아니라 스스로 사람을 공경하는 마음의 힘"이라고 강조한다. 그리고 "CEO는 남보다 먼저 먼 미래를 바라보고 비전을 제시해야 하며, 이에 따라 전략을 수립하고 실천해야 한다"고 말한다. 또한 "후계자를 양성해야 하며, 직원이 일을 잘하면 상을 주고 규정을 위반하거나 일을 그르치면 벌을 내리는 권한을 행사해야 한다"고 충고한다. 위기에 대비하기 위해 충분히 저축해야 하는 것도 사장의 임무라고 말한다.

CEO는 이밖에도 조직을 이끌어나가기 위해 혁신을 추진하고, 목표 달성을 위해 의사 결정을 해야 하며, 직원들의 재능을 끌어내야 하고, 사회에 공헌하는 등의 많은 일을 해야 한다.

리더에게 필요한 자질

리더란 다른 사람들을 성공적인 방향으로 이끄는 사람이며, 결과에 책임을 지는 사람이다. 뛰어난 리더는 사람들이 자신을 따르게 만드는 자질을 갖고 있는데, 이러한 자질이 리더십의 핵심 요소다. 이 밖에도 미래를 이끌어가기 위한 총체적인 사고력과 직관력, 상상력, 통찰력 등이 리더에게 필요한 자질이다.

2007년 10월 「한국경제신문」은 '글로벌 인적자원' 포럼을 개최하면서 포럼에 참석한 CEO에게 리더에게 필요한 핵심 역량과 자질에 대해 설문조사를 했다. 그 결과, 가장 중요한 역량으로 '비전 제시 능력', '효과적인 의사소통 능력', '국제적 감각과 안목', '변화관리 능력'이 꼽혔다. 그동안 한국 사회의 리더십 상징이었던 '강력한 추진력'과 '성실과 근면성'은 뒤로 밀려난 것이다. 이는 위계질서 중심에서 수평적인 네트워킹 위주로 기업 구조가 바뀌면서 이상적인 리더의 모습 역시 변화했음을 보여주는 것이다.

마쿼드와 버거의 『21세기의 글로벌 리더십』에는 리더가 갖추어야 할 자질이 열거되어 있다. 몇 가지를 살펴보도록 하자.

· **국제적 사고방식과 능력**: 비즈니스는 국내뿐 아니라 세계의 모든 시장을 대상으로 이루어지기 때문에 세계 시장의 동향이나 세계의 경제, 정치 등을 예의주시하고, 세계적 사고방식과 능력을 갖추어야 한다.

· **교사, 코치 및 멘토의 역할**: 리더는 학습 능력을 갖춰야 하고, 자신이 배운 것을 다른 사람에게 전달하는 능력이 있어야 한다. 실례를 보

이고 설명하는 교사, 함께 문제를 탐구하는 코치, 친구처럼 이야기를 듣고 질문을 하는 멘토의 역할을 맡아야 한다.

· 혁신 및 용기: 리더는 성장 가능성을 찾아 새로운 방식을 모색해야 하며, 미지의 영역으로 사람들을 인도할 때 발생할 수 있는 위험을 감수할 만한 용기가 있어야 한다.

리더십의 여러 유형

리더 자신이 갖고 있는 인간적 특성, 조직의 규모나 문화, 시대의 흐름 등에 따라 리더십은 색깔이 달라진다. 어느 조직에서 특정한 방식의 리더십이 큰 힘을 발휘했다고 해서, 그 방식이 다른 조직에 그대로 적용될 수 있는 것은 아니다. 예를 들어 군대와 같은 조직은 상관의 명령에 절대 복종하는 조직이기 때문에 강력한 카리스마를 가진 독재형이 효과적일 수 있다. 이는 기업도 마찬가지다. 규모가 작고 출발하는 기업의 경우 조직원들이 능력을 발휘할 만큼 성장하지 않았기 때문에 사장이 카리스마를 발휘해 기업을 발전하는 경우가 많다.

그러나 조직의 규모가 커지고 직원들의 업무 능력이 향상되면 리더의 카리스마가 무용지물이 될 수 있다. 직원들에게 목표를 제시하고 이를 달성하도록 동기 부여를 하며, 창의성을 발휘하도록 하는 민주적 리더십 또는 가치 중심의 리더십이 독재형 리더십보다 바람직한 것이다. 민주적이고 가치 중심적인 리더십은 부하의 의견을 경청하고 좋은 아이디어를 선별하며, 직원과 합의해 목표를 설정한다.

최근에는 로버트 그린리프가 주장한 '서번트 리더십servant

leadership'이 주목받고 있다. 우리말로 옮기면 '섬기는 리더십'인데, 위대한 리더는 하인이 주인을 섬기듯 다른 사람을 섬겨야 한다는 것이다. 고객 만족을 이끌어내듯 직원들이 직장에서 만족과 감동을 느끼면 조직의 성과가 향상되기 때문에 섬기는 리더십으로 성공하는 CEO가 늘어나고 있다. 섬기는 리더십을 발휘하면 직원들 스스로 주인 의식을 갖고 자발적인 리더십을 발휘하게 된다. 리더는 직원들에게 자율권을 주고 상담자나 코치와 같은 역할을 수행해야 한다. 직원들이 스스로 과업을 결정하고 수행할 수 있는 조직을 만들고, 능력을 개발하고 창의성을 일깨우는 문화를 만드는 것이다.

일본의 '마쓰시다 전기 산업'의 창업자인 고 마쓰시다 회장의 리더십은 일본에서 '마쓰시다 경영철학'으로 널리 인정받고 있다. 마쓰시다 회장은 '경영의 신'으로 존경받고 있는데, 그는 가난 때문에 초등학교 4학년까지만 마친 사람이다. 이런 약점에 대해 그는 "가난한 집안 형편 때문에 세상의 어려움을 일찍 경험할 수 있었고, 몸이 약했기 때문에 남에게 일을 부탁하는 법을 배웠고, 학력이 모자랐기 때문에 항상 다른 사람에게 배움을 구하는 법을 알았다"고 고백했다. 마쓰시다는 고객의 숨소리를 듣고 세상의 요구를 미리 알아 끊임없이 개발과 혁신을 통해 과감한 도전정신으로 대기업을 일군 위대한 CEO다.

히딩크 감독의 리더십도 눈여겨볼 필요가 있다. 그는 한국 축구의 관행인 학벌과 인맥 중시 풍조를 철저히 배격하고 적재적소에 인재를 배치한 것으로 유명하다. 유럽에서 활약하는 박지성 같은 선수가 히딩크 감독에 의해 발탁된 것만 봐도 그 사실을 알 수 있다. 그는 의외의 선수를 기용해 변수를 만들고, 한번 믿은 선수에게는 끝까지 믿음을 주며, 조직의 일체감을 강조해 팀 전체의 책임의식을 높이는 리더십을 발휘했다.

연예계에서 시작된 '유재석 리더십'이라는 말도 화제다. 방송 MC 유재석 씨가 조용한 리더로 떠오르고 있다는 것이다. 시청자, 연예계 선후배, 기업의 직원들이 유재석 씨를 보며 리더십을 발견하는데, 친절하고 성실하며 늘 미소를 지으며 자신을 낮추는 가운데 남을 설득시키는 '서비스형 리더십'이 그의 리더십이다. 특히 그는 출연자들의 장단점을 살려 그들이 각각 독특한 '캐릭터'로 발전하도록 배려한다.

프로야구 김성근 감독의 리더십도 눈여겨볼 만하다. 그는 선수를 총동원하는 '벌떼 야구'로 유명한데, 선수를 언제 어디에 쓸 것인지 결정하는 것은 리더의 몫이라는 신념을 갖고 있다. 또한 하나의 공에는 두 가지 생각이 있을 수 없다는 '일구이무'의 리더십을 보인 것으로도 유명하다.

여성의 리더십이 통하는 시대

세상은 점점 더 감성이 이성을 압도하고 있다. 여성은 언어 능력이나 감수성, 관계를 맺는 능력 등에서 남성보다 뛰어나다고 한다. 따라서 감성이나 디자인 등의 요소가 가치를 인정받는 앞으로의 시대에 여성이 비즈니스에서 더 많은 기회를 잡을 수 있다는 것을 예상하게 한다. 이미 우리에게도 친숙한 미국 토크쇼의 오프라 윈프리 같은 여성이 전 세계에 미치는 영향력을 생각해보면 앞으로 여성의 리더십을 무시하지 못하리라 짐작할 수 있다.

그러나 우리 사회는 아직도 여성에 대한 편견이 심한 편이다. 그래서 여성이 비즈니스의 리더가 되는 것은 매우 어렵다. 「헤럴드미디어」라는 주간지의 여성 발행인은 2007년 10월 1일자 '발행인 칼럼'에서 '과연 여성이 조직을 이끌고 통솔할 역량을 갖췄을까?'라는 것을 주제로 다루었다. 그는 우리 사회에 여성 리더가 부족한 것은 여성의 리더십이 부족하기 때문이 아니라 오랜 세월 성차별을 받았기 때문이라고 말한다. 그 의견에 공감하며 앞으로 더 많은 여성들이 리더로 나서는 사회가 되기를 바란다.

한 경제신문에는 '여성 리더십'에 대한 칼럼이 실렸다. 루스 시몬스는 미국 남부 텍사스 주에서 소작농의 12자녀 중 막내딸로 태어나 흑인 여성 최초로 스미스 대학 총장이 되고, 2001년 브라운 대학교 총장직에 선출되었다. 시몬스 총장은 "리더가 되는 길에 왕도는 없으며, 관건은 리더가 누구냐가 아니라 리더에게 요구되는 사명이 무엇이냐다. 그 사명을 훌륭히 수행하는 과정에서 리더십이 발휘된다"라고 리더십에 대한 견해를 피력했다.

그 칼럼에서는 다음과 같은 내용도 다루었다. 남성은 목표 달성에 비중을 두는 '도구적 리더'인데, 여성은 구성원들의 인화 및 단결에 관심을 두는 '표현적 리더'라는 것이다. 여성들은 민주적이며 호혜적인 의사소통 및 의사결정 방식을 선호하고, 구성원들의 사기 및 관계를 배려하는 '관계 지향적 리더십'을 발휘한다는 것이다.

LG경제연구원에서는 여성이 리더로 성장하기 위한 방법을 '성공하는 여성들의 7가지 법칙'으로 제시했다. 그 7가지 법칙은 다음과 같다.

첫째, 개척자 마인드를 갖춰라. 사소한 여성 차별적인 발언이나 처우 등에 민감하게 반응하기보다 태연히 웃어넘겨야 한다. 둘째, 프로페셔널의 이미지를 살려라. 자신이 맡은 일에 최선을 다하고 프로의 이미지를 갖추기 위해 복장 등 세밀한 부분까지 신경 쓰도록 한다. 셋째, 나를 드러내는 기술을 익혀라. 자신이 한 일과 성과를 잘 포장해서 전달하는 법을 연습하고 공식석상에서 자신의 의견을 효과적으로 표명해야 한다. 넷째, 남성들과 우정을 쌓아라. 남성들과 협업을 잘하고 지도력을 발휘할 수 있어야 한다. 다섯째, 멘토를 찾아라. 고위직에 오르기 위해서는 탁월한 정치적 역량이 있어야 한다. 이를 위해 조직에서 자신을 도와줄 수 있는 후원자인 멘토를 찾아야 한다. 여섯째, 슈퍼우먼 콤플렉스에서 벗어나라. 집안일도 잘하고 회사에서도 성공하기를 기대하기 어렵다. 집안일은 다른 방식으로 해결한다. 일곱째, 떠나는 것도 전략이다. 여성에게 성공의 기회가 별로 주어지지 않는 직장이라면 과감히 떠나서 다른 직장으로 옮겨야 한다.

리더십 훈련

기업의 성패는 차세대 리더를 어떻게 키우느냐에 달려 있다. IBM 산하 인력 컨설팅 기관이 전 세계 40개국의 인사담당자들과 면담한 결과를 분석한 보고서는 차세대 리더를 발굴하지 못할 경우 큰 위기를 맞을 것이라고 경고한다. 또한 베이비붐 세대가 대거 퇴장하면 그들의 노하우도 함께 빠져 나가기 때문에 다국적 기업들은 인도,

중국 등 신흥시장을 이끌어갈 차세대 리더를 육성해야 한다고 지적한다. 이처럼 앞으로 다가올 세대를 짊어질 젊은이들을 리더로 육성하는 일은 세계적으로 중요한 일이 되고 있다.

좋은 리더 또는 CEO가 되기 위해서는 훈련이 필요하다. GE의 잭웰치는 '크로톤 빌'이라는 직원 연수원에서 직원들을 그 직급에 따라 '경영자 예비 과정', '경영자 과정', '최고경영자 과정'으로 나누어 교육함으로써 유능한 인재를 많이 육성했다. 체계적인 리더 훈련 교육 과정에 참여할 수 없는 경우에는 리더가 되는 데 필요한 책을 읽거나 강의 등을 듣고 스스로 훈련해야 한다.

피터 드러커는 선천적으로 어떤 재능을 갖고 태어난 사람만이 유능한 리더나 CEO가 되는 것은 아니라고 강조한다. 평범한 사람도 교육과 훈련 그리고 마음가짐에 따라 얼마든지 유능한 리더가 될 수 있는 것이다. 사람은 각자 특성이 다르다. 논리적인 사람이 있는가 하면 직감이 뛰어난 사람이 있게 마련이다. 즉 어떤 특성이 리더나 CEO에게 특별히 중요하다고 꼬집어 말하기 어려운 법이다. 따라서 자신이 가진 지적 능력이나 근면성, 상상력 등의 장점을 '성과로 연결시키는 습관'을 기르는 것이 중요하다. 피터 드러커는 다음의 5가지를 소개하고 있다.

첫째, 자기 시간을 통제할 줄 알아야 한다. 시간을 체계적으로 관리하는 방법을 배우고 실천해야 한다. 둘째, 외부 세계에 대한 공헌에 초점을 맞추어 성과를 올리도록 모든 것을 집중한다. 셋째, 자신의 강점, 상사나 동료, 부하의 강점에 바탕을 두고 일해야 한다. 넷째, 성과를 올릴 수 있는 부분에 힘을 집중한다. 즉 선택과 집중을 하여 중요한 일부터 하는 것이다. 다섯째, 성과를 올리기 위해 미래에 대한 전략을 세우고 의사 결정을 해야 한다.

2007년 2월 『하버드 비즈니스 리뷰』에는 리더 훈련에 유용한 내용이 실렸다.

첫째, 경영 상황과 조직을 둘러싼 환경 변화를 재빨리 파악 sensemaking하라. 씨티 은행 최고경영자였던 존 리드는 은행이 심각한 부동산 위기에 처했을 때 재빨리 상황을 인식했다. 부동산 상환 비용을 높게 책정해 위기에서 신속히 탈출하고, 회사 상황을 재평가해 탁월한 경영 실적을 올렸다. 둘째, 진솔한 관계를 설정relating하라. 네트워크 시대인 오늘날에는 신뢰할 수 있는 관계를 맺어야 한다. 특히 자신을 돕고 약점을 보완해 줄 조력자를 만드는 것은 매우 중요하다. 셋째, 비전을 창출visioning하라. 미래의 모습을 그리고 회사의 모든 힘과 전략을 그에 맞추어 나아가는 것이다. 넷째, 발명가적 시각으로 실천 inventing하라. 이베이의 설립자인 오미디야르는 모든 사람이 정보에 대해 동일한 접근권을 갖는 온라인 커뮤니티를 만들겠다는 비전으로 회사를 설립했다. 현재 이베이는 43만 명이 물건을 사고파는 성공적인 회사로 발전했다.

잭 웰치는 갓 리더가 된 사람에게 다음과 같이 조언한다. "'나는 누구인가'를 파악해야 부하들에게 '나는 어떤 사람이다'라고 말할 수 있다. 당신의 원칙과 중요하게 생각하는 것을 부하들이 알도록 그들과 대화해야 한다. 특히 위기나 변화의 순간에 자신의 생각을 밝히지 않으면 다른 사람들 눈에 '무능한 사람'이나 '우유부단한 사람'으로 비칠 위험이 있기 때문에, 커뮤니케이션에 관심을 두고 자신을 알리는 대화를 적극적으로 하는 것이 중요하다."

꿈을 이루는 기업

꿈을 이루는 삶

영화 〈행복을 찾아서The pursuit of Happyness〉는 삶과 꿈에 대해 곰곰이 생각하게 만든다. 영화의 원제는 관심을 끌기에 충분하다. 'Happyness'의 'y'는 'i'를 잘못 쓴 것이다. 영화 속 아이들의 놀이방 벽에 잘못 쓰여 있는 철자를 주인공이 지적했지만 틀린 철자를 그대로 영화 제목으로 쓰고 있는 감독의 의도가 궁금했다. 이 영화는 실제 미국 증권가에서 성공한 '크리스 가드너'를 모델로 해서 만든 영화라고 한다. 이 영화는 인생의 가장 밑바닥까지 내려가 노숙자 합숙소와 지하철 화장실에서 잠을 자는 주인공이 이를 극복하고 증권회사 인턴 직원으로 새출발해 크게 성공한다는 성공 스토리다.

주인공으로 연기하는 윌 스미스의 긍정적이고 진지한 삶의 자세, 윌 스미스의 실제 아들이면서 영화에서도 아들 역할을 하는 아이의 대사 몇 마디가 영화가 끝난 뒤에도 가슴을 뭉클하게 만든다.

우선 주인공이 아들에게 하는 말 중 "If you got a dream, you have to protect it"이라는 말이 인상적이다. 〈행복을 찾아서〉는 꿈을 이루어내기 위한 노력과 의지를 잔잔하지만 매우 밝게 그려낸다. 인상적인 장면 하나를 소개한다. 아버지가 생일선물로 사준 농구공으로 아들은 아버지와 함께 농구를 한다. 아버지가 "나는 농구를 못하고 너는 아버지 아들이니까 너 역시 농구로는 성공하지 못할 것 같다"고 말하자 아들은 농구공을 철조망으로 던진다. 이때 아버지가 정색을 하고 아들에게 말한다. "앞으로 너에게 누구든지 부정적인 말을 하거든 그것을 심각하게 받아들이지 말고 흘려버려라. 그 말을 하는 사람이 너의 아버지일지라도 말이다"라고. 이 말이 '자신의 삶을 긍정적으로 바라보라'는 뜻으로 다가와 가슴이 뭉클했다.

목표를 가지고 '꿈'을 키워가는 의지, 현실에서 부딪히는 수많은 난관을 긍정적으로 헤쳐나가는 주인공의 모습에서 배울 점이 많다. 꿈을 이루기 위한 노력과 긍정적인 마음의 자세가 행복을 찾아내는 열쇠가 아닐까 싶다.

키이스 페라지가 쓴 『혼자 밥 먹지 마라』는 책에서는 「석세스」라는 잡지에 실린 목표에 관한 기사를 소개했다. 「석세스」 지는 1953년 예일대학교 졸업생에게 다음의 3가지 질문을 했다. 첫째, 세워둔 목표가 있는가? 둘째, 목표를 기록해 두었는가? 셋째, 목표 달성을 위해 계획을 세웠는가? 조사 결과를 보면 단지 3퍼센트의 사람들만 목표를 세우고 그것을 기록하고 실천 계획을 세웠다. 13퍼센트는 목표는 있으나 기록하지 않았고, 나머지 84퍼센트는 목표가 없다고 답했다. 20년이 지난 1973년, 1953년에 조사한 사람들을 다시 조사했다. 목표는 있으나 기록하지 않은 13퍼센트는 뚜렷한 목표를 세우지 않은 84퍼센트보다 보수가 평균 2배 정도 높았고, 실천 계획까지 세운 3퍼센트는 나머지 97퍼센트보다 평균 10배 이상 소득이 높았다.

이처럼 목표는 우리의 삶에 큰 영향을 끼친다. 릭 워렌의 『목적이 이끄는 삶』의 한국어판 추천사에 서울의 어느 교회 목사가 자신의 경험담을 썼다. 그 목사님은 어린시절 남쪽 항구도시로 피난 가서 살던 때가 있었다. 그때 꽁무니에 노가 달린 배를 젓는 법을 배웠는데 아무리 열심히 노를 저어도 배가 앞으로 가지 않고 제자리에서 빙빙 돌기만 한 것이다. 이때 노 젓는 법을 가르쳐준 선배가 "배를 보지 말고 가고자 하는 저 앞의 목표를 보면서 배를 저어라"라고 말했다고 한다. 그대로 했더니 정말로 배가 앞으로 나아가는 것이었다는 이야기다.

행복을 만드는 기업

개인과 마찬가지로 기업 역시 꿈을 이루어나가야 한다. 칙센트미하이의 『몰입의 경영』은 어떻게 해야 기업이 행복을 창출해 가고, 직원들이 자신의 일에 몰입해 창의적으로 일할 수 있는지 설명한다.

경영자는 직원들의 마음속에 그들의 존재 가치를 확인시키고 비전을 제시해야 한다. 오늘날 인류의 삶을 편안하고 안전하게 할 책임과 능력을 지닌 주체는 대체로 기업들이며, 우리의 미래는 이런 기업을 이끌고 있는 경영자들에게 달려 있다. 높은 비전과 목표를 가진 기업에서 일하는 직원들이 자신의 일에 몰입할 때 일의 성취도가 높고 행복감에 젖어들 수 있는 것이다.

경영자는 고객이 자신을 좀 더 행복하게 해줄 거라고 인식하는 재화나 서비스를 제공하는 사업을 발견하고, 이를 추진하는 일을 하는 사람이다. 그렇다면 무엇이 고객이나 직원의 행복에 기여할까? 심리학자 매슬로우는 5단계 욕구 이론을 이야기했다.

사람에게 가장 기본적인 욕구는 의식주 등 생존을 가능케 하는 것들이다. 생존에 필요한 음식과 따뜻한 옷, 살아갈 집을 소유하는 것은 사람들에게 어느 정도 행복감을 가져다준다. 그러나 이 욕구가 채워진 다음에는 좀 더 큰 집을 가지더라도 행복이 커지지는 않는다. 그보다는 두 번째 단계인 안전에 좀 더 많은 관심을 쏟는다. 현재 자신이 가지고 있는 것을 지키거나 미래의 위험을 방지하는 데 관심을 갖는 것이다. 법률의 공정성이나 화폐 가치의 안정 등을 바라는 것도 안전에 대한 욕구다. 세 번째 단계에서는 사랑을 주고받거나 공동체에 소속되고 싶어 하는 사회적 욕구에 눈을 돌린다. 이 단계에서는 멋진 옷을 사 입거나 교회 또는 특정한 목적을 지닌 단체에 가입하게 된다. 이름이 있는 기업에 다님으로써 마음의 평화를 얻는 것이다. 다음 단계는 남들이 자신을 존경해주고 자부심을 느끼는 욕구다. 사회적으로 높은 지위에 올랐거나 성공했다는 것을 과시하고 싶어 값비싼 자동차를 타고 다니는 것도 이 욕구의 발로다. 마지막으로 자아를 실현하려는 욕구가 있다. 이 단계에서는 예술가들이 훌륭한 예술작품을 창조할 때 느끼는 것처럼 인생의 꿈을 이루어내고자 한다. 자아실현을 이루기 위해서는 자신이 갖는 신체적, 정신적 힘을 완전하게 사용해야 한다. 능력을 최대한 발휘함으로써 큰 행복을 느끼는 것이다.

기업 활동은 이런 모든 형태의 행복에 기여하는 재화나 서비스를 얼마나 가치 있게 제공하느냐에 따라 성공 여부가 결정된다. 또한 기업 규모와 상관없이 직원들이 얼마나 행복감을 느끼며 일할 수 있도록 하느냐에 따라 기업의 성공 여부가 판가름 난다. 직원들이 행복을 느끼고 자신의 일에 몰입하기 위해서는 그들이 하는 일이 가치 있다는 인식을 심어주고, 기업의 비전과 목표를 분명하게 이해시키고 목표를 달성하는 데서 오는 성취감과 기쁨을 맛보도록 해주어야 한다.

비전과 목표에 의한 관리

기업의 목적과 비전은 구성원 모두가 공유하도록 해야 한다. 기업이 존재하는 목적과 이루고자 하는 내일의 모습을 공유할 때 구성원 모두가 자신의 모든 역량을 끌어올리는 것이다. 비전과 목적을 달성하기 위한 구체적인 사업 계획을 설정하고 이를 달성하도록 하는 경영방식을 피터 드러커는 목표에 의한 관리, 즉 MBO(Management By Objectives)라고 했다.

목표를 설정할 때는 최고 경영진에서 현장 부서까지 모든 구성원이 모여 목표를 정하도록 해야 한다. 예를 들어 '올해 매출을 전년보다 30퍼센트 높인다'라는 식으로 명확하게 인식하도록 하는 것이다. 회사 전체의 목표가 정해지면 해당 부서, 또는 개인별 목표를 설정하도록 해야 한다. 이때 큰 힘을 들이지 않고도 달성할 수 있을 정도의 낮은 목표를 설정하지 않도록 주의해야 한다.

목표의 달성 정도는 구성원들이 알 수 있도록 하는 것이 좋다. 가능하면 일주일, 한달, 또는 3개월 단위로 목표 달성 여부를 확인하고 이에 대한 피드백을 받을 수 있어야 한다. 그리고 목표 달성 여부에 따라 성과급이나 승진 등의 보상을 차별적으로 해야 한다. 목표 달성 여부와 관계없이 고정된 월급이 지불되거나 진급이 이루어진다면 목표에 의한 관리는 유명무실해지기 때문이다. 또한, 경영진은 부서들끼리 어떻게 협조하고 성과를 배분할 것인지 명확히 정해야 한다. 부처 이기주의에 의해서 서로 업무를 협조하지 않거나 팀워크가 이루어지지 않을 경우, 특정 부서가 목표 달성에 성공했더라도 회사 전체가 어려움에 빠질 수 있기 때문이다. 마지막으로 직원들이 자신이 하는 일이 기업 전체의 비전과 목표에 공헌한다는 생각을 갖게 해야 한다.

직원의 주인의식 불러일으키기

직원이 자신이 일하는 회사의 주식을 소유하면 회사의 주인이 된다. 회사의 주인이 되면 회사 실적이 올라갈수록 자신의 재산도 늘어나기 때문에 주인의식을 갖고 더 열심히 일하게 된다. 기업은 경영진과 직원에게 회사의 주식을 무상 또는 싸게 나누어주거나, 일정한 금액으로 회사 주식을 살 수 있도록 하는 종업원 지주제와 스톡옵션 제도를 활용하는 것이 좋다.

종업원 지주제는 회사의 주식을 직원들에게 유리한 방식으로 나누어주는 제도이다. 예를 들어 회사가 증권시장에 상장하기 위해 자본금을 늘리려 할 때, 회사의 사장은 기존의 주식 중 일부를 종업원 지주제를 위해 액면가액으로 직원에게 미리 나누어준다. 이후 주식시장에서 주식 가격이 오르면 직원들의 재산도 늘어나므로 더 열심히 일하게 되는 것이다.

스톡옵션 제도는 경영진과 직원에게 회사 주식을 시장 가격보다 낮은 일정한 가격으로 살 수 있는 권리(옵션)를 주는 것을 말한다. 장래에 회사가 발전해 주식 가격이 오르면 낮은 가격으로 주식을 살 수 있게 되어 그만큼 재산을 늘릴 수 있기 때문에 일종의 보너스로 간주되어 경영진과 직원에게 인센티브가 되는 것이다. 특히 벤처 기업의 경우 창업 초기에 월급이나 보너스 수준이 낮고 잘못하면 회사가 망할 수도 있는데, 경영진과 직원들이 회사를 위해 창의력을 발휘하고 주인의식을 갖고 일할 수 있도록 스톡옵션을 부여해 회사도 잘되고 경영진과 직원들도 이익을 얻는 경우가 많다. 우리나라에서는 2000년 이후에 기업들이 스톡옵션 제도를 도입하면서 우수한 경영진과 직원들을 확보해 근로 의욕을 높이고 있다.

일 잘하는 조직 만들기

일을 분담하는 조직의 특성

정부든 기업이든 조직을 통해 일을 하기 때문에 일을 잘하기 위해서는 조직을 잘 만들어야 한다. 조직은 일을 분담하기 위한 것이다. 화가가 자신의 아틀리에에서 떠오르는 생각을 그림으로 옮기는 작업은 대부분 화가 혼자서 한다. 그러나 만화를 그리는 경우에는 좀 다르다. 혼자서 모든 것을 그리는 만화가가 있기도 하지만 여러 명이 일을 분담해서 하는 경우가 대부분이다. 한 사람은 연필로 밑그림을 그리고 다른 사람은 밑그림에 펜 터치를 하고, 또 다른 사람은 채색하는 방식으로 그리면 혼자서 하는 것보다 일을 더 쉽고 빨리 해낼 수 있다. 일이 복잡할수록, 자동차를 만들거나 큰 건물을 지을 때 혼자서 하는 것보다 여러 사람이 일을 분담하면 효율성이 높아진다.

아주 먼 옛날 이집트에서 피라미드를 쌓은 것을 보면 알 수 있듯이, 인간은 오래전부터 조직을 만들어 일해 왔다. 일을 나누어서 하면 훨씬 더 효율적으로 일할 수 있다. 그러나 일을 너무 세밀하게 나누다 보면 자기가 맡은 일에만 관심을 두고 다른 사람이 맡은 일을 생각하지 않게 되어 서로 협력하지 않을 수도 있다. 따라서 각 부서끼리 서로 협력하여 일할 수 있는 조직을 만들어야 한다.

조직 구성과 설계

조직을 만들기 전에 우선 각자 어떤 일을 맡을지 정해야 한다. 일을 나누는 가장 일반적인 방식은 일의 성격에 따라 나누는 것이다. 물건을 만드는 일, 물건을 홍보하고 판매하는 일, 돈을 관리하는 일, 직원을 관리하는 일 등으로 나누어 부서를 만드는 것이다. 이외에도 사업의 종류나 고객의 종류에 따라 부서를 나눌 수도 있다. 일과 부서를 나눌 때는 기업의 규모에 맞게 해야 한다. 옷은 제 몸에 맞는 것을 입어야 한다. 소규모 조직이 대기업 같은 조직 구조를 만들면 일을 망치게 될 수 있기 때문이다.

일과 부서를 나눈 다음에는 일에 대한 결정 권한을 나눠야 한다. 조직체가 소규모인 경우 모든 일을 사장 혼자서 결정하는 수가 많지만 조직 규모가 커지면 사장 혼자서 모든 일을 결정하는 것은 비효율이다. 조직 규모가 커지면 일에 대한 권한과 책임을 나누어야 한다. 일정한 범위 내에서는 하부 조직이 스스로 결정하고 그에 따른 책임을 지도록 하는 것이 효율적이다. 일에 대한 결정권이 상부에만 집중되면 현장에서 빨리 해결해야 할 일이 상부의 지시를 기다리느라 기회를 놓치는 경우가 발생할 수도 있다.

조직을 구성한 후에는 각 부서가 조직 전체의 입장에서 가장 옳은 방향으로 일을 처리하도록 해야 한다. 각 부서별로 성과를 평가해 상여금을 다르게 지급한다고 할 경우, 회사 전체의 손해는 감안하지 않고 자기 부서에만 이익이 되도록 할 수 있기 때문이다. 이런 경우를 예상해 최고경영자는 회사 전체의 이익과 관련된 일은 어느 한 부서가 결정하지 않도록 한다.

조직의 형태 결정

회사에는 대개 총무부, 마케팅부, 생산부 등의 조직이 있다. 그러나 조직의 구조는 회사의 업무 성격과 기술, 규모, 지역에 따라 다를 수 있다. 조직 구조는 어떤 것이 좋다고 꼭 집어 말할 수는 없다. 시대와 환경에 따라 일하기에 가장 적합한 방식을 택하는 것이 CEO의 임무다.

소규모의 가부장적 조직

기업의 규모가 매우 작을 경우 사장 혼자서 모든 것을 결정하고 직원은 사장이 시키는 일을 처리한다. 창업 초기에는 사업 규모가 작기 때문에 사장 혼자서 중요한 일을 결정하고 이끌어가는 방식이 효율적일 수 있다. 그러나 사업 규모가 커지면 사장 혼자 조직을 이끌기 어려울 뿐만 아니라 일의 능률도 떨어진다.

기능별 조직

기업의 규모가 어느 정도 커지면 여러 기능을 제각각 맡는 부서들이 필요하다. 사람을 다루는 인사부, 생산을 담당하는 생산부, 자금을 담당하는 재무부, 판매와 마케팅을 담당하는 마케팅부 등으로 기능별로 부서를 나눠야 한다. 이러한 기능별 조직은 일의 특성에 따라 전문적으로 일을 처리할 수 있는 장점이 있어서 많은 기업이나 조직체가 이 구조를 채택하고 있다. 우리가 알고 있는 국가의 행정부서, 예를 들어 국방부, 기획재정부, 외교통상부 등의 각 부처는 국가가 수행해야 할 여러 활동을 분담해 일하는 것이다. 4인 밴드를 예로 들면 드럼, 기타, 건반, 보컬이 각자 기능을 맡아 음악을 연주하는 것이다.

기능별 조직은 각 분야의 전문가를 양성하는 데 적합하다는 장점이 있다. 그러나 회사 전체를 경영할 수 있는 능력 있는 인재를 기르기에 부적합할 수 있으며, 각 부서의 업무 성과를 평가하기가 어렵다는 문제가 있다.

라인-스텝 조직

라인 조직은 군대와 마찬가지로 최고 책임자의 명령이 위에서 아래로 직선을 그리며 하급자와 일선 관리자에게 전달되는 조직이다. 이 조직에는 사장 밑에 부장, 과장, 평사원 등의 식으로 계층을 형성한다. 상급자의 명령과 지시를 하급자는 철저히 따른다. 그러나 하급자의 창의성이 발휘되기 어렵고, 시키는 대로만 일하기 때문에 문제가 생길 수 있다. 예전에 우리나라에서는 농업이 주업이었고 대가족제를 유지했다. 할아버지, 아버지, 나로 이어지는 가족 체계에서 제일 밑에 있는 나는 의견을 말하기는커녕 위에서 지시하는 것을 그대로 따라야 했다. 지금도 군대를 가면 부하는 무조건 상관의 명령에 따라야 하는데, 이것이 전형적인 군대 조직 즉 라인 조직이다.

라인 조직 시스템만 고집하면 문제가 생길 수 있으므로 대부분의 조직은 법률 서비스나 기획인사 업무 같은 일은 별도의 스텝 부서를 두어 맡긴다. 이처럼 라인과 스텝이 함께하는 조직이 가장 일반적인 조직 형태라고 할 수 있다.

사업부제 조직

한 회사에서 여러 사업을 하거나 다양한 시장이 있을 때, 각각의 사업이나 시장을 해당 사업부가 맡는 것이 사업부제 조직이다. 각 사업부는 성과에 따라 보상을 받기 때문에 일을 더 열심히 하려 든다. 일본의 세라믹 제조업체인 교세라 그룹은 '아메바 경영'이라는 독특한 10명 전후의 소집단으로 구성된 부문별 사업부제를 실시했다. 한 회사 안에 3,000개의 아메바 조직들이 각자 하나의 회사처럼 경영되어 주인의식과 팀워크가 형성된 것으로 유명하다. 비슷한 예로 ABB의 바네빅 회장은 회사를 약 5,000개의 사업으로 나누고, 각 사업부는 약 40명의 직원을 두고 독립된 회사처럼 운영하도록 함으로써 업무 능률을 높였다.

2008년, LG전자는 기존의 사업부 밑에 소사업부장제, 즉 PBL(Product Business Leader)를 도입했다. 예를 들어 휴대폰 사업본부 밑에 프라다폰, 뷰티폰처럼 제품별로 소사업부장을 두어 PBL이 해당 제품의 비즈니스 전 과정을 책임지도록 한 것이다.

팀 조직

　사장, 전무 또는 상무이사, 부장, 과장, 대리, 직원으로 이루어진 라인 구조는 보고하고 결제 받는 구조인지라 새로운 의사를 결정하는 데 시간이 걸리고 비효율적일 수 있다. 의사결정을 좀 더 빨리 하고 조직을 유연하게 운영하길 원한다면 팀제가 적합하다. 팀제의 경우 의사결정권이 있는 상사 밑에 팀이 있으며, 팀장과 팀원이 함께 실무를 맡기 때문에 복잡한 의사결정 단계를 거치지 않아도 된다. 또한 상당한 권한을 팀에 위임할 경우 팀에서 자체적으로 일을 결정하고 수행할 수 있으므로 직원들의 사기를 높일 수 있다. 팀에 대한 성과를 평가해 보상하면 일의 능률도 높일 수 있다.

　사업부 아래 팀을 두어 운영하는 조직도 많다. 또한, 기존 업무와는 다른 특별한 프로젝트를 담당하기 위해 여러 부서에서 직원을 모아 태스크포스팀을 구성할 수도 있다. 팀제는 래프팅 경기와 비교되기도 한다. 래프팅의 경우 변화하는 급류에서 배가 뒤집히지 않도록 리더는 팀원과 같이 노를 저으며 팀원 각자가 스스로 판단해서 대응할 수 있도록 하는 면에서 팀제와 비슷하다. 이에 반해 기존의 부장, 과장으로 이루어진 조직은 조정경기와 비슷한데 이때 리더는 노를 젓지 않고 배의 뒤에 앉아서 배가 빨리 갈 수 있도록 지시를 한다는 차이가 있는 것이다.

조직의 효율성

관리의 범위

경영자가 직접 관리하는 직원 수는 어느 정도가 적당할까?

중국의 춘추전국 시대 때의 일이다. 왕이 총리대신에게 자신이 관리할 수 있는 부하가 몇 명이 좋으냐고 물으니 셋 또는 넷이라고 답했다. 그럼 총리대신은 몇 명의 부하를 관리하는 것이 좋겠냐는 물음에 많으면 많을수록 좋다고 답했다. 왕이 그 이유를 묻자 총리대신은 말했다. "왕께서는 저 같은 대신 서너 명을 관리하면 되지만, 저 같은 대신은 일을 시킬 수 있는 일반백성이 많을수록 좋은 법입니다." 그 말을 듣고 왕은 흐뭇해했다.

이처럼 한 관리자가 직접 관리하는 직원의 수는 직원의 일이 얼마나 복잡한지, 기술 수준이 어떠한지 등에 따라 많을 수도 있고 적을 수도 있다. 과거에는 7, 8명 정도의 적은 직원을 관리하는 것을 좋은 것으로 보았으나 컴퓨터 기술 등의 발달로 현재는 4~50명까지 직접 관리할 수도 있다.

피터 드러커는 부하직원을 감독하는 것은 물론 돌보아주고 격려하며 책임을 지는 것이 '관리의 범위'라고 이야기한다. 요즘에는 정보 기술이 발달해 윗사람이 책임질 수 있는 부하직원의 수가 많아졌다. 그러나 너무 많은 부하직원을 두면 커뮤니케이션을 비롯해 고려해야 할 문제들이 생기게 마련이다. 따라서 적당한 '관리의 범위'를 정해야 한다. 팀 조직인 경우 3~4명에서 5~6명까지 팀을 구성하는 것이 효율적이다.

분권화와 직원의 자율성

조직의 중요한 의사결정을 상부에서 하느냐 하부에 위임하느냐를 결정하는 것도 중요하다. 일반적으로 조직 전체와 관련된 중요한 업무는 최고경영진에서 맡고 그렇지 않은 분야는 하부에서 맡는다.

최고경영자는 상부와 하부에서 어느 분야를 맡아야 할지 심사숙고해야 한다. 동시에 직원이 자율성을 갖고 나름대로 의사결정을 내리면 자신이 존중받고 있다는 자부심으로 일을 더 열심히 해낼 수 있다. 예를 들어 도요타 자동차의 조립 라인에서 일하는 직원에게는 문제가 발생할 때 필요하다고 생각하면 라인을 정지시킬 수 있는 권한이 있다. 이 같이 직원의 자율성을 높이면 회사 일을 자신의 일로 생각하게 되고, 회사 전체로 볼 때 창의적인 조직이 될 수 있는 것이다.

조직의 벽 허물기

조직이 구조를 갖추면 각 부서 사이에 벽이 생길 수 있다. 다른 부서와 협조하지 않고 자기 부서의 입장만 강조하다보면 부서 끼리 충돌하며 기업 전체에 문제가 될 것이다. 잭 웰치는 부서 사이에 존재하는 벽이 워낙 높고 단단해 이를 부수는 데 많은 노력을 했다고 한다. 특히 조직이 오래되고 관료적인 경우 그 벽이 두껍게 마련이다. 이 장벽을 어떻게 허물 것인지 연구하는 것은 CEO의 중요한 업무다.

조직의 벽은 부서끼리 뿐만 아니라 상부와 하부 사이에도 존재할 수 있다. 최고경영진에서 결정한 일이 각 부서에 제대로 전달되지 않는 것도 문제다. 삼성이 신경영을 도입한 초기에 일선부서를 방문한 이건희 회장은 자신의 지시사항이 제대로 지켜지지 않는다는 사실을 발견했다. 이처럼 그룹의 최고위층의 지시사항도 하부로 내려가는 동안 본질이 약해지거나 왜곡될 수 있다. 상부와 하부 계층 사이의 벽을 허물기 위해서는 앞에서 설명한 것처럼 사업부제와 팀제 등의 조직 구조를 형성하는 것이 바람직하다.

이탈리아는 디자인 강국이다. 왜 그럴까? 여러 이유가 있겠지만 디자이너와 제품을 만드는 엔지니어 그리고 마케팅을 담당하는 사람들이 제품을 기획하는 단계부터 서로 의견을 충분히 교환해 멋진 제품을 생산하기 때문이다.

환경에 민첩하게 대응하는 순발력

기업을 둘러싼 환경, 특히 시장은 매우 빠르게 변화하고 있다. 그러나 기업이 환경 변화에 민첩하게 대응하기는 쉽지 않다. 전통적인 조직 구조를 선호한다면 다음과 같은 일이 벌어진다. 일선부서에서 최고경영진에게 시장 환경이 변하고 있다고 보고하면, 최고경영진에서는 대응 방안 등을 분석하고 의사결정을 한다. 그러나 이런 방식은 환경이 빠르게 변하지 않고 시장에 대응할 수 있는 시간적 여유가 있을 때는 문제가 없지만, 급변하는 환경에서는 사업 기회를 놓치게 할 수 있다.

다시 강조하지만 조직을 설계할 때는 환경 변화에 민첩하게 대응해야 한다. 일선 부서에게 시장 상황에 따라 즉시 의사를 결정하도록 권한을 부여하거나 태스크포스팀을 만드는 방식으로 순발력을 길러야 한다.

학습 조직

학습하는 조직이 강한 조직이다. 새로운 지식을 받아들여 업무 방식이나 경영 활동에 문제가 있는지 점검해야 한다. 학습 조직을 만들기 위해서는 조직 내부의 지식을 서로 공유할 수 있는 시스템을 구축하고, 조직 외부의 지식을 받아들여 내부에서 쌓은 지식과 연결해야 한다. 조직 내부에서 일주일이나 한달에 한번 정도 포럼을 열어 그 사이 변화된 지식을 공유하고 토론하는 시간을 갖거나 지식 데이터베이스 등을 구축해 직원들이 학습하도록 하는 것이다.

동사형 조직

2007년 베스트셀러 중 하나인 『이기는 습관』을 보면 '동사형 조직'이라는 말이 나온다. 고객을 향해 끊임없이 움직이는 동사형 조직이 되어야 이길 수 있다는 것이다. 어떤 일을 계획할 때 막연하게 하는 것보다는 구체적으로 그 계획이 실천되었는지 안 되었는지 알아볼 수 있도록 하는 것이 좋다. 판촉 활동을 예로 들면 '매주 월요일과 화요일에는 매장 상권 중에서 중위권을 차지하고 있는 상권에 자체 제작한 전단을 150매씩 포스팅한다'라는 방식으로 구체화하라는 것이다.

말이 통하는 사람과 조직

인간과 의사소통

결혼 50주년을 맞은 아침에 할아버지는 아침식사를 차렸다. 늘 하던 대로 토스트를 굽고 베이컨과 우유, 커피를 준비했다. 음식을 건네받은 할머니는 울먹이면서 결혼 50주년이 되는 오늘 같은 날에도 빵 껍데기를 주느냐고 남편에게 원망 섞인 목소리를 내뱉었다. 할아버지가 깜짝 놀라며 '왜 그 말을 이제야 해? 나는 어려서부터 어머니가 구워주신 빵 껍질이 가장 바삭하고 맛있었소. 그리고 가장 맛있는 부분을 당신에게 주려고 지금껏 내가 양보했는데'라고 말했다. 결혼해서 50년을 살면서도 서로 의사소통하지 못하는 것에서 현대인의 단면이 엿보이는 것 같아 씁쓸하다.

사람은 다른 사람과 소통하면서 살아야 한다. 영화 〈캐스트 어웨이〉는 미국의 한 특급 우편물 배달회사에 다니던 주인공이 비행기 사고를 당한 뒤 간신히 살아남아 무인도에서 생활하다가, 몇 해가 지나 구출되는 현대판 '로빈슨 크루소' 이야기다. 이 영화에는 주인공이 무인도에서 지내며 대화를 나눌 상대가 없자 배구공에 사람 얼굴을 그려놓고 배구공과 대화하는 장면이 나온다. 이 장면을 통해 사람은 누군가와 생각을 나누고 감정을 나누면서 살아야만 한다는 이치를 다시 한번 깨닫게 되었다.

조직의 의사소통

사람은 숨을 쉬지 않으면 살아갈 수 없다. 조직에서 의사소통은 숨 쉬는 것과 마찬가지로 중요한 것이다. 최고경영진에서 일방적인 지시만 내리고 현장의 목소리가 위로 전달되지 않는 조직이라면 건강한 조직일 수 없고, 결국에는 쇠퇴하고 소멸할 운명을 맞게 될 것이다.

CEO는 조직의 의사소통이 원활하게 이루어지도록 관심을 갖고 제도적으로 뒷받침하도록 해야 한다. 2007년 '올해의 최고 CEO'로 뽑힌 LG전자의 남용 부회장은 전국의 사업장과 연구소를 돌며 직원들과 '열린 대화'를 하고 있다. 열린 대화는 이제 100회를 넘겼으며, 취임 후 1년여 동안 일주일에 두 번 꼴로 직원들을 만나고 있다. 절약이나 회사의 철학 등을 주제로 자유롭게 대화하고 있는데, 그런 대화를 통해 직원들을 변화시키고 있다는 것이다. GE의 잭 웰치 전 회장은 직원 연수를 할 때 직원들이 직속상관 때문에 겪는 고충, 자신이 다른 사람을 도울 수 있는 일, GE에서 일하면서 좋은 점 3가지, 고치고 싶은 점, 자신이 회사를 위해 공헌할 수 있는 것 등을 정리해서 제출하도록 했다. 이처럼 적극적으로 직원들이 무엇을 생각하는지 정기적으

로 윗선이 알도록 하는 것이 중요한데, GE처럼 구체적인 의견을 제시
하도록 하는 것이 좋다.

조직의 규모가 커지고 각 부서별 업무 성과를 평가하게 되면, 자
신이 속한 부서와 다른 부서 사이에 마찰이 일어나고 협조하지 않게
되는 경우가 많다. 이런 현상을 관료주의의 병폐라고 한다. 관료주의
는 원래 전문성을 갖춘 직원들이 일을 효율적으로 하기 위해 만든 조
직 형태지만, 요즈음은 자기 부서의 업무에만 중점을 두고 정해진 규
칙을 엄격히 지킨다는 명분 아래 고객이나 다른 부서와 소통하지 않
는 문제가 지적되고 있다. 지금은 많이 좋아졌지만 예전에 정부 부처
를 방문했을 때 느꼈던 딱딱함과 고압적인 공무원들을 생각하면 관료
주의가 왜 문제인지 알 수 있다.

GE의 예를 하나 더 들어보자. 잭 웰치는 회장으로 취임한 후 '벽
없는 조직'을 만드는 것이 회사가 발전하는 원동력이라는 군건한 신
념을 갖고 조직 문화를 바꾸었다. 그는 직원들이 연수원에서는 활기
넘치게 서로 의견을 교환하고 회사의 비전을 이해하지만, 막상 현장
으로 돌아가면 과거와 똑같이 생기 없이 일하는 것을 발견하고 회사
의 업무 환경 자체를 연수원처럼 바꾸도록 했다. 그것이 그 유명한
'워크아웃work-out 프로그램'이다. 이는 회의를 주관하는 대학 교수를
책임자로 영입하고 40명에서 100명으로 이루어진 그룹들끼리 이틀에
서 사흘 동안 자유롭게 의견을 교환하도록 하는 것이다. 먼저 광범위
한 의제와 도전 과제를 제시하면, 직원들은 상사가 없는 상태에서 자
신들이 느끼는 문제점의 목록을 만들고 해결 방법을 토론해 새로운

제안을 준비하는 것이다. 이 프로그램을 워크아웃이라고 일컫는 것은 필요 없는 일을 없앤다는 뜻을 갖고 있기 때문이다. 나중에 상사가 합류해 직원이 제안한 것들의 최소한 75퍼센트 이상에 대해 '예'와 '아니오'라고 의사결정을 내리고, 즉시 결정하지 못하는 문제는 서로 합의해 의사결정 시한을 두고 그 제안을 절대 사장시키지 않도록 했다. 워크아웃 프로그램으로 GE가 획기적으로 발전하게 되었다. 계층 사이의 벽을 없애고 회사가 발전하는 데 필요한 수많은 아이디어를 끌어낼 수 있었다.

조직은 내부의 의사소통뿐만 아니라 고객과의 의사소통에도 신경 써야 한다. 고객에게 회사의 제품이나 서비스에 대해 홍보하거나 투자자들에게 회사의 발전 계획 등을 설명하는 활동이 중요하다. 또한 고객이 회사 제품을 사용하면서 느낀 점을 이야기할 수 있도록 해야 한다.

지금부터 20여 년 전인 1985년 『적응기업』이라는 책에서 앨빈 토플러는 기업의 의사결정 과정에 일반 대중이 참여하는 것이 효율성과 형평성 측면에서 정당성을 가진다고 역설했다. 기업은 고객이나 일반 대중이 의견을 압력으로 느끼기보다는, 생각을 전환해 그들의 의견을 수렴해 새롭고 좋은 프로그램으로 발전시키라고 촉구했다. 요즘은 고객이나 대중이 직접 제작한 UCC가 인터넷 상에서 큰 호응을 얻고 있다. 기업과 고객이 벽을 허물고 회사의 문제에 대해 의견을 주고받으면 '위기의 시대'에서 남보다 한걸음 앞서 나갈 수 있다.

의사소통의 기술

노부부 이야기에서 알 수 있듯이, 마음속에 담고 있는 생각을 상대방이 마음이 상할까 싶어 말하지 않거나, 굳이 내가 말하지 않더라도 상대방이 내 마음을 알아차리고 알아서 행동해주겠지 하며 말을 아끼다보면, 원래 생각과 다른 엉뚱한 방향으로 일이 진행되는 경우가 많다. 일을 마음먹은 대로 해내기 위해서는 적극적으로 의사표현을 하고 상대방이 잘 알아듣도록 이끄는 기술이 필요하다.

대화의 필요성이 강조되고 있어서, 최근에는 대화법과 관련된 책이 넘쳐나고 있다. 하지만 대화의 주제 선택, 대화하는 태도나 상대방의 말을 듣는 자세 등, 책에서 소개하는 모든 것들을 외울 수도 없고 실천할 수도 없다. 그저 성실한 자세로 대화하는 수밖에 도리가 없다. 대화를 할 때 이것 한 가지만은 반드시 지키자. '잘 듣는 자세'를 갖추자. 일반적으로 사람들은 자기가 하고 싶은 말을 마구 쏟아내면서도 상대방의 말에는 귀를 기울이지 않는 경향이 있다. 자기 말만 하기보다는 상대의 말을 귀담아 들으면서 미처 알지 못했던 지혜도 얻고 생각도 정리하는 습관을 기르는 것이, 대화술의 밑바탕인 것을 잊지 말아야 한다. 신문의 어느 칼럼을 보았더니 제대로 듣지 못하는 자는 제대로 말할 수가 없는데, 자신이 준비한 말만 머릿속에 가득 찬 연사는 청중의 요구를 센스 있게 파악할 수 없다고 한다. 제대로 들을 줄 모르는 사람은 회의석상에서 같은 말을 듣고서도 회의가 끝나고 나서는 엉뚱한 일을 한다. 그래서 회사에서는 제대로 들을 줄 아는 사람을 선호한다.

대화 기술은 조직에서 여러 사람이 함께 생각을 나누는 회의 석상에서 반드시 필요하다. 회의를 주관하는 사람은 토론이 회의의 주제에서 벗어나지 않도록 이끌어야 하며, 회의의 주제가 너무 산만하게 분화되지 않도록 조정하고, 한 사람이 너무 같은 말을 길게 하지 않도록 적당히 통제할 수 있는 능력을 갖추어야 한다. 회의 시간을 너무 길게 끌지 않도록 하면 회의 내용을 정리하고 결론을 인식하는 데 효과적이다.

의사소통은 대부분 말이나 글로 이루어지지만 요즈음은 휴대폰 문자 메시지나 이메일을 통해서도 가능하다. 인터넷 홈페이지 게시판이나, Q&A, 또는 이메일 등 다양한 방식을 이용해 회사의 방침이나 새로운 소식, 경영진의 비전이나 목표, 현장에서 생각한 개선 방안 등이 쌍방향으로 소통되도록 만들어야 한다.

경영관리의 기술

세심한 경영관리

조직의 규모가 클 경우 CEO나 최고경영진의 경영관리만으로는 조직을 이끌어가기 힘들다. 세부 업무나 기능을 책임지는 경영관리가 필요한 것이다. 2007년 말 태안 앞바다에서 철 구조물을 실은 배와 유조선이 충돌해 엄청난 양의 기름이 유출되어 자연을 훼손하고 생태계에 큰 재앙을 불러와 우리 모두의 가슴을 아프게 했다. 수많은 자원봉사자들이 해변의 바위나 모래에 덮인 기름을 제거하려고 나섰지만, 맑은 갯벌과 백사장을 다시 찾는 데는 오랜 시간이 걸린다 하니 그저 한숨만 나올 뿐이다. 사고가 난 뒤 누가 어떻게 무엇을 잘못했는지 사후약방문처럼 원인이 규명되고 있지만, 한번 망가진 자연은 쉽게 회복될 길이 없다. 이 같은 사고는 마땅히 관리해야 할 일을 제대로 안 해서, 즉 경영관리를 못했기에 벌어진 것이다.

2008년 2월에는 서울 한복판에 있는 국보 1호 숭례문이 불에 타 없어져버린 너무도 어이없는 사건이 벌어졌다. 한 신문은 '문화국치일'이라는 제목으로 이 참사에 대한 국민들의 안타까운 마음을 표현했다. 조선 첫 임금인 태조 때 건립되어 무려 600년을 넘게 이어온 문화재가 허술한 문화재 관리 시스템과 한심하기 짝이 없는 화재 대처 능력 때문에 사라진 것이다. 10여 년 전에 외국 컨설팅 회사가 우리나라 기업에는 경영관리 능력이 없다고 질타했지만, 기업뿐만 아니라 우리나라 정부에도 경영관리 능력이 없다는 것을 보여준 부끄러운 일이다. 국보를 보존하기 위해 제일 먼저 신경 써야 할 재난 예방 제도가 없었다니, 우리나라가 세계 12대 경제대국이 맞는지 의심이 갈 만큼 부끄러운 현실이다.

2008년 초 프랑스에서는 31세의 한 은행원이 회사 규정을 어기고 '몰빵' 거래로 우리 돈으로 6조 8,000억 원을 날리는 대형 금융사고를 저질렀다. 이 사고로 세계 주식시장이 한때 폭락했다. 프랑스 2위의 은행인 소시에테 제네랄SG은 직원 한 사람을 잘못 관리한 탓에 회사가 통째로 날아갈 형편에 처한 것이다. 이 사고는 1995년 영국 베어링 은행의 싱가포르 지점에 근무하던 닉 리슨이라는 직원이 파생상품인 주가지수 선물거래로 13억 달러의 손실을 입히고 베어링 은행이 파산한 사건과 매우 비슷하다. SG의 직원 제롬 케르비엘 역시 주가지수 선물거래로 큰 손실을 입힌 것이다. SG등 유럽의 대형 은행들은 직원들이 거래할 수 있는 한도를 정해 사고를 예방하는 시스템을 만들었지만, 이를 교묘하게 피해가는 교활한 직원에게 이길 수 없었던 것이다. 경영관리 시스템에 큰 구멍이 뚫린 것이다.

　이웃 일본에서는 65세가 되면 가입자에게 지급하도록 되어 있는 국민연금의 납부 기록 약 2천만 건이 사라져버린 일이 발생했다. 연금 기록을 관리하는 사회보험청이 30년 전부터 납부 기록을 허술하게 관리했기 때문이다. 2007년 초에 연금 기록 분실 사실이 밝혀졌고 아베 신조 전 총리가 2008년 3월까지 문제를 해결할 시간을 달라고 했으나, 유권자들은 크게 분노해 7월 참의원 선거에서 참패하고 아베 총리는 물러나고 말았다. 자민당은 사회보험청을 해체하고 업무 절차를 명확하게 처리하는 새로운 기구로 전환하는 등 제도 개혁에 나서고 있지만, 국민의 분노는 좀처럼 사그라지지 않았다.

　기업이나 정부가 반드시 해야 할 일을 허술하게 처리하는 경우 그 결과가 매우 좋지 않다. 경영관리는 일을 그르치는 것을 예방하기도 하지만, 하고 있는 일의 효율성을 높이기 위해서도 필요한 것이다. 본격적으로 경영학을 공부하면 세부적인 경영관리를 배우는데, 여기서는 대표적인 경영관리로는 어떤 것들이 있는지 정도만 살펴보기로 하자. 먼저 '깨진 유리창 법칙'을 경영관리의 관점에서 살펴보자. 네이버 '지식in'에 아이디 'daeyk'를 쓰는 네티즌이 작성한 글을 요약 인용한다.

　1969년 스탠포드 대학교의 심리학자 필립 짐바르도 교수는 매우 흥미 있는 실험을 했다. 우선 치안이 비교적 허술한 골목을 고르고, 거기에 보존 상태가 동일한 두 대의 자동차를 보닛을 열어놓은 채 일주일간 방치해두었다. 그 중 한 대는 보닛만 열어놓고, 다른 한 대는 고의적으로 창문을 조금 깬 상태로 놓았다.

약간의 차이가 있었을 뿐인데, 일주일 뒤 두 자동차에는 확연한 차이가 나타났다. 보닛만 열어둔 자동차에는 일주일간 특별한 변화가 일어나지 않았다. 하지만 보닛을 열어 놓고 차창을 깬 상태로 놓아둔 자동차는 그 상태로 방치된 지 겨우 10분 만에 배터리가 없어지고 타이어도 전부 없어졌다. 그리고 낙서나 투기 행위가 일어났고 일주일 뒤에는 완전히 고철이 될 정도로 파손되고 말았다.

단지 유리창을 조금 파손시켜 놓은 것뿐인데도, 약탈당하거나 파괴될 가능성이 매우 높아진 것이다. 게다가 투기나 약탈, 파괴 활동은 단기간에 급격히 증가하게 된다는 것을 알 수 있었다. 이 실험에서 등장한 '깨진 유리창의 법칙'은 나중에 세계적인 범죄 도시인 뉴욕의 치안 대책에도 이용되었다.

1980년대 뉴욕에서는 연간 60만 건 이상의 중범죄 사건이 일어났다. 당시 여행객들 사이에서 '뉴욕의 지하철은 절대 타지 마라'는 말이 공공연하게 나돌 정도로 뉴욕의 치안은 형편없었다. 미국 럿거스 대학의 겔링 교수는 '깨진 유리창 법칙'에 근거해 뉴욕의 지하철 낙서를 철저하게 지울 것을 제안했다. 낙서는 자동차의 깨진 창문과 같은 상태라고 생각했기 때문이다.

당시 교통국의 데이비드 간 국장은 겔링 교수의 제안을 받아들여 지하철 치안 붕괴의 상징이라고도 할 수 있는 낙서를 철저하게 청소하도록 지시했다. 그러나 낙서를 지우면 범죄 발생률이 줄어들 것이라는 제안에 대해 교통국 직원들은 우선 범죄 단속부터 해야 한다고 반발했다. 물론 당연한 반응이다. 대부분의 사람들은 낙서도 문제지만, 우선은 그런 작은 문제보다는 큰 문제인 중범죄 사건을 어떻게든 빨리 단속해야 한다고 생각할 것이다.

그러나 간 국장은 낙서를 철저히 지우도록 했다. 지하철의 차량기지에 교통국의 직원이 투입되어 무려 6,000량에 달하는 낙서를 지우는, 그야말로 터무니없는 작업이 수행되었던 것이다.

지하철 낙서 지우기 프로젝트를 개시한 지 5년이 지난 1998년에야 모든 낙서가 지워졌다. 그럼 뉴욕의 지하철 치안은 어떻게 되었을까? 믿기 어렵겠지만, 그때까지 계속해서 증가하던 지하철에서의 흉악 범죄 발생률이 줄어들었다. 결과적으로 뉴욕의 지하철 중범죄 사건은 놀랍게도 75퍼센트나 급감했던 것이다.

그 후, 1994년 뉴욕 시장에 취임한 루돌프 줄리아니 시장과 뉴욕 검찰국장 윌리엄 브래턴은 ‘깨진 유리창 법칙’을 뉴욕 경찰에 도입했다. 신호를 무시하는 보행자나 쓰레기를 아무 데나 버리는 등의 경범죄 단속에도 이 법칙을 적용한 것이다. 그 결과, 범죄 발생 건수가 급격히 감소했고, 마침내 범죄 도시의 오명을 씻는 데 성공한 것이다.

‘깨진 유리창의 법칙’에서 볼 수 있듯이 기업이나 조직의 경영에 있어서도 작은 실수나 부주의를 그대로 두면 안 된다는 것을 명심해야 한다. 세심한 것까지 신경 써 경영관리를 할 경우 기업 실적이 훨씬 향상된다는 사실을 가슴에 담아두도록 하자.

마케팅 관리

어떤 회사에서 생산하는 제품이나 서비스가 아무리 훌륭하다고 해도 소비자인 고객에게 인정받지 못해서 팔리지 않는다면 그 회사는 문을 닫을 수밖에 없다. 마케팅 역시 관리해야 한다. 시장에서 소비자들에게 인정받고 '가치' 있는 제품이나 서비스를 제공하는 마케팅 관리가 필요하기 때문이다.

소비자인 고객의 마음을 사로잡으려면 제품이나 서비스의 품질이 우수한 명품 브랜드가 되어야 할 것이다. 또한 다른 회사에서 제공하지 않는 독특한 서비스를 제공해야 소비자들에게 선택받을 수 있다. 예를 들어 '페라리'는 명품으로 인정받기 때문에 꿈의 자동차가 되었다. 애플의 '아이팟'은 디자인도 멋있지만 인터넷으로 음악을 다운로드할 수 있는 서비스를 제공함으로써 전 세계적인 돌풍을 일으키게 되었다. 이처럼 다른 회사와 차별되는 서비스 전략이 성공 요인이다.

소비자에게 회사의 제품이나 서비스의 가치를 인식시키고 영업 실적을 올리는 활동이 마케팅이라면, 마케팅 관리는 마케팅이 계획대로 잘 수행되도록 관리하는 것이다. 예전에는 마케팅의 핵심요소를 4P라 하여, 마케팅을 할 때 제품Product, 가격Price, 유통경로Place, 판매촉진Promotion을 고려했지만, 이제는 브랜드, 이미지 등 고객의 새로운 취향에 맞추는 마케팅 기법이 각광받고 있다. 새로운 마케팅 기법에 대해서는 뒤의 3부에서 자세히 알아보기로 하자.

생산 및 서비스 관리

소비자들은 제품이나 서비스를 고를 때 가격이 낮으면서도 품질이 좋은 것을 찾는다. 생산 및 서비스 관리는 품질이 좋으면서도 가격은 저렴한 제품을 생산하고 서비스를 관리하는 활동이다. 예전에는 제품의 생산 관리가 매우 중요했는데, 요즘에는 기술의 발달과 더불어 서비스에 대한 관리가 더 중요해지고 있다.

시장에 나와 있는 특정 제품보다 훨씬 뛰어난 제품을 만들 수 있는 기술을 가지고 있을 때, 이 제품을 어떤 방식으로 생산해 시장에 내놓을지 결정해야 한다고 가정하자. 우선 제품을 회사 내에서 전부 만들 것인지, 아니면 다른 회사에 하청을 주어 생산할 것인지 결정해야 한다. 하청을 주는 경우에도 완제품까지 모두 만들도록 할 것인지, 특정 제품만 하청을 주고 최종 조립은 회사 내에서 할 것인지 정해야 한다. 물론 회사 내에 제품을 만들 수 있는 공장을 갖추고 있다면 자체 생산과 하청 생산의 가격을 비교해 이로운 쪽을 선택하면 된다. 그러나 자체 생산 시설이 없다면 공장입지 선정, 생산의 프로세스, 기계 등의 설비 배치, 소요되는 자재 구매, 생산에 투입되는 인력 등을 세밀히 검토해야 할 것이다.

나이키는 자체 생산 공장을 두지 않고 제품 콘셉트 설정과 디자인, 광고 등의 기획 업무만 직접 담당하고 동남아 업체들에 하청을 주어 생산하는 것으로 유명하다. 이에 반해 일본의 도요타 자동차는 도요타 시 주변에서 부품을 생산하는 하청업체에서 부품을 공급받아 완성품을 만드는데, 부품이 적시에 공급되도록 하여 재고 관리 비용을 줄이는 'JIT(Just-In-Time) 방식'을 쓰고 있다.

생산 및 서비스를 관리하기 위해서는 효율적인 생산 방식을 택해야 한다. 생산에 드는 원가를 낮추는 것과 함께 품질을 높이고 적절한 시기에 고객에게 전달되도록 관리하는 것이 중요하다. 이러한 품질 관리를 위한 방식으로는 '6시그마' 방식이 널리 활용된다.

마지막으로 고려할 점은 안전을 유지하는 것이다. 생산 현장이나 건축 현장에서는 사고가 발생해 인명 피해가 자주 발생한다. 무엇보다도 인간의 안전을 최우선으로 여기고 철저하게 관리하고, 사고가 발생한 경우 이른 시간 내에 피해를 복구할 수 있도록 준비해야 한다.

인적자원 관리

사람이 가장 큰 재산이다. 어떤 사람들이 일하느냐에 조직의 성공과 실패가 판가름 난다. '경영은 사람에 대한 것이다'라는 피터 드러커의 지혜를 늘 되새겨야 한다. 좋은 인재를 조직에 합류시켜 조직이 추구하는 목표를 이루어내는 활동을 인적자원 관리라고 한다. 좋은 인재를 널리 구하고 그들이 마음껏 능력을 발휘하도록 하는 것이 성공의 지름길이다. 유비는 제갈공명을 모시려고 세 번씩이나 방문해 겨우 그 마음을 설득했다. 이후 제갈공명은 신출귀몰한 작전으로 유비의 세력을 넓히는 데 기여했다.

좋은 사람을 채용한 뒤에는 그들의 능력에 맞는 부서에서 일할 수 있도록 해야 한다. 개인적인 친분 때문에 능력이 없는데도 주요 부서로 배치해 일을 맡길 경우 큰 해가 된다는 것을 명심해야 한다. 또한 부하 직원이 성장할 수 있도록 교육 훈련을 하는 것도 중요하다. 잭 웰치는 크로톤 빌 연수원에서 직급에 따른 다양한 교육훈련프로그램을 통해 직원 교육에 힘썼는데, 그것이 GE의 성장에 밑거름이 되었다.

생텍쥐페리의 『야간비행』에는 직원 훈련에 대한 이야기가 나온다. 비행기가 발명된 지 얼마 안 된 때라 야간비행을 하는 것은 매우 위험한 일이었기 때문에, 주인공은 직원들을 매우 혹독하게 훈련시킨다. 작은 업무, 예를 들어 나사 하나라도 제대로 조이지 않은 실수를 저지르면 매우 엄격하게 야단쳤고, 직원들이 늘 긴장하면서 일하도록 했다. 그런데 주인공은 아침에 직장으로 출근하면서 거울을 보며 혼잣말을 한다. "내가 엄하게 다스린다고 부하직원들은 투덜대지만 나는 직원들을 너무 사랑하기 때문에 엄하게 대하는 것이다." 직원의 조그만 실수를 눈감아주면 당장은 좋을지 몰라도 결국 비행기를 조종하는 직원의 생명을 앗아갈 수 있다. 정녕 직원을 사랑하면 교육 훈련, 특히 안전사고를 예방하는 철저한 훈련은 윗사람이 마땅히 해야 할 일이다.

특정 직원이 조직과 잘 어울리지 못하고 업무 성과도 낮고 다른 직원에게 피해를 주는 경우, 관리자 입장에서는 골치 아픈 일이다. 근무 규정을 크게 위반했다면 그것을 이유로 파면시키면 되겠지만, 그렇지 않다면 어떤 방식으로 해고시킬 것인가 인사담당자는 고민해야 한다. IMF 사태가 발생해 강제적으로 구조조정을 하게 되었을 때, 상당수의 직원이 강제로 해고당해 고통받았다. 일시적으로 정리해고를 한 후 경기가 좋아지면 다시 복직을 하게 되면 다행이지만, 영원히 직장과 이별하는 일은 정말 가슴 아픈 일이 아닐 수 없다. 그러나 조직을 생각한다면 그 조직과 어울리지 못하는 사람은 스스로 그 직장을 나오거나, 인사담당자는 객관적 기준에서 볼 때 성과를 내지 못하는 직원은 퇴출시켜야 하는 것이다. 이렇게 퇴출당한 사람이 적성에 맞는 일을 찾아서 성공하는 경우도 많기 때문에, 인정에 이끌려 문제를 외면해서는 안 될 것이다.

끝으로 직원이 가장 신경을 쓰는 것은 얼마만큼 임금을 주고 복리후생을 제공하는가와 승진이다. 급여 체계는 일정 기간이 지나면 월급이 올라가는 호봉제와 일의 성과에 따른 성과급제 등이 있다. 성과급제를 채택할 때는 객관적인 평가 기준을 정해 직원들이 이를 받아들이도록 해야 한다. 일방적인 기준으로 성과를 평가하면 직원은 속으로 크게 불만을 품게 되고 기회만 생기면 더 좋은 직장으로 옮기려 할 것이다.

재무 관리

회사의 돈, 즉 자금을 관리하는 것을 재무 관리라 한다. 대기업의 경우에는 크게 문제되지 않겠지만 우리나라 중소기업이 겪는 가장 어려운 문제가 자금과 인력의 문제다. 기업과 기업이 거래할 때 현금을 바로 지급하는 대신 어음을 주는 경우가 많다. 그래서 현금이 부족해 어려움을 겪는 경우가 많다. 더 큰 문제는 어음을 발행한 회사가 지불 기일이 되었는데도 돈을 갚지 못해 부도가 난다면, 중소기업의 경우 막대한 피해를 입고 망할 수도 있는 것이다. 따라서 어음을 발행한 거래처의 신용을 분석하는 것이 중요하다.

또한 어떤 새로운 프로젝트를 시작하는 경우 그 프로젝트에 들어갈 자금을 어떤 방식으로 조달하느냐를 고민하는 것도 재무 관리다. 큰돈이 필요하지 않다면 은행대출을 받거나 사채시장에서 돈을 빌리는 것도 방법일 수 있지만, 많은 자금이 필요하고 회사가 상장기업이라면 증권시장에서 자금을 조달할 수도 있다.

회사에 자금이 넉넉해 남는 돈이 생기면 그 돈을 어떻게 투자해 수익을 올릴 것인지도 생각해야 한다. 자금 규모와 성격에 따라 단기 자금으로 은행에 예금하거나, 주식이나 채권에 투자를 하고, 아니면 다른 기업을 인수합병M&A하는 큰 프로젝트를 추진할 수도 있는 것이다. 이 같은 재무 관리는 매우 전문적인 지식과 경험이 필요하기 때문에 최고재무책임자CFO를 두어 관하는 게 바람직하다.

회계 관리

경영, 특히 회계를 공부하지 않은 사람이 부서의 책임자가 되는 것은 위험한 일이다. 오죽하면 '김 대리 회계 모르면 승진은 꿈도 꾸지 마' 하는 무시무시한 협박성 광고가 나올까. 사실 회계는 회사의 돈이 현재 얼마 있고 한달 또는 일년에 돈을 얼마나 벌었는가를 기록해 알려주는 것이며, 그리 어려운 것은 아니다. 예전에는 회계기록을 장부에 기록해야 했기 때문에 장부기록 방식(부기)을 알아야 했지만, 지금은 컴퓨터에 입력만 하면 되기 때문에 큰 문제가 없다. 예를 들어 은행에서 예금할 때 은행원이 컴퓨터로 통장에 입력하는 것이 바로 회계 기록을 보여주는 것이다.

대차대조표와 손익계산서를 읽을 줄만 안다면 '회계여, 안녕!'이다. 대차대조표란 기업이 소유하고 있는 총재산(이를 회계에서는 자산이라고 한다)이 얼마고, 이 재산 중 남에게 갚아야 할 부채를 빼고 남은 몫은 얼마인가를 보여주는 것이다. 이는 조금만 신경을 쓰고 회계를 아는 사람에게 물어보면 금방 알 수 있는 것이다. 손익계산서는 일정 기간, 예를 들어 3개월, 6개월, 1년이라는 기간 동안 얼마를 벌고 얼마를 써서 얼마의 이익을 냈는지 보여주는 보고서다. 이런 회계보고서를 읽을 줄 알면, 회계를 모른다고 움츠릴 필요는 없다.

그러나 경영자로서 한 가지 명심할 것이 있다. 회사의 돈이 들어오고 나가고 외상을 주고받고 하는, 기초적인 내용들은 빠짐없이 기록해야 한다. 만일 이를 소홀히 하면 회사 돈이 자기도 모르는 사이에 불법적으로 빠져나갈 수 있기 때문이다. 앞에서 소개한 일본 정부의 국민연금 기록이 없어져 정권 자체가 흔들린 사건을 교훈으로 삼아야 한다.

경영정보 관리

컴퓨터가 발달하면서 회계 기록뿐 아니라 기업을 경영하는 데 필요한 다양한 정보를 이용할 수 있는 시스템을 구축하게 되었다. 어느 지역의 실적이 좋은지, 직원들은 현재 어떤 식으로 무슨 일을 하는지, 시장의 동향은 어떠한지 등 기업 경영과 관련된 수많은 정보를 관리하는 경영정보 시스템은 기업 규모가 어느 정도 커지면 반드시 갖춰야 한다. 더욱이 인터넷을 통해 전자상거래가 크게 발전하고, 직원들이 갖고 있는 정보를 공유해야 기업 경쟁력이 높아지는 오늘날에는 경영정보 시스템이 필요하게 되었다. 멋진 홈페이지를 만들고 인트라넷을 통해 회사 동료들끼리 지식 커뮤니티를 만들 수 있도록 하는 등 경영정보 시스템을 구축하고 관리하는 것 역시 경영 관리자의 중요한 몫이다.

MBA 과정에서 배우는 경영

신시내티의 추억

필자가 인디애나 대학교에서 박사 학위를 받은 후 신시내티 대학교에서 경영학을 가르치던 때의 일이다. 어느 날, 신시내티에서 GE에 다니는 교민 한 분이 나를 찾아 왔다. 그 분은 공학 박사 학위를 받고 GE에 입사해 항공기와 관련된 연구를 하고 있었다. 그가 찾아온 이유는 회사 내에서 직급이 올라가니 밑에 있는 직원들을 관리해야 하고 부서의 실적에 대한 책임도 맡게 되어 내게 조언을 구하기 위해서였다. 자신이 알고 있는 공학의 지식만으로는 부서를 관리하기 어렵다는 것을 깨달은 것이다. 우리는 부서의 관리와 경영에 대한 이야기를 나누었는데, 그는 야간에 개설되는 경영학 석사MBA 과정을 밟기로 하였다.

부서의 장이 되면 우리가 알고 있는 상식 수준을 뛰어 넘어 경영의 각 분야에 대한 전문지식이 필요하다. 각 분야에 대한 전문지식을 혼자서 배우고 경험할 수도 있지만, 시간이 많이 걸릴 뿐더러 다양한 분야의 경험을 쌓는 것은 매우 어려운 일이다. 따라서 MBA 과정에서 이론의 틀과 실제 사례를 배우는 것이 효과적인 방법인 것이다.

MBA 과정에서 배우는 경영

MBA 과정에서는 경영을 하는 데 필요한 여러 분야를 관리하기 위한 전문적인 이론 지식과 함께 실제 회사의 사례를 분석해 비교적 짧은 기간에 경영자가 알아야 할 전문지식을 익힌다. 참고로 미국의 유명한 MBA 과정인 하버드 MBA나 스탠포드 MBA의 졸업생들은 졸업과 동시에 많은 연봉을 받으며 기업체에 스카우트되어 경영자로서 성공을 거두고 있다.

만일 당신이 학부 과정에서 경영학을 배운 적이 없고 기업체나 조직체에서 책임을 질 만큼 높은 위치로 올라간다면 MBA 과정을 밟는 것을 고려해 볼 필요가 있다. 우리나라에서도 벤처 기업을 일군 젊은 경영자들이 MBA 과정을 밟고 성공한 사례가 많다.

경영 배우기

MBA 과정이 경영을 점문적으로 공부하는 데 매우 효율적인 길임에는 틀림없지만, 경영자가 되기 위해 반드시 MBA 과정을 밟아야만 하는 것은 아니다. 예를 들어 46세에 GE의 최연소 회장을 맡아 20년간 GE를 세계 최고의 기업으로 이끈 잭 웰치는 화공학 박사 출신으로 MBA 과정을 밟지 않았음에도 현대의 최고 경영자라는 찬사를 받고 있다. 잭 웰치가 GE를 맡았을 때 GE의 시장가치는 120억 달러였지만 그가 은퇴할 때는 4,500억 달러의 시장가치를 인정받은 것을 보더라도 그가 얼마나 훌륭한 경영자인지 알 수 있다.

또 다른 예로 일본의 '교세라'라는 회사를 27세에 일으킨 이나모리 가즈오 회장 역시 일본의 지방대학에서 공학을 전공했으며, 졸업 후 조그만 세라믹 회사에 취직했다가 3년 만에 자신의 회사를 세운 후 큰 회사로 성장시켰다. 그 역시도 경영에 대한 전문적인 지식이 없었지만 경영과 관련된 어떤 과정을 밟지도 않았다. 그러나 그는 인간을 존중하고 직원이 주인의식을 갖도록 하는 '아메바 경영'이라는 경영 기법을 만들어 크게 성공했다.

경영학을 배우거나 MBA 과정을 밟는 것만으로 성공하는 경영자가 될 수 있다고 믿어서는 안 된다. MBA 과정은 경영의 기본적인 원리나 전문지식을 배우는 것일 뿐 실제 경영현장에서 경험하고 성공의 길을 발견해야만 하는 것이다. 예일대 법대를 나와 스포츠 산업체인 국제경영그룹 'IMG'를 창설한 마크 맥코맥은 『하버드에서 가르쳐주지 않는 것』이라는 책에서 경영 현장에서 일어나는 실제적인 문제와 이를 해결하는 방식을 잘 설명한다. 이외에도 잭 웰치 등의 저서를 읽고 자신의 경영에 활용해 가는 것도 큰 도움이 된다.

마지막으로 어려운 일이 생겼을 때 멘토에게 조언을 구하는 것도 바람직하다. 다른 회사를 인수하거나 합병하는 M&A와 같은 큰 결정을 내릴 때는 주위에 있는 경영의 선배나 컨설턴트, 정신적으로 힘을 주는 스승을 찾아 조언을 구해야 한다. 성공한 경영자들 대부분은 경영이나 인생 문제와 관련해 조언을 구하는 멘토를 두고 있다.

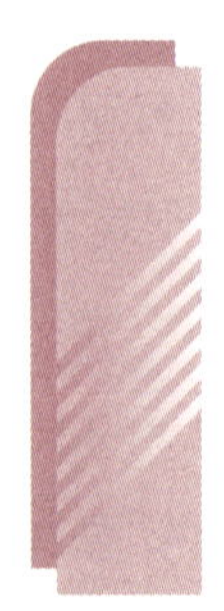

나만의 기업, 이렇게 시작하라

기업을 창업하기 위해서는 무엇을 준비해야 할까? 그것을 살펴보기 위해 실제 「벼룩시장」이 어떻게 창업했는지 살펴보자.

벼룩시장과 사명감

우리에게 널리 알려진 「벼룩시장」이라는 생활정보지를 발간하는 '미디어윌'은 계열사가 12개이며, 직원 수 2,000여 명에 그룹 총매출액 3,300억 원 규모를 자랑하는 상당히 큰 중견기업이다. 17년 전, 주원석 회장은 벼룩시장을 처음 창업했다.

그는 한국에서 대학을 졸업한 후 미국 인디애나 대학에서 MBA 과정을 마치고 1988년 귀국했다. 인디애나 대학에 다닐 때 대학교가 있는 작은 전원도시 블루밍톤에서 생활정보지를 통해 중고가구와 중고차를 구입한 그는 한국에도 이런 서비스가 있었으면 하는 바람을

가졌다. 귀국해서 1년 반 동안 생활정보지에 대해 알아보았다. 한국
에서는 생활정보지가 활성화되지 않았고 대전 등 몇 군데에서 막 시
작하는 단계였기 때문에 사업성이 있다고 판단했다. 1990년부터 본
격적인 창업 준비에 들어갔다. 그해 3월 경기도 부천에 15평짜리 사
무실을 임대해 창간호를 준비했다. 사업에 들어간 자금은 8천만 원으
로 친지들에게 돈을 빌려 사업 자본을 마련했다. 그의 부친은 이북에
서 피난을 와 부산에서 무역업을 하다가 부천에서 세라믹 공장을 경
영했다. 그러나 그는 아들의 자립심을 키우기 위해 주원석 씨가 창업
할 때 사업 자금을 보태주지 않았다.

생활정보지를 창간하면서 먼저 이름을 정해야 했는데, 우여곡절
끝에 정보지 이름을 '벼룩시장'으로 정했다. 그 당시 사람들이 의아하
게 여길 정도로 새로운 느낌을 주는 이름이었지만 그 의미가 알려지
지 않았기에, 사업 초기에는 적극적으로 그 이름을 홍보했다. 원래 벼
룩시장은 유럽의 유서 깊은 도시에서 골동품이나 중고품을 직접 사고
파는 장소를 가리키는 말로 영어로는 'flea market'이라고 한다. 벼룩
시장은 유럽인의 근검절약 정신을 나타낸 것이다.

「벼룩시장」은 1990년 7월 4일 창간호로 4면짜리 5만 부를 경기
도 부천 지역을 대상으로 발간하면서 첫걸음을 떼었다. 사장인 그를
포함해 총 5명의 직원이 자체적으로 컴퓨터 조판을 해 신문을 제작하
고 광고의 상당 부분은 무료 광고와 견본 광고를 실으면서 주민들에
게 편리한 생활정보지가 있다는 것을 홍보했다. 생활정보지를 부천에
서 발간하기로 한 것은 자신이 자란 곳이기 때문에 지역을 잘 안다는

장점이 있고, 부천은 서울의 위성도시로서 인구 이동이 심하기에 생활정보에 대한 수요가 있을 것이라고 판단했기 때문이다.

발행 지역을 결정한 후에는 신문의 배포 방법을 생각했는데, 행정 구역, 인구 분포, 유동인구, 상가형성 정도, 기업 분포, 아파트 가구 수 등의 정보를 수집, 분석해 사업 계획을 세웠다. 또한 벼룩시장은 창간하면서부터 비윤리적이거나 퇴폐적인 광고 및 유흥업체 광고는 하지 않는다는 원칙을 세우고 사회에 봉사하겠다는 창업 이념을 분명히 밝혔다.

벼룩시장의 지면을 구성하는 데 있어서도 가족신문의 느낌을 갖도록 미래 지향적인 내용이나 도덕적 교훈을 담은 '3분 명상' 등의 짧은 칼럼을 게재하는 방식으로 독자들과 함께 호흡하고자 노력했다. 그 결과 창간한 지 2년이 되자 서울까지 발행 지역을 넓히게 되었고, 주식회사 형태로 기업을 바꾸면서 성장 가도를 달렸다. 또한 지방으로 지사망을 확충하고 발행 부수도 늘렸으며 지면도 16면, 24면, 32면 식으로 증면하는 등 짧은 기간에 크게 성장해 오늘에 이르렀다. 벼룩시장은 1995년부터 백혈병 어린이들을 위한 '사랑의 헌혈증서 모으기 운동'을 시작해 현재까지 계속하고 있는 등 다양한 사회공익 활동에 참여함으로써, 기업을 통해 사회가 함께 발전한다는 아름다운 창업 이념을 실천하고 있다.

벼룩시장은 매우 순탄한 항해를 한 것처럼 보이지만 실제로 창업 당시에는 여러 가지 어려움을 겪었다. 무엇보다도 주위에서는 소비자들이 직접 중고품을 사고파는 거래 형태와 생활정보지가 과연 우리나라에서 성공할 수 있을지에 대해 회의적인 시각을 갖고 있었다.

이러한 주위의 차가운 시선을 무릅쓰고 돈을 벌지 못하더라도 손해만 보지 않으면 무언가 사회에 기여하지 않겠느냐 하는 사명감과 겸허한 자세가 오늘날 성공한 중견기업으로 이끈 것이다. 이 책을 읽는 분들이 이런 도전정신을 이어받아 더 좋은 기업을 길러내길 기대한다.

사업의 길 선택하기

특별한 기술이 있거나, 자신이 좋아하고 잘하는 일이 있을 때, 그러한 기술이나 일의 결과를 다른 사람에게 베풀 수 있도록 하면 그것이 사업이 된다. 예를 들어 스타벅스는 기존의 커피보다 맛있는 커피와 멋진 분위기에서 커피를 나눌 수 있도록 하는 문화를 고객에게 제공함으로써 세계적인 기업으로 성공했다.

어떤 사업을 일으키고 사업체인 기업을 만들어 운영하는 사람을 기업가 또는 사업가라고 한다. 앞으로는 젊은이들이 자신이 갖고 있는 특수한 재능이나 아이디어를 이용해 기업가로서 성공할 기회가 예전보다 더 많아질 것이다. 그러나 특별한 아이디어나 기술과 같은 핵심적인 아이템이 있다 하더라도 사업가로서의 능력이나 안목이 없다면 무용지물이다. 사업가로서의 능력이나 안목은 단순히 책을 통해 모두 배울 수는 없다. 실제 비즈니스의 경험이 필요한 법이다. 자산운용 회사인 '미래에셋' 회사를 일으켜 크게 성공한 박현주 회장은 회사를 설립하기 전에 다른 증권회사에 근무하면서 능력을 길렀다.

사업을 시작하려는 사람들은 어떤 동기에 의해 창업을 하는가? 미국의 한 기관의 조사에 의하면 자기만의 사업을 해보고 싶은 도전정신, 일에서 느끼는 자기만족, 돈을 벌어서 재정적인 독립을 하는 것

등이 창업을 하는 동기라고 밝히고 있다. 이처럼 기업을 일으키는 기업가의 특성은 일반적으로 일에 대한 열정이 크고, 위험을 두려워하지 않는 모험정신이 강하며, 독립적이며 자신감이 강한 편이다.

(주)퍼니온을 창업한 대학생 김두환 씨도 소개한다. 김두환 씨는 군에서 제대한 후 평소에 좋아하던 파티를 주최하는 기획사를 만들면서 사업을 시작했다. 이후 동영상 제작 일을 하며 (주)퍼니온을 창업했는데, 모든 일은 UCC를 기반으로 하고 있다. 한번은 사회복지시설에 UCC 강의를 나갔는데, 무언가 봉사하고 싶다는 생각이 들어 만든 UCC가 '숫자녀'이다. 이는 한 여성이 숫자가 적힌 팻말을 들고 시내 중심가에 맨발로 서 있는 것을 촬영한 동영상인데, 그 숫자는 각 지역의 장애인 수를 나타내는 것이었다. 보는 이들의 호기심을 감동으로 바꾼 이 UCC를 400만 명이 넘게 보아 이후 사업이 번창하게 되었다. 그는 사업가가 되려는 친구에게 들려주는 이야기가 있다. 사업가를 꿈꾼다면 트렌드를 읽고, 트렌드를 쫓는 것이 아니라 트렌드를 창조할 줄 알아야 한다는 것이다. 즉 시대를 앞서가는 마인드를 가져야 한다는 것이다.

기업의 형태 결정

창업을 할 때는 기업을 어떤 형태로 운영할 것인지 결정해야 한다. 대부분의 경우 혼자서 운영하는 개인 기업이나 몇 명이 동업하는 방식으로 창업한 뒤 사업이 번창하면 회사 형태로 바꾸게 된다. 개인 기업으로 운영하는 경우에는 기업을 설립하기가 쉽고 법적인 요구 조건이 별로 없기 때문에 자유롭게 설립할 수 있다. 그러나 개인이 기업에 대해 모든 책임을 져야 하기 때문에 위험 부담이 크며, 사업 규모가 클 경우 자금을 모으기 쉽지 않다.

회사 규모가 커지면 일반적으로 주식회사를 설립하는데, 주식회사는 법적으로 사람과 같은 자격을 갖는 법인이 된다. 법인은 사람과 마찬가지로 부동산을 소유하고 계약을 하는 등 경제 활동을 할 수 있다. 주식회사의 경우 많은 사람들에게 사업자금을 출자 받아 대규모 사업을 할 수 있으며, 출자자가 자기 재산으로 회사의 채무를 갚아야 할 책임이 없는 유한책임을 지기 때문에 현대적인 기업 형태로 널리 활용되고 있다. 또한 출자자 중 대주주가 사업 경영을 할 수도 있지만 대부분 전문 경영인을 고용해 사업을 경영하도록 하며, 출자자인 주주는 자기가 소유하고 있는 주식을 자유롭게 처분할 수 있다. 그러나 주식회사는 개인 기업에 비해 설립 절차가 복잡하며, 회사 활동에 여러 가지 규제를 받는다.

업종 선택에서 사업자등록까지

창업을 하려고 할 때에는 반드시, 자신이 사업가로서 적성이 있는지 먼저 살펴봐야 한다. 사업을 한다는 것은 일종의 모험을 시작하는 것과 비슷하다. 따라서 어려움이 다가올 때 이를 헤쳐 나갈 용기와 강인함이 있어야 한다. 막연한 기대감이나 어떻게 되겠지 하는 안이한 생각으로 사업을 시작할 경우 성공보다는 실패 확률이 더 높다.

사업을 하기로 마음먹었다면 어떤 제품이나 서비스를 어떤 고객에게 어떻게 팔아서 돈을 벌 것인지 계획해야 한다. 이를 비즈니스 모델이라고 한다. 남들이 하는 업종을 따라서 시작할 때는 경쟁이 너무

심하기 때문에 남이 손대지 않은 분야, 틈새시장을 찾는 것이 중요하다. 앞의 「벼룩시장」의 경우에는 독특한 사업 아이템으로 성공했다. 만일 독특한 아이템을 찾기 어려우면 이미 성공한 사업의 프랜차이즈를 하거나, 기존의 기업을 인수할 수도 있다.

사업을 하기 위해서는 돈이 있어야 한다. 자신이 저축한 돈이 있으면 이를 사업자금으로 먼저 쓰고 부족한 돈은 부모와 친지에게 빌리거나, 아니면 은행에서 돈을 빌리는 방법을 생각할 수 있다. 새로운 기술을 개발해 경쟁력이 우수하다고 인정받으면 벤처캐피탈 회사를 이용해 꽤 많은 창업자금을 조달할 수도 있다. 중소기업 창업 관련 자금은 국가기관인 중소기업청이나 중소기업진흥회 또는 기업은행 같은 곳을 통해 조달할 수 있으므로 이를 이용하는 것이 좋다.

창업 자금을 확보했다면 그 다음으로 매장이나 사무실을 구해야 한다. 소비자에게 제품을 팔거나 서비스를 제공하는 업종인 경우 소비자들이 쉽게 접근할 수 있고 주위 환경이 쾌적한 장소를 선택해야 한다. 점포를 선정할 때는 유동인구의 통행량, 주위 경쟁 업체의 상황, 자신의 점포가 눈에 잘 띄는 곳인지 여부 등을 고려할 필요가 있다.

점포나 사무실 선정이 끝나면 사업장이 있는 주소를 관할하는 세무서에 사업자등록을 해야 비로소 사업자로 인정을 받는다. 사업자등록 같은 업무는 자신이 직접 하기보다는 공인회계사나 세무사 등 전문가에게 의뢰하는 것이 좋다.

끝으로 최근 한 신문에 프랑스 유명 블로거 로익 르뫼르가 발표한 창업에 관한 성공비법 10가지를 소개한다.

1. 혁명적 아이디어가 떠오를 때까지 기다리지 마라: 그런 일은 쉽게 발생하지 않는다. 단순하고 흥미로운 것에 집중하고 빨리 창업하라.

2. 아이디어를 공유하라: 아이디어를 많이 공유할수록 더 많은 충고를 얻을 수 있다. 경쟁자들을 만나라.

3. 커뮤니티를 만들어라: 당신의 생각을 다른 사람들이 알 수 있도록 블로그와 사이트를 활용하라.

4. 커뮤니티 의견을 청취하라: 커뮤니티에서 제기된 질문에 답하라. 의견을 나누면서 완성도 높은 상품을 만들 수 있다.

5. 훌륭한 팀원을 모아라: 나와 다른 기술을 가진 사람들을 선택하라.

6. 문제를 인식하라: 사람들은 누구나 실수를 저지른다. 실수를 공론화하고 또 실수를 통해 배워라.

7. 시장조사에 시간을 낭비하지 마라: 테스트 상품은 최대한 빨리 선 보이고, 본상품은 출시 때까지 품질을 향상시키는 데 집중하라.

8. 회계장부에 매몰되지 마라: 회계정산표에 신경 쓰지 마라. 처음 예측한 대로 결과가 나오기는 쉽지 않다.

9. 대규모 마케팅을 계획하지 마라: 커뮤니티를 찾는 사람들이 상품에 매력을 느끼는 게 훨씬 중요하다.

10. 부자가 되는 데 초점을 맞추지 마라: 사용자들이 어떻게 느끼고 생각할지에 초점을 맞춰라.

3

날마다 새롭게 나아가라

물은 흘러야 한다. 흐르지 않는 물은 결국 썩는 법이다. 경영 역시 새로운 흐름에 따라 새롭게 나아가야 한다. 경영의 기초를 세우고 조그만 집을 지었다면 날마다 리모델링을 해야 한다. 더욱 큰 집을 지을 수 있도록 전략을 세우고, 잘못된 일을 바로잡고, 새로운 세계로 나아갈 수 있는 지혜와 용기를 발휘해야 한다. 그것을 게을리 하면 애써 지은 집이 세월의 무게를 못 견디고 허물어진다. 영국의 역사학자 아널드 토인비는 『역사의 연구』에서 "자연의 도전과 외세 침략에 대한 인간의 응전이 인류 역사와 문명을 발전시켜온 원동력"이라고 했다. 현실에 안주하지 않고 넓은 바다를 향해 나아가는 방법과 새로운 흐름에 대처하는 법을 알아보자.

일하는 방식을 새롭게 하라

새는 알을 깨고 나온다

"새는 알을 깨고 나온다." 이 말은 헤르만 헤세의 『데미안』에 나오는 의미심장한 문장이다. 알 속에서 부화된 병아리는 껍질을 깨고 세상으로 나와 '삐약, 삐약' 한다. 알 속의 새는 새 세상으로 나오기 위해 알을 깨야 하는 것이다.

물이 흐르지 않고 고이면 썩는 법이다. 물이 자연의 순리에 따라 유유히 흘러 강과 바다를 이루는 것처럼, 모든 것은 자연스럽게 변화해야만 썩지 않고 생존의 바다로 향하는 것이다. 조금씩 변화하는 것은 개선이라고 하며, 알이 새가 되는 것처럼 새롭게 바뀌는 것은 혁신이라고 한다.

기업 역시 지금의 자리에 안주하지 않고 새 생명으로 태어나는 새처럼 경영 혁신을 해야만 발전할 수 있다. 슘페터는 경영 혁신을 가

리켜 '창조적 파괴'라고 했다. 기업이 이윤을 남기는 것은 기업가의 혁신 때문이다. 미래 시장을 개척하고, 새로운 제품과 서비스를 제공하고, 원가를 절감하는 새로운 생산 방식을 채택해 성공에 이르는 것이다.

기업을 둘러싼 환경은 시시각각 변한다. 기업은 창조적 파괴인 혁신을 하지 않으면 안 된다. 몇 년 전에는 세상에 존재하지 않았던 구글이 마이크로소프트를 압박하리라고는 아무도 상상하지 못했다. 어제까지 소비자들이 좋아하던 패션이 외면당하는 것을 종종 볼 수 있다. 또한 세계 시장도 변하고 있다. 과거 미국, 일본, 유럽 중심이던 세계 시장이 불과 몇 년 사이에 중국을 비롯해 인도, 러시아, 브라질 같은 브릭스 중심으로 옮겨졌고, 이제는 베트남, 말레이시아 등 동남아 국가와 동유럽 등으로 뻗어가고 있다. 이처럼 변화하는 환경에서 기업이 혁신하지 않으면 살아남지 못할 것이다.

효성 그룹 부회장은 솔개를 예로 들어 혁신의 중요성을 강조했다. 보통 솔개의 수명은 40년이다. 생후 40년이 지나면 솔개는 죽지만, 바위에 부리를 쪼아 새로운 부리를 돋게 하고 발톱과 깃털도 모두 뽑아 새로운 것으로 바꾸면 30년을 더 산다고 한다. 생후 40년이 지난 솔개는 그냥 죽을 것인지, 아니면 반 년 동안 매우 고통스러운 혁신의 과정을 거쳐 30년을 더 살 것인지 결정해야 한다. 변하지 않으면 죽는다는 교훈을 주는 이 우화를 통해, 익숙한 것을 버리는 일은 고통을 수반하지만 새로운 미래를 개척하고 더 큰 목표를 향해 도전할 수 있다는 것을 깨닫게 된다.

　이러한 혁신을 이루기 위해서는 우선 혁신 마인드를 길러야 한다. 혁신은 인간이 기존의 것과는 다른 생각이나 아이디어를 실천하는 것이기 때문에 혁신 마인드를 먼저 갖추고, 다른 기업들이 어떤 방식으로 혁신을 했는지 보고 배워서 실천하는 게 중요하다.

혁신을 일궈낸 기업들

애플

　혁신 기업 하면 제일 먼저 머리에 떠오르는 것이 스티브 잡스의 애플이다. 애플은 단순함simple이라는 핵심 개념을 도입해 단색 외관에 5개 버튼과 휠만으로 조작할 수 있는 아이팟을 만들어 소비자의 마음을 사로잡았다. 더욱이 아이튠즈를 통해 저렴한 가격으로 음악을 내려 받는 시스템까지 만들어, '욕망의 디지털기기'를 만든 '비즈니스의 베토벤' 이라는 찬사를 받았다.

　애플처럼 널리 알려지지 않았더라도 자기 분야에서 나름대로 혁신을 이룬 기업은 수없이 많다. 치열한 경쟁에서 살아남아야 하는 절박한 환경 때문에 혁신은 생존 조건의 하나가 된 것이다.

HP

　미국의 휴렛팩커드HP는 여성 CEO로 유명한 피오리나 회장이 컴팩을 인수합병 하는 등 의욕적으로 사업 확장을 하려 했지만, 실적이 좋지 않아 그녀를 해고하고 마크 허드를 새 CEO로 임명했다. CEO가 된 허드 회장은 중복 영업팀을 통합하고, 데이터 센터를 80개에서 6개로 줄이는 등 조직의 몸집을 줄이면서 1만 5천 명의 직원을 감원했다. 또한 본업인 PC 사업을 일으키기 위해 PC 디자인에 신경 써 기업용 PC 시장을 개척하고, 판매 시장을 중국, 인도, 일본 등지로 넓혀나갔다. HP가 강점을 가진 프린터 사업을 종합 인쇄 비즈니스로 확장해, 사진 인화가 가능하고 소비자가 직접 축하카드 등을 만들어 인쇄할 수 있도록 하는 등의 혁신 활동을 통해 비약적인 성장을 이루고 있다.

LG전자

2007년, LG전자는 여러 가지 혁신을 성공적으로 수행해 실적을 크게 올렸다. CEO인 남용 부회장은 취임하자마자 본사 인력 40퍼센트를 현장에 배치하고 외부에서 젊은 임원을 영입하는 등 조직과 인사에 새바람을 불러왔다. 이전에 영입된 새 임원 중 한 명은 감성 마케팅을 적용해 초콜릿폰 등의 히트상품을 개발했으며, 조직 문화가 젊고 빠르고 소프트해지는 변화를 가져왔다. 또한 LG전자의 최고경영진은 외국의 뛰어난 회사를 방문해 그들의 탁월한 점을 벤치마킹했다. '마케팅 사관학교'로 불리는 P&G에서는 시장조사와 제품개발 기법과 함께 신제품 아이디어를 외부에서 받아들이는 방법을 배웠다. '포스트잇'으로 유명한 3M에서는 종업원들이 이끌어낸 수많은 아이디어 중에서 비즈니스로 발전시킬 아이템을 선별하는 노하우를 배웠다. 도요타에서는 생산 시스템과 고객 중심 경영 등을 익혔다.

영창악기

　현대자동차에서만 35년 근무했던 박병재 부회장은 영창악기를 인수한 정몽규 현대산업개발 회장의 간곡한 부탁으로 영창악기의 대표이사를 맡아 획기적인 혁신을 실천했다. 취임 후 그가 추진한 첫 작업은 기존의 피아노 생산 방식을 자동차 생산 방식으로 바꾼 일이었다. 그 당시 영창악기의 피아노 생산라인은 4개 라인이었는데, 2개 라인은 업라이트 피아노를, 다른 2개 라인은 그랜드 피아노를 만들었다. 그런데 소량 다품종으로 생산하는 피아노는 새 모델을 만들 때마다 조립작업을 몇 단계씩 더 늘려야 해서 시간이 지날수록 공장이 매우 혼란스러워졌다. 피아노 제작의 이런 관행은 50년 동안 이어져 온 것이다.

　박 부회장은 먼저 동선을 단순하게 하기 위해 4개 생산라인을 업라이트 피아노와 그랜드 피아노의 2개 라인으로 줄였다. 생산라인에서는 기본형 제품만 만들도록 하고 자재와 부품을 표준화시켰다. 자동차 공장처럼 작은 부품 여러 개를 표준화하여 중간부품 단위로 조립하는 모듈화를 추진했다. 그러나 소량 다품종 생산을 어떻게 하느냐 하는 문제가 남아 있었다. 이 문제는 브랜드별로 생산일자를 달리해서 이번 주는 108번 모델, 다음 주는 131번 모델을 생산하는 식으로 해결했다. 이러한 혁신으로 생산성이 30퍼센트 이상 향상되고 공장 면적은 절반 가까이로 줄였으며, 생산직 인력도 175명에서 104명으로 감축할 수 있었다. 피아노 한 대를 생산하는 시간도 45일에서 30일로 짧아지고 경영 실적도 크게 향상되었다. 기존의 관행이 아니라 자동차 산업에서 얻은 경험을 활용해 혁신을 이룬 것이다.

정부의 혁신

세계 각국의 정부 역시 국가 경쟁력을 높이기 위해 분주히 움직이고 있다. 프랑스의 사르코지 대통령은 공기업 특별연금 개혁을 단행하고 공무원 공석의 50퍼센트만 충원하겠다고 발표했다. 또한, 공무원 수를 5년간 10만 명 감축하고 행정 서비스 비용을 25퍼센트 절감해, 이를 민간에 연 220억 달러 환원하는 등 정부 개혁의 청사진을 펼치고 있다.

그렇다면 우리나라 정부는 어떤 모습일까? 얼마 전에 '전봇대 하나 못 옮기는 대한민국'이라는 제목의 기사가 실렸다. 이명박 대통령이 취임하기 전에 당선인 신분으로 전남 영양군에 있는 대불 산업단지에 가보았는데, 전봇대 하나 옮기는 것을 몇 달이 지나도 실행하지 못하는 행정 실태를 꼬집은 것이다. 대불 산업단지에서는 선박 조립을 위한 블록을 생산하고 이를 조선소로 옮기기 위해 대형 트레일러에 실어 나른다. 이때 길이 좁은데다 전봇대의 전선에 블록이 걸려 블록을 실은 트레일러가 지나갈 때마다 전선을 끊은 후 다시 전선을 잇고 있는 것이다. 전선을 지하에 묻고 교량을 보강해 달라고 요청해도 행정당국과 한전은 예산타령만 하고 있는 실정이다. 무능한 행정을 바로잡는 것이 우리나라 정부 혁신의 최대 과제다. 두바이의 창조적 변신을 지켜보면서 말로만 우리도 해야지 할 것이 아니라 실제로 실천해야 할 것이다.

경영 혁신 기법

경영 혁신 방법에는 여러 가지가 있지만, 많은 기업들이 조직의 구조조정, 벤치마킹, 비즈니스 프로세스 리엔지니어링, 6시그마, 기술 및 제품 혁신 등의 방법을 활용하고 있다.

구조조정

구조조정을 생각하면 그 이미지가 좋지만은 않다. IMF 사태로 구조조정을 실시해 많은 사람들이 직장에서 쫓겨난 것이 머리에 떠오르기 때문이다. 하지만 구조조정을 그리 나쁘게만 볼 수는 없다. 구조조정은 기업의 조직 구조를 슬림화시켜 효율성을 높이는 개혁 방법이다. 한 일본 기업은 본사의 기존 사옥을 매각하고 사무실을 얻어 법무, 홍보, 재무만 도쿄의 본사에서 맡는 초미니 본사로 바꾸었다. 이외에 총무, 인사, 전략 등의 업무는 홍콩 사무실에서 맡도록 해 본사 인원을 획기적으로 줄이는 구조조정을 통해 비용을 줄이고 업무 효율성을 높였다.

신시내티의 어린이 병원 역시 병원 조직을 구조조정해 세균 감염과 의료사고가 없는 병원으로 유명해졌다. 그런데 새로운 어린이 병원장은 의사가 아닌 밸브 제조업체 CEO가 맡았다. 그는 병원의 의료사고가 기본 사항을 잘 안 지키는 데서 발생한다는 것을 발견해 수술을 하기 전에 30초 동안 여유 시간을 가지며 기본 사항을 체크하도록 했다. 이 간단한 점검 덕분에 의료사고가 획기적으로 줄어든 것이다. 또한 수술실 스케줄이 뒤엉키는 것을 개선했다. 20개 수술실 중 18개는 예정된 수술을 하도록 배정하고, 2개의 수술실은 긴급수술을 하도록 해 수술이 원활히 진행되도록 한 것이다. 그 결과, 업무 효율성과 수익이 2배나 증가했다.

벤치마킹

벤치마킹은 다른 회사와 자기 회사의 방식을 비교해 좋은 점을 본받는 것을 말한다. 복사기 시장의 선두주자였던 미국의 제록스에게 일본의 캐논이 도전하자, 제록스에서 캐논을 벤치마킹해 생산원가를 크게 낮추었다. 또한 다른 물류회사를 벤치마킹한 후 작업 환경을 바꾸어 경쟁력을 회복할 수 있었다.

비즈니스 프로세스 리엔지니어링

비즈니스 프로세스 리엔지니어링은 컴퓨터 등을 활용해 사람이 하는 일을 줄이도록 업무 절차를 재설계하는 방식이다. 미국 포드 자동차가 일본의 스포츠카 제조회사인 마쓰다 자동차를 인수한 뒤 멕시코 공장을 방문했을 때 자동차 부품을 구매하는 부서의 인원이 13명인 것을 보고 깜짝 놀라고 말았다. 포드 본사에서는 500명이 넘는 인원이 그 일을 하고 있기 때문이다. 마쓰다 자동차가 컴퓨터로 대부분의 업무를 처리하는 것을 보고 포드 본사 역시 업무 처리 방식을 대폭적으로 재설계했다. 그 결과 포드는 성공을 거두게 되었고, 많은 회사들이 이 방식을 도입했다. 그러나 치밀하게 업무를 분석하지 않고 직원 삭감에만 중점을 둔 나머지 실패한 회사들도 많다.

6시그마

'6시그마' 보통 일반인들에게는 까다로운 통계에서 쓰는 전문용어이다. 그러나 기업, 특히 GE에서 6시그마를 통해 큰 성과를 거둔 뒤로 많은 국내 기업들도 이를 도입하게 되었다. 6시그마는 제품 생산이나 서비스 제공이 100만 개일 때 불량품이 많아야 두세 개 정도 나올 정도로 거의 '완벽한 품질'을 이루는 경영을 말한다. 100만 개 중에 단 몇 개만 불량품이 나올 정도이니, 얼마나 철저히 품질 관리를 하는지 알 수 있다. 6시그마는 품질뿐만 아니라 기업의 모든 프로세스를 면밀히 검토해 문제점이 발생할 만한 것을 전부 뜯어고치고, 이를 통해 경쟁력을 높이고 고객 만족을 이끌어내는 것이다. GE는 제품을 인도하기로 한 날보다 하루 정도 늦게 보내면 고객이 참아주지만, 하루가 더 지나면 고객이 불만을 품는다는 사실을 발견했다. 그래서 모든 조직이 반드시 납기일을 준수하도록 프로세스와 정보 시스템 등을 개선했다.

기술과 제품 혁신

기술이 발달하면 제품의 기능도 좋아지고 소비자들은 좋아하게 된다. 이탈리아의 '페라리' 자동차는 꿈의 자동차로 명성을 날렸지만 창업주가 세상을 떠나고 난 뒤 잦은 고장을 일으키고 차의 성능이 떨어져 고객을 실망시켰다. 그 결과 페라리의 독무대였던 F1 자동차 경주에서 슈퍼카 업체들과의 경쟁에서 밀리고 말았다. 그래서 새로 부임한 CEO는 제품 기술과 브랜드 이미지를 강화해 드림카를 만들기로 했다. 그 결과, F50 모델, 612 스카글리에티 등의 혁신 모델이 나오게 되었다. 또한 모든 공장과 사무실을 리모델링하고 새로 지어 직원들이 새로운 분위기에서 열심히 일하도록 한 결과 회사가 발전하게 되었다. 지금도 페라리 자동차는 F1에서 우승하기 위해 끊임없이 기술 혁신을 하고 있다.

혁신을 실천하는 방법

경영 혁신은 기업의 특성과 문화에 따라 각기 다른 방식으로 실천해야 한다. 혁신을 실천하기 위해서는 경영진이 경영 혁신을 한다는 확고한 신념을 갖고 자신의 조직에 맞는 혁신 방식을 찾는 것이 무엇보다 중요하다. 애플의 스티브 잡스나 LG전자의 남용 부회장이 혁신을 위해 꾸준히 노력한 결과 큰 실적을 올린 것을 참고할 필요가 있다. 혁신을 하기 위해서는 조직의 구성원에게 변화해야만 살아남는다는 의식을 심어주고, 경영진과 조직원 모두가 혁신을 추구해야 한다.

2008년 1월 40여 년 동안 이공계 업무를 담당한 손욱 삼성SDI 전 사장은 식품회사인 농심의 CEO로 자리를 옮겼다. 그는 잭 웰치처럼 혁신을 통해 GE 같은 회사를 만들려 한다. 특히 조직 문화의 혁신에 중점을 두어 GE에서 실행한 '벽 없는 조직'을 만들어 직원들에게 도전 의식을 불어 넣으면, 시너지 효과가 일어날 것이라 기대하고 있다. 직원들이 '생각의 벽'을 허물고 현재의 상품이 아닌 새로운 냉동이나 냉장식품 등으로 상품의 영역을 넓히면 회사가 성공하리라 보는 것이다.

혁신을 하기 위해서는 작은 것부터 한 번에 하나씩 차근차근 실천해야 한다. P&G는 플라스틱 용기에 샴푸를 넣어 팔았으나, 인도와 같이 소득 수준이 낮은 곳에서는 샴푸 한 병 가격에 소비자들이 부담을 느껴서 잘 팔리지 않았다. 이를 해결하기 위해 적은 양의 샴푸를 1회용 포장에 담아 파는 방식으,로 인도에서 20퍼센트의 시장점유율을 확보하게 되었다. 일본의 리소나 은행은 고객의 대기시간이 길어져서 생기는 불만족을 해결하기 위해 직원이 서서 일하는 창구와 앉아서 일하는 창구로 나누었다. 직원이 서서 일하는 곳에서는 단순한 업무를 매우 빨리 해결할 수 있고, 직원이 앉아서 일하는 창구에서는 고객이 편히 앉아 여러 가지를 자세히 알아보고 상담할 수 있도록 한 것이다. 어느 창구로 가는가는 고객이 선택하도록 하고, 대기시간도 줄이고, 고객 만족도를 높이는 성과를 올린 것이다.

MIT「슬로언 매니지먼트 리뷰」에 실린 기업 혁신의 방법에 대한 내용을 살펴보자. 스타벅스는 직장과 가정 사이에 '제3의 공간'을 창출했으며, 구글은 뛰어난 검색엔진 외에 '검색광고'라는 새로운 수익원을 개척했기에 성공할 수 있었다. 기업 혁신을 하기 위해서는 다음의 3가지를 고려해야 한다.

첫째, 기업 혁신은 고객을 위해 '새로운 가치'를 창출할 때 의미가 있다. 애플의 '아이팟'이나 '아이폰'을 생각하면 이 의미가 얼마나 중요한지 알 수 있다. 둘째, 기업 혁신은 여러 방식으로 할 수 있다. 미국의 대형 유통업체 홈디포는 'DIY(do it yourself)'족이라는 고객을 만들어 성공했다. 셋째, 기업 혁신은 모든 분야를 세심히 들여다보고 체계적으로 해야 한다. 아무리 제품이 좋아도 유통 채널이 나쁘면 실패하는 것이다. 세심히 들여다볼 핵심 분야는 제품, 고객, 프로세스, 판매장소다.

지식경영의 시대

피터 드러커가 말한 대로 현대사회는 '지식사회'다. 2008년 초, 정부조직 개편안에서 산업자원부, 과학기술부, 정보통신부 등 3개 부처를 합해 '지식경제부'라는 새로운 부처를 만든 것은 '지식'이 산업 현장에서 중요하다는 것을 국민과 행정관리들에게 강조하는 것이라 본다.

지식사회에서 직원들은 과거의 육체근로자와 달리 자신이 맡은 업무를 통해 현장 지식을 얻게 된다. 즉 전문가로서의 지식을 보유하는 것이다. 지식경영은 조직 자체가 보유하고 있는 지식이나 기술 이외에 직원들이 갖고 있는 지식을 서로 공유하고 활용함으로써 기업의 경쟁력을 높이기 위한 경영 방식이다.

삼성 SDS의 웹2.0 경영 시스템인 '오픈 플레이스'의 지식경영 활동 사례를 살펴보자. 오픈 플레이스는 임직원이 소유한 지식을 네이버 '지식검색'처럼 서로 활용할 수 있도록 한 것이다. 이는 단순히 의견 공유에 그치는 것이 아니라 업무 수행을 위한 지시나 업무 내용, 필요 인력 등을 온라인상에서 논의하며, 프로젝트 진행 상황을 확인하고, 프로젝트에 필요한 기술이나 다른 지식 등을 참고할 수 있는 방식이다. 또한 '전문가 멘토' 메뉴를 통해 조언을 받을 수 있도록 하는 지식경영 시스템이다.

만도의 지식 네트워크도 알아보자. 만도는 1999년 부도가 나면서 모든 지출을 동결했지만 지식경영에 대한 투자를 지속적으로 한 결과 매출 약 2조 원이 넘는 알짜 기업이 될 수 있었다. 만도는 자동차의 핵심 부품에 대한 품질을 높이고 지식경영을 통해 세계적인 경쟁력을 확보해, 현대뿐만 아니라 GM, 포드, 크라이슬러 등에 부품을 공급하며 기술력을 인정받고 있다. 지식경영을 통해 변화와 혁신을 주도했으며 조직 내 지식을 공유하고 활용해 기술 개발 경쟁력을 높이게 되었다. 입사 5년차 이상의 사내 전문가는 해당 분야의 '핵심 기술 보유자'로서 프로젝트에 참여한 동료 연구원들에게 지식을 제공하는 중개자 역할을 했다. 사내 동아리 모임을 통해 지식을 축적하고 모든 직원이 동영상을 통해 보고 배우도록 했다. 만도의 지식경영은 사내뿐 아니라 국내의 연구소와 생산 공장까지 '글로벌 협업 체계'를 구축해 고객 불만과 자재 관리 비용을 낮출 수 있었다. 특히 사람 중심의 지식경영으로 '지식경영 성과지표'를 개발해 핵심 지식을 금전으로 산출하는 방법을 만들었다. 2007년부터 6시그마 혁신 활동과 연계해, 해외 투자자와 협력업체들과 협업할 수 있는 공간을 확장하고 있다. 이처럼 지식경영을 통해 경영 혁신이 이루어지면 기업의 경쟁력이 높아질 수 있는 것이다.

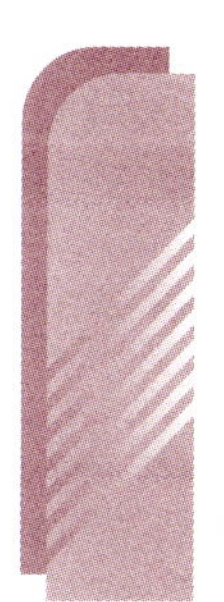

성공하는 기업은 무엇이 다른가

생존 경쟁에서 살아남기

이 세상의 생명체는 살아남기 위해 자신의 모든 능력을 총동원해 환경의 변화에 대응하면서 생명을 유지해오고 있다. 〈동물의 왕국〉 같은 프로그램을 보면 동물들이 생존을 위해 얼마나 치열한 삶을 사는지를 생생히 알 수 있다. 현재 지구상에 살아남은 식물과 동물 그리고 인간은 자신의 종을 지키기 위해 피땀을 흘렸다.

기업 역시 살아 있는 생명체와 마찬가지로 환경에 적응하지 못하면 망하고 만다. 우리나라의 대기업들이나 은행들이 IMF 이후 위기에 대처하지 못해 무참히 무너진 것만 봐도 그 사실을 알 수 있다. 최근 언론에서는 대우해양조선, 현대건설, 대한통운 같은 대기업들을 어느 기업에서 인수할 것인지에 대해 흥미진진한 기사를 싣고 있다. 이 기업들이 한때 우리나라 경제의 한 축을 담당하던 회사였음을 생각하면, 거친 운명을 헤쳐 나가고 있는 CEO들에게 박수를 보내고 싶다.

여기에서는 어떤 기업들이 오래 살아남아 발전하는지를 알아보도록 하자. 또한 평범한 기업에서 위대한 기업으로 도약한 기업은 어떤 특성을 갖고 있는지 살펴보자.

성공하는 기업의 특징

비슷한 비즈니스를 하는데도 어떤 회사는 크게 성공하는데, 어떤 회사는 실패한다. 왜 그런 일이 벌어지는 걸까? 그 해답은 제리 포라스의 『성공하는 기업들의 8가지 습관』에 숨어 있다. 제리 포라스는 1950년대부터 살아남은 기업 중 성공한 기업을 비전기업, 그렇지 않은 기업을 비교기업이라 구분했는데, 두 기업은 여러 가지 면에서 차이가 있다. 성공하는 기업(비전기업)은 자신을 이기는 데 초점을 두고 오늘보다 내일 더 잘하려는 특징이 있다.

회사 조직 자체를 키우는 것

비전기업은 대개 기발한 아이디어나 제품을 가지고 회사를 시작한 것이 아니라 일단 회사를 차린 후 회사가 생존하고 발전해가는 방법을 계속 찾아간다. 예를 들어 휴렛팩커드는 휴렛과 팩커드가 전자공학 분야의 회사를 함께 경영하고 싶다는 생각으로 창업했고, 이것저것 시도하다가 오늘날과 같은 우수한 회사로 성장한 것이다.

휴렛팩커드는 엔지니어를 고용할 때 안정된 생활을 보장해 주고 창조적인 환경을 만들었다. 엔지니어링 팀을 구성하고, 이익을 분배

했으며, 실적에 따라 보상해 회사를 발전시켰다. 이렇게 뛰어난 기업이 있으면 뛰어난 인재들이 오래도록 일하고 싶어 한다. 월마트를 키운 월턴도 단기간에 무엇을 이루고자 하지 않고 평생에 걸쳐 최고 유통조직을 건설하려고 했기에 성공한 것이다.

핵심 이념의 추구

비전기업은 보편적으로 기업이 취하는 이윤 추구라는 가치를 넘어서는 가치를 핵심 이념으로 삼는다. 의약품을 제조하는 미국의 머크는 '의료 과학의 발전과 인류 봉사를 위해 일하는' 기업 이념을 밝히고 있다. 일본의 소니는 기술자들이 기술혁신의 기쁨으로 마음껏 일하는 직장을 만드는 것과 진보된 기술을 일반인들의 생활에 적용하는 것을 기업 이념으로 삼고 있다. 이러한 이념에 따라 트랜지스터를 이용한 '워크맨'을 개발해 크게 히트시켰고, 그 뒤에는 게임기 '플레이 스테이션', 그리고 최근에는 고화질 DVD를 성공적으로 개발할 수 있었다.

미국의 존슨&존슨은 1982년 진통제 타이레놀에 누군가가 독을 넣은 사건으로 7명이 사망하는 사건이 발생하자 전 국민에게 위험을 알리고 미국 시장의 타이레놀을 전부 회수하는 데 1억 달러의 비용과 2,500명의 인력을 동원했다. 존슨&존슨은 의사, 병원, 고객들에게 최우선적인 책임을 지는 것으로 시작해 종업원과 경영층, 사회에 대한 책임, 그리고 주주에 대한 책임을 기업의 핵심 이념으로 삼고 있다.

비전과 목표

계획한 목표가 이루어진 장래의 모습이 비전이라면, 비전을 이루기 위해 실질적으로 설정해야 할 것이 목표다. GE는 어떤 사업을 새로 시작할 때 항상 1위나 2위가 되어야 한다는 것을 목표로 삼았다. 하나의 목표가 달성되면 다른 목표를 설정해 앞으로 나아가는 것이다. 보잉의 경우 B707의 성공에 이어 B727, 그리고 B747로 이어지는 목표를 세웠고, 최근에는 B787이 성공을 거두었다. 보잉의 이러한 목표는 그 당시에는 매우 위험하고 대담한 목표였지만 발전을 자극하기 위한 강력한 수단이 되었다.

목표를 설정할 때는 반드시 핵심 이념과 일치시켜야 한다. B747은 엄청나게 위험한 사업이었으나 보잉은 제품의 안전성이란 핵심 가치를 유지했고, 상용 항공기 중 가장 엄격한 안전기준과 시험분석표를 적용함으로써 성공한 것이다.

그밖의 성공 요인

우리가 살펴본 것 말고도 환경에 대응하기 위해 변화하고 발전하려는 자세, 끊임없이 제품이나 서비스를 개선하는 것, 내부에서 경영진을 키우는 일, 좋은 기업 문화를 만드는 일 등등, 성공 요인들은 많다.

마지막으로 제리 포라스가 역설한 '핵심을 보존하고 발전을 자극하라'는 말의 의미를 생각해보자.

핵심 이념은 발전 자체를 가능하게 한다. 왜냐하면 비전기업이 진화하고 실험하고 변화하는 데 기반이 되는 지속성을 제공하기 때문이다. 핵심을 명확히 함으로써 기업은 좀 더 쉽고 핵심이 아닌 모든 것들에 대해 변화와 발전을 추구할 수 있다.

위대한 기업으로 도약하는 길

어떻게 하면 평범한 기업에서 위대한 기업이 될 수 있을까? 짐 콜린스는 『좋은 기업을 넘어 위대한 기업으로』를 통해 그 질문에 답하고 있다. 위대한 기업이 되기 위한 요인으로는 '단계 5의 리더십', '사람이 먼저', '냉혹한 현실 직시', '고슴도치 콘셉트', '규율의 문화', '기술 가속 페달' 등 6가지가 있다.

단계 5의 리더십

다윈 스미스는 지난 20년간 주가가 전체 시장에 비해 36퍼센트나 떨어진 제지회사인 킴벌리 클라크의 사장으로 취임했다. 그는 사장 취임 후 20년 동안 큰 변혁을 이루어 세계 최고의 종이활용 회사로 만들고 전체 시장 평균의 4.1배에 달하는 주가상승률을 달성했다. 그는 배관공이나 전기공들과도 허물없이 지낼 만큼 겸손하고, 매우 금욕적이며 불굴의 의지를 지닌 사람이었다. CEO가 되고 두 달 뒤 암에 걸려 길어야 1년밖에 살지 못할 거라는 선고를 받았으나, 자기는 아직 죽지 않았으며 죽을 계획이 없다고 이사회에 밝혔다. 자신이 해야 할 일들을 완벽히 수행하면서 매주 위스콘신에서 휴스턴으로 날아가 방사선 치료를 받으며 25년을 더 살았는데, 그중 대부분의 시간을 CEO로 보냈다.

CEO가 된 직후 스미스는 제지 공장들을 팔아버리고 하기스나 크리넥스 같은 브랜드에 투자하며 모든 역량을 소비재 산업에 쏟아부었다. 비즈니스 매체들은 이런 행동을 어리석다고 평했지만 킴벌리 클라크는 대성공을 거두었다. 짐 콜린스는 스미스와 같은 경영자를 단계 5의 경영자라고 이름 붙였는데, 이는 경영자 능력 계층 중 가장 높은 계층을 말한다. 1단계는 재능과 지식, 기술, 좋은 작업 습관으로 생산적인 기여를 하는 '능력이 뛰어난 개인' 단계다. 2단계는 집단의 목표 달성을 위해 개인의 능력을 모으며 다른 사람들과 효율적으로 일하는 '합심하는 팀원' 단계다. 3단계는 이미 결정된 목표를 효율적으로 추구하려고 사람과 자원을 조직하는 '역량 있는 관리자' 단계다. 4단계는 비전에 대한 책임의식을 촉구하고 보다 높은 성취욕을 자극하는 '유능한 리더' 단계다. 5단계는 개인적 겸양과 직업적 의지를 융합해 지속적으로 큰 성과를 이루어내는 '단계 5의 경영자' 단계다.

좋은 회사에서 위대한 회사로 도약한 기업의 리더들은 모두 단계 5의 리더십을 갖추고 있다. 이들은 겉으로 보기에 겸손하고 나약한 것 같지만 자신이 해야 할 일이나 목표를 이루는 데는 강한 의지를 보인다. 또한 차세대 후계자들이 더 큰 성공을 거둘 수 있도록 기틀을 마련해준다. 이와 반대로 75퍼센트 이상의 기업은 실패하는 후계자를 세우거나 나약한 후계자를 택한다고 한다. 위대한 기업의 경영자는 자신이 뛰어나다는 것을 나타내지 않거나 그런 생각조차 갖지 않는 데 비해, 75퍼센트의 경영자들은 자신이 뛰어나다는 것을 강조하거나 4단계의 '유능한 리더'에 머물고 마는 것이다.

사람이 먼저

　웰스파고 은행의 CEO인 딕 쿨리는 탈규제 조치로 금융계가 혹독한 변화를 겪으리라 예상하고 재능 있는 사람들을 영입했다. 덕분에 웰스파고는 좋은 실적을 올렸다. 이에 반해 뱅크 오브 아메리카는 '약한 장군, 강한 장군'이라는 모델에 따라 강한 장군이 요직에 있으면 경쟁자가 떠나지만, 약한 장군이 있으면 강한 장교들이 떠나지 않고 때를 기다린다는 전략을 택했다. 그러나 약한 장군 밑의 경영자들은 위의 지시만 기다리게 되었고, 1980년대 중반 큰 손실을 본 뒤 웰스파고에서 강한 경영자를 끌어들여 이를 해결했다.

　지속적으로 실패하는 기업들은 '1천 명의 조력자를 가진 한 명의 천재' 모델을 쓰고 있는데, 이들 기업들은 경영진이 약하기 때문에 뛰어난 경영자가 회사를 떠나는 경우 실적이 낮아지거나 몰락하는 경우가 많다. 좋은 회사에서 위대한 회사로 도약한 기업들은 전문지식이나 기술보다 품성에 더 중점을 두었다. 지식이나 기술은 가르치거나 터득하기 쉽지만 노동윤리, 헌신적 책임감 같은 것은 타고난 근성이기 때문이다. 위대한 기업가들은 아랫사람에게 엄격하게 대했지만 비정하게 해고하지는 않았다.

　그렇다면 어떻게 해야 해고를 하지 않고도 직원들을 엄격하게 관리할 수 있을까? 다음 3가지 방법을 기억하자. 첫째, 의심스러울 때는 채용하지 말고 계속 지켜보라. 둘째, 사람을 바꿀 필요를 느끼면 즉시 실행하라. 셋째, 최고의 인재를 문제가 가장 많은 곳이 아닌 기회가 가장 많은 곳에 배치하라. 위대한 기업가는 '사람이 먼저', 특히 적합한 사람이 가장 중요한 자산이라 여긴다. 그들은 자신이 하는 일을 사랑하고 무엇보다도 함께 일하는 사람들을 사랑한다.

냉혹한 현실 바로보기

식료품 매장인 크로거와 A&P는 1973년까지는 규모가 비슷한 회사였다. 그러나 이후 25년 동안 크로거는 시장에 비해 10배, A&P에 비해서는 80배에 가까운 성장을 기록했다. 소비자들은 더 멋지고 큰 가게, 선택할 가짓수가 더 많은 가게를 원했다. 갓 구워낸 빵과 꽃, 건강식품, 신선한 채소 등 원하는 것을 채워주기 위해 크로거는 시스템 전체를 슈퍼스토어 개념으로 완전히 탈바꿈시켰다. 그러나 A&P는 과거의 모델을 그대로 고수한 결과 몰락하고 만 것이다.

위대한 기업이 되기 위해서는 냉혹한 현실을 직시하고 현실이 요구하는 변화를 계속해서 추구해야 한다. 냉혹한 현실을 직시한 다음에는 믿음을 잃지 않고 성공할 수 있다는 신념, 역경을 통해 더욱 강하게 된다는 의지가 있어야 위대한 기업이 될 수 있다. 이처럼 냉혹한 현실 속에서도 믿음을 잃지 않고 위대한 회사로 일어서는 현상을 ‘스톡데일 패러독스’라고 하는데, 이는 베트남 전쟁에서 포로로 잡힌 스톡데일 장군이 포로수용소에서도 휘하 군인들에게 믿음을 잃지 않게 하여 석방한 것에서 비롯된 말이다. 그런데 포로수용소에서 현실을 견뎌내지 못한 사람들이 있었는데, 그들은 크리스마스까지는, 부활절까지는, 추수감사절까지는 석방이 될 것이라고 계속 낙관하다가 결국 상심해 죽은 것이다. 결국 스톡데일인 크로거는 성공할 수 있었고, 과거의 방식을 낙관했던 A&P는 실패하고 말았다.

고슴도치 콘셉트

이사야 벌린의 경제 우화 『고슴도치와 여우』에서는 사람들을 두 가지 그룹, 즉 여우와 고슴도치로 나눈다. 여우는 여러 가지 목적을 동시에 추구하며 세상의 복잡한 면을 살피지만 그것을 하나로 통합하지 못한다. 반면에 고슴도치는 단 하나의 체계적인 개념이나 기본 원리로 단순화한다. 고슴도치는 세상이 제아무리 복잡하더라도 모든 과제와 딜레마를 고슴도치 콘셉트로 단순하게 축소시키고 그 콘셉트에 부합하지 않는 것들에는 관심을 갖지 않는다.

미국의 월그린즈는 고슴도치 콘셉트로 성공했다. 월그린즈는 가장 좋고 편리한 약국, 방문 고객당 이윤이 높은 약국을 콘셉트로 정하고, 이를 실천해 나갔다. 소비자들이 쉽게 드나들 수 있는 길모퉁이로 약국을 옮겼고, 차를 타고 들어와서 약을 살 수 있도록 가게를 확장했으며, 1시간 사진 현상 같은 서비스 등을 제공한 것이다.

고슴도치 콘셉트는 다음 세 가지를 토대로 전략을 세워야 한다. 첫째, 세계 최고가 될 수 있는 일, 둘째, 경제 엔진을 움직이는 일, 셋째, 깊은 열정을 가진 일.

위대한 회사로 도약한 기업들은 자신의 고슴도치 콘셉트를 명확히 하기까지 평균 4년이 걸렸다. 그만큼 고슴도치 콘셉트를 실천하기에는 시간이 많이 걸린다는 것을 인식하고, 활발한 대화와 토론, 분석, 집행, 피드백 과정을 거쳐야 한다.

규율의 문화

1980년에 조지 래스먼은 생물공학 회사인 앰젠을 설립했다. 이후 20년 동안 이 회사는 6,400명의 종업원을 거느린 32억 달러의 회사로 성장했다. 앰젠이 성공한 요인은 창조성과 상상력, 비전에 대한 열정 덕분이다. 그러나 회사가 성장하고 복잡해지면 성공에 발목을 잡히기 시작한다. 회사가 커지면 관료제나 계층제가 발목을 잡고, 창의성과 일하는 재미가 사라지는 문제가 발생하기 때문이다.

앰젠은 이런 문제를 해결하는 방법을 애버트에게 배웠다. 애버트의 한 재무책임자가 세운 책임회계라는 시스템은 자신이 투자한 것에 책임을 지도록 한 것이다. 즉 직원들에게 목표 달성에 이르는 최선의 길을 소신껏 결정할 자유를 주지만, 자신이 세운 목표에 대해서는 엄중한 책임을 지도록 한 것이다.

이처럼 위대한 회사는 관리할 필요가 없는 자율적인 사람들을 채용한 뒤 스스로 책임을 지도록 했다. 위대한 회사는 처음부터 자율적인 사람들을 고용하고 규율 있는 사고 즉, 현실의 냉혹함을 직시하고 위대한 회사로 만들어낸다는 믿음을 갖고 이를 끈기 있게 추구하도록 한다. 즉 자신의 일이나 실적에 책임을 지도록 하는 규율의 문화를 조성하는 것이다. 그러나 규율의 문화는 개인의 리더십 같은 강제적인 힘으로 이루어지는 것은 아니다. 강제적인 리더가 물러나면 규율의 힘도 같이 무너지기 때문이다. 그보다는 단계5의 리더와 같이 고슴도치 콘셉트를 수립해 일관성 있게 꾸준히 추진하면서, 규율 내에서 자유와 책임을 지도록 해야 하는 것이다.

기술 가속 페달

미국 최대 온라인 약국인 드러그스토어닷컴이 주식을 공개하고 주가가 크게 오를 때 월그린즈의 주식은 주가가 하락하며 위기에 처하게 되었다. 그러자 월그린즈는 고슴도치 콘셉트에 관해 논의했다. 그들은 치밀한 재고관리 및 유통모델, 그리고 편의성을 온라인에 연결시키는 방법을 찾기 시작했다. 고객들이 온라인상으로 처방전을 보낸 다음 가까운 월그린즈 가게에서 주문한 약을 찾아가거나 배달 신청을 하도록 했다. 그리고 뛰어난 디자인의 인터넷 사이트를 만들고 믿을 수 있는 배달 체계를 활용했다. 그 결과, 주가가 2배 가까이 오르게 되었다.

위대한 기업은 새로운 기술이 유도하는 변화를 선구적으로 활용할 수 있는 힘이 있다. 예를 들어 크로거는 30년 동안 한 해도 거르지 않고 연간 총수익의 평균 2배 이상을 자본 지출에 투입하면서 모든 가게를 현대화하고 제품들의 가짓수를 늘리는 방식을 택했다.

플라이휠과 파멸의 올가미

크고 무거운 플라이휠을 이동시켜보면, 처음에는 매우 힘이 들어 천천히 움직이지만 계속 힘을 쓰면 점점 속도가 붙어 매우 빠른 속도로 움직인다. 이처럼 위대한 회사로 바뀌는 것은 한 번에 이루어지지 않고, 아주 조금씩 성과가 나타나고 그것이 축적되면서 어느 순간 위대한 기업이 되는 것이다.

1973년에 앨런 위츨은 파산 직전의 전제제품 가게를 아버지에게 물려받았다. 이후 10년 동안 차근차근 이 가게를 전환시켰는데, 1982년 전자제품에 슈퍼스토어 개념을 도입한 서킷시티는 비약적으로 발전하게 되었다. 고슴도치 콘셉트에 맞추어 일을 추진하고 가시적인 성과가 축적되면, 성과에 힘을 얻어 사람들이 열의를 갖고 새로운 비전에 헌신하는데, 이를 '플라이휠 효과'라고 한다. 이처럼 플라이휠이 추진력을 얻으면 위대한 기업으로 전환하는 것이다.

위대한 기업으로 도약한 기업들은 처음부터 커다란 목표를 공표하는 대신 한 걸음 한 걸음, 그 행보를 이어가며 플라이휠을 돌리기 시작한 경우가 많다. 예를 들어 뉴커는 1965년에 플라이휠을 돌리기 시작했다. 처음에는 단지 파산을 피하기 위해 노력했지만, 나중에는 다른 누구보다 철강을 값싸고 품질 좋게 만드는 재주가 있다는 것을 발견해 작은 공장들을 추가로 세웠다. 1975년이 되자 미국에서 가장 수익률 높은 철강회사가 될 수 있다는 가능성이 보였고, 그 후 20년이 지난 후 큰 수익을 내는 회사가 되었다. 회사가 플라이휠을 돌리는 것을 느낄 때 조직원들이 한 줄로 서서 같이 밀기 시작하는 것이다. 이에 비해 파멸의 올가미에 걸린 기업은 새로운 프로그램을 자주 시도하다가 추진력을 얻지 못하고 추락하고 만다.

톰 피터스의 초우량기업의 조건

2007년 우리나라를 방문한 톰 피터스는 초우량기업이 되기 위해서는 다음과 같은 조건이 있어야 한다고 했다.

1. 기업이 분권화되지 않고 비대해질수록 시장 변화에 대한 대응 속도가 늦어져 혁신을 이루기 힘들어진다. 독일 다임러 벤츠 그룹이 크라이슬러 자동차를 인수한 후 9년 동안 '하루 1천만 달러'씩 손실을 본 것이 하나의 예다.

2. 독일이 중국이나 미국을 제치고 수출 1위를 하고 있는 것은 중
   견기업의 힘 때문이다. 직원 15명이 근무하는 골드만 프로덕
   션 회사는 양초에 색을 입히는 화학물질을 만들어 전 세계 시
   장 점유율 50퍼센트를 기록하고 있다.

3. 모레에 둘러싸여 있던 불모지 두바이가 지금은 글로벌 의료시
   설, 쇼핑, 금융 중심지가 되고 있는 것은, 상상력의 차이 때문
   이다. 다른 나라에서는 새로운 공항을 짓는 데 수십 년이 걸리
   지만, 두바이에서는 월요일에 결정하면 화요일에 건설하고,
   수요일에 공사를 완료한다.

4. 피카소는 '모든 인간은 태어날 때부터 예술가'라고 했다. 개개
   인의 숨은 능력을 끌어내는 창의성을 키우는 교육을 해야 하
   며, 기업가는 고객과 직원 등 다른 사람의 만족을 위해 봉사한
   다는 정신을 가져야 성공할 수 있다.

성공의 열쇠, 마케팅

생존을 위한 열쇠

"사느냐, 죽느냐, 그것이 문제로다." 셰익스피어의 희곡 『햄릿』의 유명한 대사다. 이 명대사를 기업에 적용시키면 '파느냐, 못 파느냐, 그것이 문제로다'라고 할 수 있겠다. 아무리 품질이 좋더라도 소비자가 외면하면 기업은 살아남을 수 없으니, 기업의 제품과 서비스를 소비자가 선택하도록 하는 마케팅은 기업 생존의 열쇠라고 해도 과언이 아닐 것이다. 기업이 기울인 정성과 노력의 결과물은 시장에서 고객이 좋아하느냐 그렇지 않느냐로 판가름 나기 때문에, 고객의 사랑을 얻기 위한 마케팅 전쟁은 총칼을 든 전쟁보다 훨씬 더 치열한 것이다. 그렇다면, 어떻게 해야 마케팅 전쟁에서 살아남을 것인가?

마케팅은 고객에 대한 태도에 달려 있다. 한번 매장을 찾은 고객이 계속해서 오도록 만들고, 회사의 제품이나 서비스를 꾸준히 애호하도록 만드는 것을 고객관계 관리, 즉 CRM(Customer Relationship Management)이라고 한다. 고객관계 관리에서 아주 중요한 것이 매장을 찾는 손님을 맞이하는 직원의 태도일 것이다. 고객을 소중히 여겨 고객의 이름을 외우고, 고객이 좋아하는 것이나 관심 있는 것들을 기억하거나 기록으로 남겨 고객이 항상 감동받도록 하는 직원의 모습은 아름다운 법이다.

베스트셀러 『우동 한 그릇』에는 다케모도 고노스케가 쓴 '마지막 선물'이란 글이 실려 있다. 19살의 게이코는 조그만 과자점에서 일하는 종업원이다. 게이코는 어느 손님에게 시집 한 권을 받았다. 그 시집을 읽다 '조그만 가게임을 부끄러워 말고, 그 조그만 가게에 사람 아름다운 마음을 가득 채우자'라는 구절을 본 그녀는, 장사가 매우 멋있는 세계라고 깨달았다. 어느 추운 겨울, 게이코가 과자점 문을 닫고 있는데 시료도라는 손님이 암으로 고생하는 어머니를 위해 과자를 사러왔다. 나중에 그의 어머니가 돌아가시자, 게이코는 꽤 먼 곳에 있는 장례식장까지 달려가 시료도에게 과자를 전해주었다. 그의 어머니를 위해 마지막 선물을 건넨 것이다. 시료도는 그녀의 아름다운 마음에 감동해 한 방울 눈물을 흘린다. 그러고는 '상인의 모습에서 앞치마를 두른 부처님의 모습을 본다'라는 말을 떠올린다. 게이코의 모습이 천사처럼 보인 것이다.

마케팅의 대부로 불리는 필립 코틀러는 "오늘날은 시장이 기업보다 먼저 움직이고 고객이 시장을 주도하는 시대"라고 말하며, 마케팅에 대해 이야기한다. 그는 마케팅이 상품 판매에만 그쳐서는 안 된다고 강조한다. 소비자에게 가치를 만들어주는 기업 예술이 마케팅이며, 고객을 중심으로 특화된 서비스를 제공하는 것이 마케팅의 핵심이라고 강조한다. 또한 '우리의 사업은 무엇인가, 고객은 누구인가, 고객이 추구하는 가치와 우리의 미래는 어떠한가'에서 마케팅이 출발해야 한다고 조언한다.

고객에게 독특한 가치나 서비스를 제공하기 위해서는 자신의 기업이 몸담고 있는 시장을 분석해야 한다. 고객을 나이에 따라 분류하거나, 지역이나 국가에 따라 세분화해야 하는데, 이를 시장세분화market segmentation라고 한다. 나이에 따라 시장을 분류하면, 어린아이 시장인 키즈 마켓kids market, 노인을 대상으로 하는 실버 마켓silver market 하는 식으로 각각의 시장에 맞는 마케팅을 펼칠 수 있는 것이다. 코틀러 교수는 소비자들의 다양한 욕구에 따라 시장이 점점 더 세분화되기 때문에 브랜드 역시 하나의 통합 이미지를 구축하는 '대중 브랜드'에서 벗어나, 특화된 소비자를 겨냥하는 '틈새 브랜드' 전략을 세워야 한다고 충고한다.

시장을 세분화한 다음에는 제품이나 서비스가 어느 시장에 강점이 있는지를 파악해야 한다. 강점이 있는 시장에 힘을 쏟도록 목표 시장을 선택targeting하는 것이다. 회사 제품이 모든 시장에서 사랑받는다면 좋겠지만, 모든 고객을 만족시키기는 매우 힘든 일이다. 특정 시장을 선택해 그 시장에 집중하는 것이 효과적이다. 높은 가격의 고급 브랜드, 즉 명품으로 만들어 세계적인 명품 시장을 겨냥할지, 인도와 같이 소득 수준은 낮지만 인구가 많은 시장을 선택해 낮은 가격으로 큰 시장을 노릴지, 목표 시장을 정해야 한다.

목표 시장을 선택한 다음에는, 어떻게 하면 다른 경쟁사보다 뛰어난 가치나 서비스를 고객에게 제공할 것인지 고민해야 한다. 가격을 낮추고 품질을 높이는 것은 대부분 기업들이 취하는 방식이므로, 자기 회사만의 독특한 이미지나 브랜드 등을 소비자에게 인식시키는 마케팅 활동이 필요하다. 이런 노력의 일환으로 스포츠 마케팅, 문화 마케팅, 스페이스 마케팅 같은 다양한 마케팅 기법이 활용되고 있다.

나이키의 사례

필자가 미국 대학에서 학생들을 가르치던 1985년, 당시 마이클 조던은 미 프로농구NBA의 황제로 팬들의 인기를 한 몸에 받았다. 당시 마이클 조던이 몇 번의 드리블을 한 후 덩크 슛을 멋지게 시도하는 장면을 슬로우 모션으로 잡으면서, 나이키 상표와 함께 'air' 라는 문구를 내보내는 텔레비전 광고가 사람들의 시선을 끌었다. 마이클 조던이 착용한 농구화 '에어조던'을 선전하는 광고였다. 이 광고는 마이클 조던이 신고 있는 농구화를 당신이 신게 되면 멋져 보일 거라는 꿈을 청소년에게 심어주었다. 그 전까지는 흰색 농구화를 신고 경기를 했는데 광고에 나온 에어조던 농구화는 붉은색과 검은색이 섞인 파격적인 디자인이었다. 그래서 NBA 사무국은 가만 있지 않았다. 흰색이 아닌 농구화는 신을 수 없다는 규정을 들어 매 경기마다 5천 달러의 벌금을 마이클 조던에게 부과했다. 그런데 이렇게 벌금을 물게 된 것이 오히려 에어조던을 알리는 광고가 된 것이다. 농구팬뿐 아니라 청소년들 사이에서 없어서는 안 될 필수품으로 인식되어 폭발적인 판매를 기록하게 되었다.

에어조던 농구화는 공기를 이용한 쿠션 시스템을 운동화에 적용한 것이다. 원래 에어쿠션 시스템은 미 항공우주국NASA에서 일하던 프랭크 루디라는 과학자가 발명했다. 그는 자신이 개발한 에어백이 지면에 발이 닿을 때 충격을 완화해줄 수 있다고 생각해, 당시 스포츠화 업계 1위인 아디다스에 제의했으나 거절당했다. 그런데 나이키의 젊은 CEO 필 나이트가 이 기회를 낚아채 에어조던이 탄생하게 된 것이다. 나이키는 이를 계기로 스포츠의 패션 시대를 열었으며, 이후 스포츠 브랜드 1위의 명성을 유지하게 되었다.

나이키는 마이클 조던 외에도 세계의 최정상 스포츠 선수를 광고 모델로 활용해 스포츠 스타 마케팅을 개척했다. 예를 들어 현재 세계 최정상 여자 테니스 선수인 샤라포바의 유니폼에는 나이키 상표가 붙어 있다. 몇 년 전부터 엄청난 금액을 지불하며 골프 천재 타이거 우즈를 나이키 모델로 영입해 골프용품 산업에 뛰어들어 큰 성공을 거두었다. 우리나라 최경주 선수도 2007년 나이키가 만든 네모난 드라이버를 사용해 화제를 불러일으켰다.

나이키는 한 걸음 더 나아가 첨단 IT제품인 아이팟과 제휴해 나이키 신발을 이용한 고객들의 커뮤니티를 지원하고 있다. 나이키 운동화에 아이팟 센서를 장착하여 달리는 동안 리시버를 통해 아이팟에서 운동속도와 거리, 소요시간, 칼로리 소모량 등의 정보가 음악과 동시에 전달되도록 한 것이다. 이렇게 자신의 정보를 나이키 커뮤니티에 올려 다른 사람들과 의견을 교환하고 조언도 받는 등 나이키를 중심으로 하는 고객 문화를 발전시키고 있다.

스포츠 마케팅

나이키처럼 스포츠 스타를 광고 모델로 활용하거나, 올림픽이나 월드컵 같은 세계적인 스포츠 행사를 후원하는 방식으로 회사의 제품이나 서비스를 스포츠와 연계해 홍보하는 스포츠 마케팅은 마케팅의 핵심으로 떠올랐다. 삼성전자의 애니콜 휴대폰이 세계적인 브랜드로 떠오른 것도 올림픽 후원을 통한 스포츠 마케팅의 힘이 컸다. 이처럼 스포츠 마케팅이 인기가 높은 까닭에 세계적인 스포츠 행사의 후원금이 천문학적 액수로 치솟고 있는 실정이기 때문이다.

스포츠 마케팅이 소비자들에게 인기 있는 것은 스포츠가 소비자의 감성과 연결되었기 때문이다. 자신이 후원하는 팀이나 국가를 열렬히 응원하는 과정에서 선수들이 입고 있는 유니폼이나 운동화 등이 심리적으로 강한 인상을 주고, 그 기업에 대한 호감이 생겨 제품이나 서비스의 판매가 느는 것이다. 예를 들어 비자카드는 올림픽 스폰서가 된 뒤 프리미엄 카드 시장에서 당시 1위를 지켜온 아메리칸 익스프레스를 제칠 수 있었다. 비자카드는 올림픽 파트너가 된 후 3년 동안 전 세계 매출이 예상치 12퍼센트를 훨씬 초과한 18퍼센트로 성장했다. 또한, 1987년 올림픽 마케팅 직전에는 아시아 지역에서 3위를 차지했으나 3년 만에 1위로 올라섰다.

미국의 다큐멘터리 전문 채널인 디스커버리는 2004년에 프랑스의 랜스 암스트롱에게 3년 동안 3천만 달러를 후원하는 계약을 체결했다. 사이클 선수 랜스 암스트롱은 생존율이 50퍼센트인 고환암 판정을 받고도 삶에 대한 의지와 투병 끝에 극적으로 암을 극복한 것으로 유명하다. 그는 지옥의 레이스라는 프랑스 사이클 대회 '투르 드

프랑스'에서 사상 최초로 7년 연속 우승한 현대 스포츠의 영웅이다.

2008년 2월 3일 미국에서 벌어진 제42회 미 프로 풋볼의 챔피언 결정전인 슈퍼볼의 텔레비전 중계 방송은 전 세계 232개국에서 1억 명 이상이 시청했다. 이날 방송 시간에 현대자동차는 미국 시장을 겨냥한 럭셔리 세단인 '제네시스'의 광고를 선보였다. 이날 TV 광고를 실시한 자동차 회사는 도요타, GM, 폭스바겐, 현대차 등 4개 회사로, 현대자동차가 세계적인 자동차 회사와 어깨를 나란히 하고 있다는 점을 슈퍼볼을 통해 각인시킨 셈이다.

스포츠 구단의 스포츠를 이용한 경영 역시 눈여겨볼 점이 있다. 맨체스터 유나이티드는 박지성 선수가 활약하고 있는 세계 최고의 명문 축구구단이다. 2003년 맨체스터 유나이티드는 데이비드 베컴을 스페인의 마드리드 구단으로 팔아넘겨 이적료 650억 원을 챙긴 것으로 화제가 되었다. 스포츠 구단이면서 10년 동안 한 해도 거르지 않고 흑자를 내는 경영으로 유명하다. 미국 경제 전문지 포브스의 추산에 따르면 구단 가치가 세계 최고인 1조 3천억 원 규모이다. 맨체스터 유나이티드 구단 경영의 핵심은 '최고의 인재를 키워 비싸게 판다'이다. 예를 들어 악동 웨인 루니를 2004년에 554억 원이라는 거액을 주고 데려왔는데, 현재는 값을 매길 수 없을 정도로 상한가 행진을 하고 있다. 최근 AFP통신이 10세 이하 영국 어린이를 대상으로 한 설문조사에서 루니는 예수를 제치고 '세계에서 가장 유명한 사람' 1위에 올랐을 정도다.

최근에는 아시아 시장을 겨냥해 활발하게 움직이고 있다. 2002

년 아시아 중산층을 겨냥한 나이키와 향후 13년간 6천억 원의 스폰
서 계약을 체결했고, 다국적 보험사인 AIG와 994억 원에 유니폼 스
폰서 계약을 맺었다. 또한 아시아 스타를 영입해 시장을 확대하는 전
략도 쓰고 있다. 중국의 둥팡저우와 한국의 박지성이 그 예에 해당한
다. 2007년에 일본을 거쳐 한국, 중국을 방문해 초청 경기를 열었는
데, 이는 비즈니스를 위한 것이다.

문화 마케팅

많은 기업들이 영화나 텔레비전에 자기 회사 제품이 나오도록 하
는 PPL(Product Placement) 기법 등을 이용하는 문화 마케팅을 하고 있
다. LG전자는 각종 비보이 행사에 5년간 100억 원을 지원했다. LG휴
대폰 '싸이언'에 비보이의 역동성과 진취성을 엮는 문화 마케팅을 하
는 것이다. 2008년에 개봉된 영화 〈우리 생애 최고의 순간〉에서는 여
주인공이 이마트 매장에서 일하는 장면이 나오는데, PPL을 이용한 것
을 알 수 있다. 또 영화 〈아이엠 샘〉에서는 주인공이 스타벅스의 직원
으로 연기하며, 스타벅스는 이 영화의 제작비를 지원하는 PPL을 한 것
이다. 화장품 회사인 아모레 퍼시픽은 황신혜, 이영애 등이 무명일 때
이들을 통해 새 브랜드의 참신한 이미지를 광고했다. 광고 출연 이후
이영애는 광고 카피였던 '산소 같은 여자'의 이미지로 승승장구했다.
이처럼 기업의 이미지나 감성, 콘텐츠 등을 자기 회사의 제품이
나 서비스에 연결시키는 문화 마케팅은 매우 다양한 방식으로 시도할
수 있다. 고객의 감성을 사로잡기 위해 음악, 색깔, 뮤직비디오 등을
이용할 수 있고, 고객에게 특별한 문화 강좌를 제공하는 방식, 매장

건물이나 인테리어 디자인을 통한 스페이스 마케팅 등 여러 가지 방식으로 마케팅할 수 있다. 뮤직 마케팅을 예로 들면, 캐주얼 의류 매장에서는 10대와 20대 초반을 겨냥해 중간 이상 빠른 템포의 가요를 선곡해야 하며, 마트에서는 세일 기안에 템포가 빠른 댄스곡을 골라야 물건이 잘 팔린다고 한다. 뮤직 마케팅을 잘하고 있는 애니콜은 2005년 이효리를 등장시킨 뮤직비디오를 선보여 크게 성공했다.

롯데백화점은 VIP고객을 대상으로 의대 교수를 초빙해 매주 한 차례씩 건강 강좌를 제공하고 있다. 고객들은 강의를 들은 뒤 의사에게 더 많은 것을 묻고 싶어 하는데, 이때 병원을 홍보할 수 있기 때문에 병원과 백화점이 서로 윈윈할 수도 있다.

고객에게 꿈을 파는 '드림 마케팅'으로 유명한 페라리의 방식을 살펴보자. 페라리는 아름다운 미녀같이 날씬한 디자인으로 유명하며 성공과 섹시의 상징인 자동차다. 이탈리아가 정한 3가지 국가 브랜드가 축구, 와인, 페라리인 것을 통해 페라리의 지위를 알 수 있다. 이러한 페라리는 고객에게 3가지 즐거움, 또는 꿈을 선사한다. 첫 번째는 기다림의 즐거움이다. 페라리는 연간 4천 대밖에 안 만드는데 이는 모든 것을 기계 대신 수작업으로 하고 주문 생산을 하기 때문이다. 주문을 하고 1년 6개월이 지나야 차를 받을 수 있다니, 고객 입장에서는 오래 성숙된 와인을 기다리는 즐거움을 맛볼 수 있는 것이다. 두 번째는 고르는 즐거움으로, 고객이 여러 가지 옵션 중에서 자신의 취향대로 고르도록 하여 자기만의 자동차를 갖는 즐거움을 제공한다. 세 번째는 길들이는 즐거움으로, 고객에게 페라리 운전법에 대한 특별 교육을 시켜 길들이는 즐거움을 심어주는 것이다.

문화 마케팅이 성공하기 위해서는 제품과 서비스, 그리고 문화가 효과적으로 연결되어야 한다. 고객이 음악을 통해 재미와 감동을 느끼면서 자연스럽게 제품의 이미지가 떠오를 수 있도록 해야 하는 것이다. 동시에 문화 행사 등의 스폰서를 맡거나 PPL 방식을 사용하고, 기업 구성원들에게 다양한 문화 프로그램을 제공해 문화 기업의 이미지를 갖추는 노력이 필요하다.

스페이스 마케팅

길을 걷다 독특한 건물이나 아름다운 매장을 보면 자연스레 눈길이 향하게 된다. 스페이스 마케팅은 매장 건물이나 매장 내부의 인테리어 디자인을 독특하게 함으로써 제품이나 서비스의 브랜드 가치를 높이는 마케팅 방식이다. 예를 들어 서울 강남구 청담동에 위치한 루이비통 매장은 루이비통의 가방 이미지를 세련되게 끌어내어 화제가 되고 있다. 세계 각국에 있는 루이비통 매장은 스테인리스와 유리, 라임스톤과 구리를 주재료로 디자인해 고급 가방을 주요 생산 품목으로 하는 브랜드 이미지를 은유적으로 표현하고 있다.

맥도날드 매장은 멀리서 보아도 누구나 맥도날드임을 알 수 있는 시각적 코드를 쓰고 있다. 요즈음 맥도날드는 반세계화 운동의 주요 타깃이 되면서 브랜드 이미지에 상처를 받기 시작했다. 패스트푸드에 대해 싸고 형편없는 '정크푸드'라는 이미지가 형성되었기 때문이다. 이를 해결하기 위해 맥도날드는 현대적이고 과감한 디자인을 도입해 매장을 꾸미고, 고급스러운 재료를 사용해 이전의 패스트푸드 매장과는 완전히 다른 고급스러운 레스토랑의 이미지를 형성하기 시작했다. 이러한 외적 변화와 함께 메뉴의 변화도 시도되고 있다. 최근에는 스타벅스와 경쟁할 수 있는 고급 커피숍을 운영하려 하고 있다.

스페이스 마케팅의 성공은 한마디로 마케팅 공간을 어떻게 꾸미느냐에 달려 있다. 예를 들어 남자와 여자의 디자인에 대한 호감도가 서로 다르다는 것을 염두에 두어야 한다. 남성은 편한 쇼핑을 원하는 반면에 여성은 고급스러운 쇼핑을 원한다. 여성을 위해서는 감성이 넘치는 넓고 화려한 매장을 꾸미는 것을 고려해야 한다. 자사 제품을 구매하는 고객이 상류층인지 중산층인지도 고려해야 한다. 연령별로도 어린이와 청소년, 중장년층은 각각 다른 공간을 선호하며, 문화와 관습 역시 공간을 구성할 때 고려해야 할 사항이다. 재미있는 예로 '판타룬 리테일'이라는 인도 최대의 슈퍼마켓 체인의 매장은 난장판이다. 좁은 통로 사이로 정돈되지 않은 물건이 수북이 쌓여 있고, 진열대에서 넘쳐난 밀과 콩은 발길에 차이고, 채소 코너에는 까맣게 썩은 양파가 드문드문 눈에 뜨일 정도다. 우리 눈으로 보면 이런 매장에서 어떻게 쇼핑을 할 수 있을까 싶지만 판타룬 리테일은 도떼기시장 같은 특성을 살려 인도 소매 유통 시장을 장악하고 있다. 이 매장은 운전사, 가정부, 요리사 등 인도 인구의 55퍼센트에 해당하는 중간계층을 겨냥하고 있다. 그들은 소득 수준이 높지 않기 때문에 괜히 기가 죽는 으리으리한 매장보다 재래시장 분위기의 가게를 더 선호한다. 그 사실을 알아낸 판타룬 리테일은 매장 분위기를 바꾸어 대박을 터뜨린 것이다.

1퍼센트 마케팅과 롱테일 마케팅

마케팅이나 경영에서는 '80/20의 법칙'을 많이 활용하고 있다. 자기 회사 제품의 20퍼센트가 매출의 80퍼센트를 올리고 있거나, 상위 20퍼센트 고객의 매출이 전체 매출의 80퍼센트 차지한다면 80/20의 법칙대로 되고 있는 것이다. 원래 '80/20의 법칙'은 19세기 이탈리아 경제학자 파레토가 영국의 부와 소득의 유형을 연구해 '전 인구의 20퍼센트가 전체 부의 80퍼센트를 차지하고 있다'는 사실을 발견하면서 알려졌기에, 파레토 법칙이라고 부르기도 한다. 80/20의 법칙은 기업 현장에서 활발하게 활용되는 마케팅 기법이다.

최근에는 1퍼센트의 초우량고객, 즉 MVG(Most Valuable Guests)에 집중하는 '1퍼센트 마케팅' 전략을 사용하는 기업도 있다. 2007년, 롯데백화점은 롯데 멤버스 카드 회원을 대상으로 매출 비중을 조사했더니 상위 20퍼센트는 전체 매출의 73퍼센트, 상위 1퍼센트는 매출의 17퍼센트를 차지한다는 결과가 나왔다. 특히 서울 본점은 상위 1퍼센트 고객이 매출의 23퍼센트를 차지한다는 것이다. 그래서 롯데백화점은 초우량고객을 겨냥한 마케팅에 중점을 두고 있다.

그런데 매장에서 인기 있는 상품이나 브랜드는 매장 공간이 한정되어 있기 때문에 선택해서 진열할 수밖에 없다. 이에 반해 인터넷 상에서는 거의 무한대에 가깝게 제품이나 브랜드 목록을 제공할 수 있다. 이런 인터넷의 특성을 살려 수많은 제품이나 서비스를 인터넷의 공간에 진열해 고객이 원하는 제품이나 서비스를 구매하도록 하는 마케팅 방식을 롱테일 마케팅이라 한다. 상위 20퍼센트의 히트 상품에 집중하는 것을 쇼트 헤드short head라 하고, 하위 80퍼센트에 해당하는 다품종을 취급하는 것을 롱테일long tail이라고 부른 데서 '롱테일 마케팅' 이라는 개념이 나왔다. 인터넷에서 팔리는 제품과 서비스는 인기 품목에 비해 적을 수도 있지만 이것들이 모이면 상당한 비즈니스가 되는 것이다. 이러한 마케팅 방식은 현재 소수의 회사들만 이용하고 있지만, 앞으로 온라인 공간과 실제 매장을 연결한 마케팅 방식이 발전할 것으로 보인다.

브랜드와 디자인으로 승부하라

브랜드 경영

똑같은 품질의 티셔츠인데도 이름 없는 티셔츠와 폴로나 빈폴 같은 브랜드가 붙어 있는 티셔츠는 가격 차이가 크다. 또한 그것을 입고 있는 사람의 마음도 크게 다르다. 명품을 입고 있다는 자부심 때문에 명품을 사는 것이 소비자의 마음이다. 소비자들은 명품이나 브랜드 가치가 높은 상품을 좋아하기 때문에, 기업은 디자인과 광고에 신경 쓰고 있다.

삼성이 올림픽 마케팅으로 브랜드 가치를 올린 예를 살펴보자. 삼성의 브랜드 가치는 1999년 31억 달러로 세계 100위권에 머물렀는데, 2003년의 브랜드 가치는 108억 달러로 세계 25위를 차지했다. 불과 4년 만에 세계 어느 기업보다 빠르게 브랜드 가치가 향상된 것이다. 애니콜을 비롯한 삼성 제품이 세계 시장에 잘 알려진 계기는 이건희 회장이 브랜드를 키워야 세계 시장에서 살아남는다는 브랜드 전략을 추진하면서부터다. IOC 위원으로서 올림픽을 무대로 세계의 유명 기업들이 자신들의 브랜드를 높이기 위해 경쟁하는 것을 생생히 체험한 이회장이 C$^+$ 수준의 삼성 이미지를 A$^-$ 수준까지 끌어올리는 방안을 강구하라고 지시했다.

앵글로색슨 족이 달군 인두로 가죽에 낙인을 하는 것에서 유래했다는 브랜드의 의미처럼 전 세계에 삼성이란 이름을 아로새기자는 것이 바로 이때 등장한 올림픽 마케팅 전략이었다.

『이건희 개혁 10년』 중에서

이에 따라 삼성 휴대폰 애니콜은 올림픽 스폰서로 나서게 되었다. 이는 '삼성은 중저가 가전회사'라는 이미지에서 벗어나 첨단 무선통신회사라는 이미지를 새롭게 심어주기 위한 전략이었다. 그 결과, 1998년 나가노 동계올림픽부터 삼성이 스폰서로 참여하기 시작했다. 후원은 물론, 올림픽 무선기술을 모두 책임져야 하는 막중한 임무가 주어졌기 때문에 그룹 차원의 마케팅 역량뿐 아니라 R&D 등 기술 드라이브가 애니콜에 집중되었다. 1998년 2.7퍼센트의 점유율로 세계 9위에 머물던 애니콜은 2003년 세계 3위까지 치솟았고, 2007년에는 2위 모토로라를 제치고 1위 노키아 다음의 위치까지 올라선 것이다. '애니콜 신화의 8할은 올림픽 마케팅'이라는 말이 나올 정도로 올림픽을 이용해 브랜드 가치를 높인 것이다.

　　2007년 7월 21일, 미국 LA 축구장은 관객들로 초만원을 이루었다. 미국에서는 축구가 찬밥 신세인데 이날만큼은 달랐다. 2만 7천 장의 입장권은 이미 오래 전에 동이 났고 잔디밭에 앉는 피크닉석 입장권 2천 장을 추가로 판매했지만 이마저 모두 팔렸다. 캘리포니아 주는 물론 캐나다 토론토에서 이 경기를 관람하러 온 사람들도 있었다. 이유는 미국 LA갤럭시에 입단한 영국의 축구 스타 데이비드 베컴이 이날 처음 미국 무대에 데뷔할 것이라는 기대감 때문이었다. 발목 부상으로 몸이 정상이 아닌 베컴은 벤치에 머물렀지만 전광판이 베컴을 비출 때마다 관중들은 '베컴, 베컴'을 연호하며 열광했다. 후반전 경기 종료 12분 전 베컴이 경기에 나서자 관중들은 열광했고, 이 경기는 미국 전역에 중계되었다. 이날 경기의 주인공은 베컴이었지만, 이 경기에서는 '속으로 웃는 기업' 삼성전자가 있었다.

　　이날 경기는 삼성전자가 후원하는 '월드 시리즈 오브 풋볼 2007 대회'였기 때문이다. 경기장은 후원사인 삼성전자의 로고 천지였다. 게다가 LA갤럭시의 상대팀은 영국 프리미어리그 첼시인데, 그 역시 삼성전자가 후원하는 팀이다. 이 때문에 첼시 선수들의 유니폼에는 '삼성 모바일'이라는 문구가 크게 적혀 있었다. 삼성전자가 이날 경기를 후원한 이유는 미국 내 최대 소수민족인 히스패닉계를 겨냥한 마케팅 전략 때문이다. 히스패닉계는 미국 전체 인구의 14퍼센트인 4,900만 명에 이른다. 이들의 구매력은 한국 국내 총생산보다 크며, 히스패닉계는 축구를 좋아한다. 이 경기의 후원으로 삼성의 브랜드 인지도는 매우 높아졌다.

이처럼 세계적인 기업들은 브랜드 가치를 높이기 위해 스포츠 마케팅을 이용하거나 고객의 감성을 자극하고, 디자인의 차별화를 꾀하고 있다. 우리가 잘 아는 명품 '루이비통'은 150년 이상 된 회사로서 부동의 1위를 지키고 있다. 이 회사는 자신의 브랜드를 지키기 위해 팔다 남은 물품에 대해 할인을 하지 않고 전량 폐기 처분하며, 기술자들의 철저한 품질관리를 통해 명품 브랜드를 지키는 것으로 유명하다. 또한 어떤 스타일에 대해 한정된 수량만 만들어 고객들을 애타게 하고, 고객이 원하는 개별적인 주문special order대로 제품을 만드는 방식으로 브랜드 이미지를 지키고 있다.

그럼, 브랜드 가치를 높이기 위해서는 어떻게 해야 할까? 우선 고객이 브랜드를 사랑하도록 만들어야 한다. 즉 고객이 제품을 신뢰하도록 해야 한다는 것이다. 케빈 로버츠의 『브랜드의 미래』와 후속작인 『러브마크 이펙트』는 세계의 유명 브랜드가 어떤 방식으로 성공했는지 그 사례를 보여주고 있다. 우선 이 책의 제목인 러브마크에 대해 간단히 알아보자. 러브마크는 단순한 브랜드를 뛰어넘어 소비자에게 신비감, 친밀감 같은 사랑의 마음을 품게 하는 것이다. 예를 들어 '할리데이빗슨' 오토바이를 타는 사람들은 단순한 브랜드 추종자가 아니라 할리데이빗슨 오토바이라는 '러브마크'를 가슴에 품고 있다. 케빈 로버츠는 러브마크를 창조하는 과정을 다음과 같이 설명한다.

먼저 존경받을 수 있는 기반을 쌓은 뒤 브랜드에 신바람, 감각, 친밀감을 부여하고 러브마크 커뮤니티를 만들어라. 이러한 전체 과정은 브랜드의 주인은 소비자라는 확신이 있어야 한다. 권한을 소비자에게 넘겨줌으로써 소비자와 강한 감성적 유대를 형성할 수 있다.

마지막으로, 고객이 원한다면 브랜드의 이미지도 바뀌어야 한다. 펩시콜라는 코카콜라와 차별화하기 위해 푸른색을 쓰고 있다. 그러나 중국인들이 빨간색을 너무 좋아하기 때문에 올림픽이 열리는 2008년에 한시적으로 코카콜라처럼 빨간색의 펩시 브랜드를 붙여서 팔고 있는데, 큰 인기를 끌고 있다고 한다. 이처럼 브랜드 이미지를 현지화하여 고객의 감성을 끌어낼 수 있어야 한다.

디자인 경영

유명 디자이너가 디자인한 제품, 즉 디자이너 브랜드도 제품이나 서비스의 경쟁력을 높이는 중요한 요소가 되고 있다. 스포츠 용품 업체 푸마 역시 유명 디자이너를 고용해 재기한 것으로 유명하다. 독일의 유명한 디자이너 질 샌더와 제휴해 스니커즈 시리즈를 내놓으면서, '패션을 입은 스포츠'라는 명성을 얻으면서 젊은 층에게 매력적인 브랜드로 인식되고 있다.

21세기에 들어서면서 소비자들은 대량 생산된 제품이나 획일화된 서비스에서 탈피해 독특한 제품이나 서비스를 좋아하게 되었다. 이러한 소비자들의 욕구를 충족시켜주는 역할을 디자인이 맡기 때문에, 디자인은 제품의 기능보다 더 중요하게 여겨지고 있는 것이다. 애플의 아이팟은 다른 무엇보다 디자인을 최우선으로 하여 만든 것으로 유명하다. 영국 출신의 수석디자이너 조나단 아이브의 예술성을 강조한 유럽식 디자인은 심플한 것이 특징이다. 삼성전자 역시 재스퍼 모리슨이라는 영국 디자이너를 영입했다. 그는 'super normal'이라는 디자인 철학을 갖고 있는데, 거추장스러운 장식을 없앤 절제의 미학을 강조하며, 사용자가 쉽고 편하게 사용하도록 배려하는 디자인을 하는 것으로 유명하다. 그는 이미 양문형 냉장고를 디자인해 호평을 받았으며, 재스퍼 모리스폰을 출시해 앞으로 삼성 제품의 디자인이 한층 업그레이드 될 것으로 기대되고 있다.

과거에는 디자인이 제품의 기능에 밀렸지만 이제는 제품의 이미지를 창출하고 소비자를 유혹하는 역할을 맡게 된 것이다. 이탈리아의 산업디자이너 스테파노 조반노니는 '디자인은 시대를 담는 그릇이므로 디자이너는 늘 새로운 콘셉트와 아이디어로 무장해야 한다'고 강조한다. 특히 시대 상황에 따라 디자인 콘셉트가 바뀌는 것을 고려해야 한다는 것이다. 최근 레인콤은 '엠플레이어'라는 MP3플레이어를 만들었다. 이 제품은 재생 기능만 제공하지만 미키마우스처럼 두 귀가 달려 있어서 여성들에게 큰 인기를 끌고 있다.

필자는 10여 년 전에 유럽을 방문했을 때 빨간색 페라리가 길에 세워져 있는 것을 보았다. 큰 부자가 아니면 감히 엄두도 못낼 만큼 비싼 차기 때문에 나랑은 상관없는 것으로 여겨 무심히 지나치려 했다. 그런데 그 빨간색 차를 보는 나는 속으로 '참 아름답다' 하는 마음이 생겨났다. 필자같이 색이나 디자인에 무감각한 사람의 마음까지 움직일 정도니……. 디자인의 힘이 대단하다는 걸 강조하기 위해 옛 기억을 되살려보았다.

기왕 페라리의 빨간색 이야기가 나왔으니 그 이유를 알아보자. 이탈리아의 야노는 알파로메오라는 스포츠카를 만들었다. 원래 그 차는 흰색이었는데, 여자 친구가 마음에 안 들어 하자 그 시절 이탈리아 처녀들 사이에 빨간색 스카프가 유행한 것에 착안해 빨간색 스포츠카가 탄생되었다. 이후 이탈리아 스포츠카는 빨간색이 전통이 되고 페라리 역시 빨간색을 쓰게 된 것이다.

최근 디자인의 트렌드는 아이팟과 같이 촉감을 살리는 기술과 친환경 스타일, 그리고 예술적 가치를 중시하는 것이라고 한다. 일본 교토공과대 후쿠다 다미오 교수는 21세기의 디자인은 '3R', 즉 적게 쓰고Reduce, 재활용하며Recycle, 다시 쓰는Reuse 환경 디자인이 되어야 한다고 강조한다. 그리고 디자인이 국가 경쟁력이 될 것이라고 역설한다.

스칸디나비아 3국에는 디자인이 강한 회사, 예를 들어 뱅앤올룹슨, 이케아, 노키아, 볼보 같은 기업이 있다. 스칸디나비아의 디자인 회사들은 어린이용 성장 호르몬 주사를 장난감처럼 만들어 주사바늘에 대한 공포심을 없애는 사람 중심 디자인으로 유명하다. 그들의 디자인은 자연주의나 인간 중심의 콘셉트를 담아내고 있다.

요즘은 제품이나 서비스뿐 아니라 매장 자체의 디자인이나 분위기도 손님의 취향에 맞추고 있다. 그 예를 알아보기 위해, 스타벅스가 한국에서 성공한 이유를 분석한 글을 소개한다.

시기적으로는 미국에서 1980년대 초반부터 등장했던 여피 yuppie문화와도 맞물린다. 여피는 젊은 전문직 고소득층의 소비를 중심으로 하는 문화를 지칭하는 말이기도 하다. 이들과 거의 유사한 시점에 등장한 스타벅스는 바쁜 시간을 쪼개 일하는 사람들에게 맥도날드 패스트푸드처럼 테이크아웃take-out 커피를 판매했다. 도시의 바쁜 일상 속에서 이들이 들고 다니는 스타벅스 컵의 로고는 마치 신분을 나타내는 증명서처럼 각인되었다. 바로 행위의 유형을 만들어낸 것이다. 그리고 유럽과는 전혀 다른 커피 문화, 즉 커다란 머그잔에 담아주는 아메리칸 스타일의 연하고 묽은 커피의 이미지를 떳떳하게 드러냄과 동시에 유러피언 스타일의 진한 에스프레소를 판매함으로써, 스타벅스를 방문하는 고객들에게 '진정한 커피의 맛을 아는 당신'이라는 잠재의식을 전달해주었다. 스타벅스는 이미지가 가지고 있는 수많은 심리적 요인을 활용하면서 고객을 맞이하는 것이다.

그리고 가장 중요한 것은 스타벅스의 매장 구성과 인테리어 요소인데, 이는 성공의 큰 열쇠기도 하다. 진짜 좋은 커피를 판매한다는 이미지와 수익 공간을 동시에 해결하는 입구에는 스타벅스 로고가 새겨진 다양한 상품들, 이를테면 머그잔이나 보온병 등 원두커피 관련 상품들이 배치되어 있다. 입구에 위치해 있어서 자칫 산만해 보일 수 있는 관련 상품들은 오히려 고객에게 좋은 커피를 판매한다는 이미지를 전달했다.

내부 인테리어 역시 매우 중요한 부분이다. 맥도날드나 KFC가 백색 바탕의 구내식당 같은 분위기인 데 반해, 은은한 난색暖色 계열의 조명으로 매장을 깊이 있고 고급스럽게 연출한다. 커피 재배를 상징하는 녹색과 커피 로스팅roasting을 상징하는 갈색, 추출의 청색과 향을 상징하는 노란색, 흰색을 기본으로 매장을 디자인하고 있다. 전체적으로 부드러운 곡선을 사용하며, 고급스러운 회화나 그래픽 및 패턴 등을 적용한다.

스타벅스는 특별한 광고를 하지 않으면서도 스타벅스라는 이미지가 주는 고급스러움이나 엘리트적이고 국제적인 느낌을 방문자들이 공유하게 만든다. 즉 스타벅스를 이용하는 소비자는 한 잔의 커피를 사는 것이 아니라, 스타벅스가 주는 이미지와 상징 속으로 들어가는 것이다.

—『스페이스 마케팅』, 홍성욱

삼성, 현대, LG 같은 국내 대기업은 10여 년 전부터 디자인의 중요성을 인식했지만 대다수의 중소기업은 이제야 겨우 그 중요성을 알기 시작했다. 기업은 디자인의 진정한 가치를 깨달아 이를 활용할 수 있어야 한다.

이기는 경영과 블루오션

전쟁과 전략

한 나라와 다른 나라가 국가의 운명을 놓고 벌이는 전쟁. 실제 전쟁은 아주 끔찍한 일이겠지만 영화, 게임, 또는 소설로 전쟁을 볼 때는 매우 흥미진진하다. 소설 『삼국지』, 영화 〈반지의 제왕〉, 그리고 스타크래프트 같은 게임은 전쟁이 소재인데, 어떤 전략을 사용해서 어떻게 이기는가를 다루고 있어 호기심을 불러일으킨다.

『삼국지』에서 조조의 20만 대군과 제갈공명이 이끄는 유비와 손권의 5만 군사가 맞붙는 '적벽대전'은 매우 통쾌한 전쟁을 보여준다. 병력은 열세였지만 주유와 제갈공명이 힘을 합해 그 유명한 화공법으로 조조의 대군을 물리치는 과정은 흥미진진하다. 방통이 조조 군대의 배를 묶도록 계책을 쓰고, 제갈공명은 하늘에 빌어 동남풍을 불게

한 후 안개 낀 밤에 조조의 군대가 쏜 화살 10만 개를 얻어오는 등 신출귀몰한 작전이 벌어진다. 조조 군대의 배들은 쇠사슬로 묶인 상태에서 불이 붙자 잿더미로 변하고, 조조가 죽을 고생을 하며 탈출하는 것으로 적벽대전은 막을 내린다.

〈불멸의 이순신〉에서 이순신 장군이 일본 수군을 물리치는 장면도 통쾌하다. 세계 최초로 철갑선인 거북선을 만들어 용머리에서 불을 뿜으며 선두에 나서는 모습은 멋지다. 더욱이 선박 수에서 왜군과 비교할 수 없을 만큼 적은 배를 가지고도 학익진으로 왜군의 선박을 가운데로 몰아넣고 적에 비해 사정거리가 긴 화포를 쏘아 적을 물리친 한산대첩은, 그 누구도 생각하지 못한 절묘한 전략이다.

일본의 전국시대를 마감하고 처음으로 일본을 통일한 오다 노부나가 역시 전쟁 이야기에서 빼놓을 수 없는 인물이다. 일본을 통일하기 전에 그는 다케다 신겐이라는 영주와 전쟁을 벌였다. 신겐의 군사는 기마병이 적을 유린하고 혼란에 빠뜨린 뒤 보병이 그 뒤를 이어 승리를 거두는 전법으로 유명했다. 오다 노부나가는 자신의 군대가 신겐의 기마병과 맞붙으면 승산이 없다는 것 알고, 그 당시 일본에 장사하러 왔던 네덜란드 상인에게 조총을 구입했다. 그리고 조총을 든 병사들 앞에 큰 말뚝을 박아 말들이 접근하지 못하게 하고, 기마대가 주춤거릴 때 조총으로 기마대를 무찔렀다. 또한 그 당시 조총은 한 번 쏘고 나면 다시 화약을 넣고 장전하는 데 시간이 걸리므로 1선에서 쏜 병사는 뒤로 가고 2선의 병사가 연이어 조총을 쏘는 방식으로 대승을 거둔 후, 일본 열도의 최강자로 나서며 이후 통일을 이룬다.

이처럼 적을 이기려면 적의 강점과 약점을 알아내고, 승리를 위한 전략을 발휘해야 한다. 오늘날 기업을 경영하는 것은 승리를 얻기 위해 전쟁을 하는 것과 비슷한 면이 많다. 따라서 전략이 경영의 핵심으로 떠오르고 있다.

경영 전략의 선택

다른 기업에 비해 경쟁력을 갖고 넓은 대양으로 나아가려면 전략을 잘 수행해야 한다. 만일 현재의 사업이 앞으로 경쟁력이 없다고 판단되면 그 사업을 버리고 새로운 사업으로 바꾸는 전략을 써야 하는 것이다. 세계 제1위의 휴대폰 업체인 핀란드의 노키아는 원래 제지업을 했는데, 휴대폰 제조업으로 전환해 성공했다.

휴대폰을 주력 사업으로 전환하기 전에 노키아는 펄프, 특수고무 제품, 전선, TV 모니터, 통신 등 여러 사업을 하고 있었는데, 너무 방만한 계열사 때문에 고생했다. 1990년 초 새 회장으로 취임한 올릴라 CEO는 무선통신 부문을 제외한 모든 기업, 즉 제지와 목재, 전선 사업부, TV사업부까지 팔아버리는 대대적인 구조조정을 했다. 기업의 경쟁력을 휴대폰에 집중한 것이다. 현재 노키아는 최고의 품질과 낮은 원가라는 경쟁력으로 세계 1위의 휴대폰 업체로 우뚝 서 있다. 최근에는 3만 원짜리 휴대폰으로 인도 휴대폰 시장의 80퍼센트를 휩쓸어, 현지화에도 강한 면을 보이고 있다.

이처럼 경영 전략은 노키아처럼 기업의 방향 자체를 완전히 바꾸는 식으로 펼쳐질 수도 있고, 기업 내의 큰 사업 단위를 새로 만들거나 없애는 방식으로 펼쳐질 수도 있다. GE의 경우 잭 웰치 회장이 취임한 후 350여 개의 다양한 사업을 13개의 사업부로 정리했다. 시

장에서 1,2위를 하지 못할 경우 그 사업을 처분하는 전략을 이용해 경
쟁력을 높인 것이다. 즉 잘되는 사업을 선택해 그 사업에 모든 자원을
집중함으로써 경쟁에서 이기도록 하는 '선택과 집중' 전략을 사용한
것이다.

또한, GE는 새로운 사업에 진출하는 전략도 사용했다. 그 예가
'GE 캐피탈' 회사이다. GE 캐피탈은 GE 전체 수익에서 차지하는 비
중이 매우 커졌고, 매우 성공적인 사업 전략으로 인정받게 되었다.
자, 그럼 기업의 다양한 경영 전략들을 우리나라 기업의 예를 들어 살
펴보기로 하자.

삼성전자의 다각화 전략

우리나라의 대표기업을 꼽으라고 하면 삼성전자를 빼놓을 수 없
다. 글로벌 경쟁력도 높고 브랜드 가치도 높은 기업이기 때문이다. 오
늘날의 삼성전자가 세계적인 기업으로 도약할 수 있었던 데는 반도체
사업 진출도 크게 작용했다. 반도체 사업을 하기 전에는 TV나 전자레
인지 등 가전제품을 주로 생산하던 삼성전자는 1974년 말 '한국반도
체'를 인수한 후 반도체 사업에 관심을 갖기 시작한다. 그 당시 삼성
전자를 포함한 삼성그룹 전체의 사업 규모는 매우 작았기 때문에 대
규모 투자를 해야 하는 반도체 사업에 실패할 경우 삼성그룹 전체가
무너질 위험이 있었다. 그러나 이병철 회장은 1983년 2월 반도체 사
업, 그 중에서도 메모리 제품인 DRAM 생산을 위주로 하는 반도체 사
업을 추진하겠다는 어려운 결정을 내렸다. 이후 잘 되는 때도 있었고
큰 손해를 보고 위기를 겪기도 했지만, 1992년부터 일본 업체를 누르

고 메모리 부문에서 세계 1위로 올라서게 되었다. 메모리 용량을 다른 회사보다 최소 6개월 이상 빨리 늘리는 연구 개발을 하면서 메모리 부문의 최강자가 된 것이다. 삼성전자는 지금 메모리 분야에서 기존의 DRAM뿐만 아니라 디지털 카메라 등에 들어가는 Flash 메모리를 생산하고 있으며, 비메모리 분야인 시스템 LSI 사업 부문도 꾸준히 발전시키고 있다.

반도체 사업 못지않게 삼성의 휴대폰 '애니콜' 역시 '애니콜 신화'를 창조한 획기적인 성공 사업 부문이다. 1994년 휴대폰의 브랜드를 애니콜로 정하고 1995년 '한국 지형에 강하다'는 슬로건으로 그 당시 한국 시장을 장악하던 모토로라를 누르고 국내 휴대폰 시장에서 1위에 오른 것이다.

디지털미디어 사업부는 디지털 TV와 PC, 프린터 등의 사업을 하고 있다. TV는 PDP TV 등을 포함해 전체 TV 판매 세계 1위, 미국과 유럽 등 주요 5개국에서 LCD TV 시장 점유율 1위를 차지하는 저력을 보이고 있다. 프린터 분야는 세계 1위 기업인 HP가 압도적인 선두 자리를 지키고 있지만 후발 주자라는 핸디캡을 극복하고 세계 2위 자리에 올라설 정도로 시장 개척과 신제품 개발을 활발히 하고 있다.

마지막으로 냉장고, 세탁기, 전자레인지 등을 생산하는 생활가전 사업부가 프리미엄 시장을 타깃으로 사업을 전개하고 있다. 이 사업부는 삼성전자에서 가장 오래된 사업 부문으로 큰 위험 없이 꾸준히 현금을 창출해내는 사업이다.

삼성전자의 사업 부문을 간략히 살펴보았다. 이처럼 삼성전자가 사업을 재편한 것은, 1997년 IMF사태 이후 생존 차원의 혹독한 구조조정을 거치면서 이루어진 것이다. 자산 매각과 인원 감축이라는 제 살을 도려내는 아픔을 견디면서 비주력 사업을 퇴출시키고 반도체와 휴대폰 등 전망이 밝은 사업을 육성하기 위한 사업 재편성을 한 것이다. 이러한 구조조정은 초기에는 직원의 반발도 샀지만 1993년 이건희 회장의 '신경영' 이념, 즉 '마누라만 빼고 모두 바꿔라'는 혁신 문화에 힘입어 큰 어려움 없이 진행되었다. 참고로 이건희 회장은 1987년부터 삼성의 경영을 맡은 후 1993년에 '신경영'이념을 발표하고, 2000년 '글로벌 경영', 2006년 '창조경영' 등의 경영 이념을 그룹에 퍼트리며 혁신을 해오고 있다. 이러한 노력에 힘입어 오늘날 삼성을 세계적 그룹으로 성장시킨 것이다.

삼성전자는 사업을 네 가지 성격으로 분류해 기존 사업과 새로운 사업이 조화를 이루도록 다각화 전략을 펼치고 있다.

첫째, '씨앗' 사업으로 5~10년 후 성장의 결실을 맺을 수 있는 차세대 사업이다. 씨앗 사업을 찾아 기술, 돈, 사람을 투자하고 기초를 다지는 사업이다. 둘째, '묘목' 사업으로 지금 당장 큰 이익을 얻지 못하지만 앞으로 과수가 될 수 있는 사업이다. 기술 개발과 마케팅을 강화해 시장을 먼저 장악해야 하는 사업이다. 셋째, '과수' 사업으로 현재 회사 성장을 이끌고 있는 사업으로 기존의 강점을 강화해 일류로 만들어야 하는 사업이다. 넷째, '고목' 사업으로 과실을 기대하기 어렵고 정리해야 할 사업이다.

이렇게 사업을 분류한 뒤 각각의 사업을 앞에서 설명한 5개의 총괄사업 부문으로 관리하는데, 각 사업부에는 'GBM'(Global Business Management)이라는 제도를 수립했다. GBM 수립 전에는 사업부제를 채택해 제품 위주의 운영으로 인해 판매, 관리, 영업에서 문제가 생겼다. 그러나 GBM을 수립한 이후에는 예산과 인력 등 경영자원을 자유롭게 사용하는 대신 책임을 지도록 해 성공하고 있다.

삼성전자의 다각화 전략은 보스턴 컨설팅 그룹BCG이 만든 포트폴리오 관리 기법과 매우 비슷한 면이 있다. BCG 포트폴리오 전략은 시장성장률과 상대적 시장점유율이라는 두 가지 축을 기준으로 하여 4가지 사업으로 분류 관리하는 방식이다. 첫째, 시장점유율이 낮고 시장성장률도 낮은 사업을 '개dog'로 표현하고 빨리 퇴출시킨다. 둘째, 시장점유율은 높지만 시장성장률은 낮은 사업을 '자금 젖소cash cow'라고 하며 여기서 많은 현금을 뽑아낸다. 셋째, 시장점유율은 낮고 시장성장률이 높은 '물음표(?)' 사업에 투자해야 한다. 넷째, 시장점유율도 높고 시장성장률도 높은 '별star' 사업을 많이 육성한다. 최근 삼성전자는 새로운 성장 동력으로 태양전지와 연료전지 등의 에너지 부문, 4세대 이동통신 무선인터넷 서비스인 와이브로, 로봇산업과 게임 산업 등에 기업의 자원을 쏟아 붓고 있는데, 이는 세 번째인 물음표 사업에 투자하는 것이라 할 수 있다.

STX의 수직적 통합을 위한 M&A전략

STX의 강덕수 회장은 쌍용양회에 평사원으로 입사한 후 승진을 거듭해 쌍용중공업 사장을 하던 중, 자신의 아파트를 판 돈 20억 원으로 쌍용중공업을 인수한 뒤 STX라는 새로운 이름의 회사를 만들었다. STX는 2001년에 대동조선을 인수해 현재의 STX조선이 되었고, 2004년에는 범양상선을 인수해 STX팬오션으로 이름을 바꾸었다.

STX조선은 5년 만에 선박 건조량과 매출이 5배로 뛸 만큼 급성장해 현재 세계 5위의 조선회사가 되었다. STX조선이 이처럼 급성장한 밑바탕에는 조선 기자재, 엔진제조, 선박건조, 해상운송으로 이어지는 STX 계열사 간의 시너지 효과, STX조선의 기술력 향상이 있었다. STX조선은 세계 최초로 개발한 육상 건조 공법으로 국내 특허를 딸 만큼 생산성을 높이는 혁신 활동을 한 것이다.

강 회장의 M&A전략은 뛰어난 것으로 알려져 있다. 열병합발전소인 STX에너지는 아무도 거들떠보지 않아 입찰에서 세 번이나 유찰된 회사였지만 강 회장은 이를 인수해 해마다 200억 원 이상의 순이익을 내고 있다. 강 회장은 '남과 다른 길을 가는 곳에 돈이 있다'라는 역발상의 대가이다. 현재 STX그룹은 해운조선 전문그룹으로 자리매김을 하며 크게 3개의 사업 부문을 두고 있다. 해운물류, 조선·기계, 에너지·건설이라는 3개의 사업 부문을 두고 있으며, 각각의 사업을 맡는 회사가 수직계열화를 이루고 있다. 최근에는 태양광 사업 분야의 STX솔라도 설립해 미래 에너지 사업에도 그룹의 힘을 쏟을 계획이다.

STX가 노르웨이의 아커야즈를 인수함으로써 부가가치가 매우 큰 크루즈 선박 시장에 진출하게 된 일은 조선업계의 쾌거다. 배 한 척에 5~10억 달러나 하는 황금알을 낳는 크루즈 선박 사업을 위해 10년 먼저 공을 들였던 삼성중공업보다, 후발업체인 STX조선이 먼저 진출한 것 또한 놀라운 일로 받아들여지고 있다. 이런 그룹의 성장에 매료된 대학생들이 지난 2007년 하반기 신입사원 모집에 무려 2만 6천명이 응시했고 합격자 650명 전원이 2008년 초 10박 11일간 크루즈 선박을 타고 해외연수를 받은 것 역시 화제가 되었다.

　　STX의 인수합병은 서로 관련이 있는 사업영역을 넓히는 수직계열화 전략으로 시너지 효과를 높이고 있다. M&A전략은 새로운 사업영역을 넓힐 때 기존 기업을 인수하기 때문에, 기존 회사가 보유하고 있는 시장과 경험 등을 얻을 수 있으므로 새 회사를 설립해 시장에 진출하는 것보다 여러 가지로 유리한 점이 많다. 이러한 이유로 세계적으로 많은 기업들이 M&A전략을 펼치고 있다. 그러나 M&A를 통한 성공 확률은 50퍼센트도 안 된다. 따라서 M&A를 추진할 때는 기존 사업과의 시너지 효과와 자금 문제 등을 검토해야 한다.

동일 하이빌의 글로벌 전략

　　아파트 브랜드로 유명한 '동일 하이빌'의 고재일 회장은 공인회계사였다. 환갑을 3년 앞두고 남들이 은퇴를 생각할 시점에 낯선 건설업을 시작한 그는 새로운 아이디어로 성공가도를 달리고 있다. 지상에는 테마공원을 만들고 단지마다 피트니스 센터를 설치한 것은 모두 그의 아이디어에서 나온 것이다. '장삿속이 아닌 철학이 담긴 집'을 지어 보인다는 경영 이념을 지닌 그는, 2006년 매일경제의 '살기 좋은 아파트 대상'에서 대통령상을 받는 영예를 얻었다.

　　동일 하이빌은 대기업이 아닌 중견기업이지만 글로벌 전략의 일환으로 2004년 카자흐스탄의 수도인 아스타나에 '한국형 아파트'를 수출하는 새로운 도전을 한다. 부지 6만여 평에 2009년까지 3,000여 가구의 아파트와 오피스텔, 쇼핑몰이 들어서는 이 건설 공사는 1조 원이 넘는 대형 프로젝트로 중견기업인 동일 하이빌로서는 엄청난 모험이 아닐 수 없다. 과거 1970~80년대 한국의 건설업체들은 중동건설 이후 해외공사 경험을 토대로 중국이나 미국 등에서 주택 등의 해외 개발 사업에 많이 진출했다. 그러나 1990년대 말의 외환위기와 현지 실정에 대한 이해 부족으로 사업에 실패하는 경우가 많았다.

동일 하이빌은 실패를 피하기 위해 투자에 앞서 카자흐스탄이라는 나라와 수도인 아스타나에 대한 분석을 철저히 했다. 카자흐스탄은 인도에 필적하는 광대한 영토에 1,600만 인구를 가진 자원부국이다. 석유와 가스를 비롯해 우라늄, 구리 등의 광산자원이 풍부해 2000년대 초부터 세계적인 원자재 가격 상승에 힘입어 비약적인 경제발전을 이루고 있다. 특히 국민소득이 늘자 주택 수요도 늘어 수도인 아스타나 등 대도시를 중심으로 주택 가격이 급등했다.

아스타나는 1998년 카자흐스탄의 새로운 수도가 된 도시이다. 아스타나에서는 신수도 건설정책으로 인구가 급격히 증가하고 주택 수요가 늘기 때문에 성공할 가능성이 있다고 판단했다. 그런데 외국 투자가들은 새 수도의 발전 가능성에 의문을 품고 진출하지 않았다.

하지만 동일 하이빌은 100퍼센트 분양이라는 성공적인 결과를 이루어냈다. 동일 하이빌이 해외 주택 개발에서 성공한 이유는, 현지의 숨은 니즈를 정확히 파악해 현지인들의 호평을 이끌고 한국의 인력 및 자재를 동원한 고품질로 기일 내에 준공했기 때문이다. 카자흐스탄의 성공에 힘입어 동일 하이빌은 베트남과 일본에도 진출해 글로벌 기업으로 도약하고 있다. 이 사실을 통해 우리는 좁은 국내 시장에서 벗어나 전 세계의 시장을 향해 사업을 펼치는 글로벌 경영을 해야 성장하고 발전할 수 있다는 것을 알 수 있다. 그렇지 않을 경우 앞으로 살아남는 것 자체가 힘들게 될지도 모른다.

「한국경제신문」 2008년 1월 17일자에는 "글로벌이어야 하는 이유"라는 제목의 칼럼이 실렸다. 우리가 생각하는 주제와 관련해 새로운 영감을 주는 내용이라 생각해 소개한다.

칼럼의 필자가 국제포럼에서 사업 아이디어를 논의하자는 외국인 두 사람을 만났는데 한 사람은 이미 우리나라 커뮤니티 사이트에서 쉽게 볼 수 있는 서비스인, 포인트 제도와 마일리지 제도를 아이디어로 이야기했다. 다른 사람의 아이디어 역시 국내에서 이미 상용화된 비즈니스와 유사한 것이었기 때문에 그들의 아이디어는 이미 한국에서 상용화된 지 오래여서 사업 가능성이 없어 보인다고 답해주었다. 그러나 그들은 빙긋 웃으며 한국에서만 그들의 아이디어가 상용화되었을 뿐, 전 세계에서는 그렇지 않으므로 세계 표준을 만드는 게 그들 사업의 목표이며 채 2년도 안 걸릴 거라는 이야기를 했다.

이 말을 듣고 칼럼의 필자는 우리의 시야가 국내에만 머물고 있다는 사실을 새삼 깨달았다는 것이다. '왜 판도라 TV라는 동영상 사이트를 세계 최초로 만들어 놓고도 세계시장은 유튜브에 내줄 수밖에 없었는지, 왜 이미 싸이월드, 아이러브스쿨, 네이버 등이 있는데도 세계 1위의 자리는 미국의 후발업체들인 마이스페이스닷컴, 페이스북닷컴, 위키피디아 등에 뺏길 수밖에 없었는지를 이해할 수 있었다'고 심경을 토로한다. 그리고 '글로벌 시대의 승부는 기술이나 자본이나 아이디어가 아니라 바로 포부와 비전에서 나오는 것이다'는 결론을 이야기한다.

덧붙여 중국의 후진타오 주석이 2003년 취임 직후 순방한 나라가 러시아, 카자흐스탄, 몽골 등이었는데 이 나라를 먼저 방문한 이유는 이들 나라가 세계의 자원대국이기 때문이며 이런 노력 덕에 중국이 세계 자원시장에서 큰손이 될 수 있었다는 이야기도 들려준다. 인터넷으로 모든 것이 가능해진 이 시대는 세계를 상대로 비즈니스를 펼칠 기회가 늘어났기 때문에 글로벌 마인드로 무장하고 시야를 세계로 돌려야 한다는 것을 강조하는 좋은 글이다.

기업이 해외시장으로 진출하는 방식은 수출, 프랜차이징이나 기술계약, 직접투자 등의 방법 중에서 선택할 수 있다. 어떤 형태든 글로벌 전략이 성공하기 위해서는 새로운 시장의 고객, 문화, 기술 등을 철저히 이해하고 현지 사정에 맞는 경영을 해야 한다. 중국에 진출했던 한국기업들 중 최근에 사업이 어려워져 철수하는 기업이 늘고 있다는 언론 보도가 있었다. 요즈음의 중국은 몇 년 전과 달리 경제가 크게 발전하면서 외국투자기업에 대한 혜택을 줄이고 있어 외국기업의 경영환경은 점점 더 나빠지고 있다. 경영 환경 변화로 사업상 손실이 누적되자 기업들이 철수하는 것이다. 해외시장을 개척하거나 해외투자를 하는 것은 국내에서 사업하는 것보다 몇 배나 더 힘든 일이라는 것을 명심하고 철저한 조사와 준비를 한 뒤에 추진해야 할 것이다.

신한은행의 감동전략

신한은행은 재일교포 기업인 수백 명이 주주로 참여해 만든 은행으로 1982년 7월 단 3개의 점포로 시작했다. 2008년, 신한은행은 국민은행에 이어 두 번째로 큰 은행으로 성장했다. 다른 은행에 비해 가장 늦게 출발하고 더욱이 규모도 가장 작게 시작한 은행이 어떻게 25

년 만에 성장할 수 있었는지 매우 놀랍기만 하다. 『대한민국 은행을 바꾼 신한은행 방식』에서는 신한은행의 7가지 성공비밀을 자세히 다루고 있다.

지금은 은행 직원들 하면 친절을 먼저 떠올리지만, 25년 전만 해도 은행을 찾는 고객이 은행 직원이 친절하다는 것을 별로 느끼지 못했다. 은행에서 대출을 받아야 조그만 가게라도 겨우 꾸려나갈 수 있는 소규모 상인들에게 은행 문턱은 매우 높았으며, 일반 고객들에게도 은행 직원들은 콧대 높은 존재들이었다. 그러나 그 당시 신한은행을 방문한 고객들은 다른 은행들과는 달리 너무도 친절한 은행원들의 모습에서 감동을 받기 일쑤였다.

신한은행은 어떻게 고객 감동을 일으킬 수 있었을까? 이 의문에 대해 서울대 윤석철 명예 교수는 삼성경제연구소가 주최한 'CEO 특강'에서 '마음경영'이란 제목으로 강의했다. 강의 내용을 조금 살펴보기로 하자.

신한은행이 설립될 당시 한미은행도 설립되었는데, 두 은행은 여러 가지 면에서 매우 달랐다. 한미은행은 미국의 Bank of America의 자본으로 설립된 은행이며 인력을 학벌 위주로 채용한 반면, 신한은행은 재일교포가 세웠으며 가난으로 대학 진학을 못했지만 우수한 자질과 의지력을 가진 상고 출신들을 채용했다. 일류 대학을 못 나온 사람이 한미은행에 입행 원서를 제출할 경우 '어느 대학 나왔느냐' 라는 질문에 마음에 상처를 받는 데 반해, 신한은행 지원자는 '입행하면 어떤 아이디어로 어떻게 일하겠느냐' 라는 질문을 받고 자신의 꿈을 이야기할 수 있었다. 다른 은행에서 일하다 신한은행에 지원한 한 지원자는 자신의 계획을 이렇게 이야기했다고 한다. 만약 신한은행에 입사하면, 새벽 5시에 시장을 찾아가 가게 문을 가장 먼저 열고, 손님을 친절하게 맞으며 가장 늦게 가게 문을 닫는 점포를 물색해 목록을 만들겠다고 자신의 아이디어를 이야기했다. 그 다음 그 가게를 방문해 신용대출 상품을 소개하고 사업 확장을 권유해 대출도 늘리고 고객도 늘리겠다는 포부를 밝힌 것이다. 이런 행원이 발로 뛰어 영업했으니 신한은행이 발전하지 않으려야 않을 수가 없었다.

일류 은행으로 출발한 한미은행은 나중에 다른 은행에 합병당해 없어졌지만, 신한은행은 오히려 다른 은행을 합병해 성장하고 있다. 이러한 차이는 바로 사람의 마음을 어떻게 붙잡느냐에 있다. 신한은행은 친절하고 고객을 감동시키는 은행이라는 이미지를 쌓고, 직원들은 자신이 열심히 노력한 만큼 보상받을 수 있다는 신한은행의 문화가 자리 잡은 것이다. 신한은행은 우리나라 최초의 은행인 조흥은행을 합병했다. 합병 뒤 2년은 조흥은행의 명칭과 조직을 그대로 살리면서 2개의 은행으로 공동영업을 하고 나서 신한은행으로 통합했다. 이러한 조치도 합병당하는 조흥은행 직원의 마음을 얻고 감성을 이끌고자 하는 신한은행의 문화에서 비롯된 것이다. 이런 노력 덕분에 합병 2년 만에 노동조합 역시 하나로 통합되었다. 신한은행의 문화헌장에는 '사람은 은행 최고의 자산이다'라고 명시되어 있다. 조직 내의 인재를 아끼고 그들이 성장하도록 애쓰는 문화를 만들 때, 주인의식을 갖고 고객 감동을 이끌어 창의적인 아이디어를 만들어낼 수 있다.

BBQ치킨의 차별화 전략

2007년 말, 이명박 당시 대통령 후보가 BBK 사건과 관련되어 있다는 이야기가 언론에서 보도된 덕분에 비슷한 브랜드인 BBQ치킨이 많이 판매되는 일이 벌어졌다. BBQ치킨은 1995년 미원 그룹에서 일하던 윤홍근 회장이 치킨 프랜차이즈 회사를 열면서 등장한 브랜드다. 당시 국내 치킨 프랜차이즈 회사는 200개에 달했기에, 전문가들은 시장에서 새로운 치킨 프랜차이즈 사업은 성공 가능성이 희박할 것이라 보았다. 그러나 윤 회장은 여느 치킨점과 다른 프랜차이즈 치킨점을 열면 성공하리라 전망했다. 술집이 아닌 주부와 어린이들이 찾을 수 있는 맛있는 치킨을 만든다면 성공할 것이라는 차별화 전략을 세운 것이다.

BBQ는 'Best Believable Quality'의 첫 자를 따서 만든 이름이며, 바비큐라는 어감까지 느낄 수 있도록 했다. BBQ치킨은 다른 치킨과는 달리 2005년 5월부터 웰빙 시대에 부합한 제품인 올리브치킨으로 대박을 터뜨렸다. 또한 냉동닭이 아닌 생닭만을 고집했으며, 950~1,050g 무게의 10호 닭이 가장 건강하고 맛있다고 판단하여 그 10호 닭만을 사용했다. 또한 닭에 양념을 한 뒤 12시간 동안 냉장고에서 숙성시켜야 양념이 생닭 속살까지 배어든다는 것을 실험을 통해 알아냈다. 그래서 가맹점들이 이런 생산 방식을 반드시 지키도록 했다.

이러한 차별화 전략으로 BBQ치킨은 국내뿐 아니라 중국과 스페인에도 진출하는 등 크게 성장하고 있다. 2007년 윤홍근 회장은 스페인산 올리브유를 많이 수입하고 스페인에 BBQ가맹점을 10개나 운영하는 등의 공로를 인정받아 스페인 정부에서 시민훈장까지 받았다.

현재 BBQ는 베트남, 호주, 몽골, 중남미 등 43개 국가에 마스터 프랜차이즈 방식으로 진출해 글로벌 기업으로 성장하고 있다.

레드오션인 치킨 시장에서 차별화 전략으로 성공을 거둔 BBQ의 블루오션 전략은 배울 점이 많다. 차별화 전략은 경쟁사와는 다른 어떤 특성을 소비자에게 제공해 자사의 제품이나 서비스가 경쟁사보다 잘 팔리도록 하는 전략이다. BBQ는 냉동닭이 아닌 생닭을 고집하고, 닭의 무게, 새로운 양념과 12시간 숙성, 올리브유 사용 등 일반 치킨과는 구분되는 생산 방식과 품질 차별화로 성공할 수 있었다. 차별화 전략은 여러 방식을 사용할 수 있다. 제품을 차별화하는 것뿐만 아니라 고객의 구매 행동을 분석해 고객에 따른 차별화 방식을 시도할 수 있고, 광고 및 유통 방식도 경쟁사와 차별화할 수 있다.

이마트의 원가 우위 및 입지 전략

2006년, 세계 1위 할인점 체인 월마트가 우리나라에서 철수하고 이마트가 월마트의 매장을 인수했다. 왜 세계 최고인 월마트가 한국을 떠날 수밖에 없었을까? 여러 이유가 있겠지만 월마트는 한국 소비자들을 만족시키지 못해 이마트에게 패배한 것이다.

월마트를 비롯한 외국 할인점들이 자기네 나라에서 하듯 창고와 같은 매장을 유지한 데 비해 이마트는 백화점 같은 분위기를 연출하고 상품진열대를 한국인의 체형을 고려해 높이를 낮추고 조명을 밝게 했다. 또한 식품의 신선도에 신경 쓰고 상품의 용량을 줄이는 등 한국인의 취향에 맞추도록 한 것이다. 특히 한국에서 할인점의 성공은 가격이 저렴할 뿐 아니라 집에서 가까워야 한다는 입지 전략이 키라는 점을 간과하지 않았다. 입지 전략을 토대로 점포수를 늘리는 전략을 구사한 덕에, 이마트는 국내 1위 자리에 올라설 수 있었다.

IMF 이후 다른 할인점들이 몸을 사릴 때 이마트는 오히려 공격적인 투자를 감행해 모기업 신세계가 백화점 개점을 위해 확보했던 부지를 이마트 매장으로 바꾸는 등 과감한 결단을 내렸다. 매년 10개 매장을 오픈하고 10개 부지를 신규 확보한 것이다. 그 결과 2007년 말 국내 매장 수 111개를 비롯해 중국에서 개점한 10개까지 합해 총 121개의 매장을 가지게 되어 국내 최대 점포망을 확보했다.

이마트의 또 다른 경영 전략은 다른 할인점보다 제품 가격을 낮추는 원가 우위다. 이마트는 대량 구매를 통해 저렴하게 상품을 들여왔고, 이마트 자체 상표를 쓰는 PL(Private Label) 상품을 적극 개발했다. 품질 차이가 별로 크지 않은 휴지나 식품, 의류, 패션잡화 등에 이마트 브랜드를 붙여 판매한 것이다. 이러한 PL 상품은 품질은 같으면서도 기존 브랜드보다 가격이 20~40퍼센트까지 저렴하기 때문에 소비자들의 큰 호응을 얻을 수 있었다. 2007년 기준으로 PL 상품은 3,500개가 넘었으며, 2006년 전체 상품 매출의 10퍼센트를 차지한 PL 상품의 매출을 2010년에는 23퍼센트까지 끌어올린다는 전략을 추진하고 있다. 이 같은 PL 상품을 개발하기 위해 협력회사와 협의해 서로 적정한 이익을 낼 수 있도록 하고 있고, 해외에서 직접 구입하는 물량도 1조 원대로 늘리는 등 원가 우위 전략을 적극적으로 펼치고 있다.

최근 한 신문에는 이마트와 풀무원이 상품 개발에서 판매까지 협력하는 유통과 제조의 윈윈 전략을 펼칠 것이라는 계획이 보도되었다. 대형할인점의 성공은 여러 요인 중 가격이 매우 중요하다는 것은 월마트를 통해 이미 알려졌다. 그러나 무턱대고 가격을 낮춘다고 해서 이윤이 남는 것은 아니다. 합리적인 방법으로 제조업체와 유통업체가 원가를 낮추면서 품질을 높일 수 있어야 성공할 수 있는 것이다. 그런 전략을 이마트의 사례에서 배운다.

녹십자의 연구개발 전략

녹십자는 아주 잘 알려진 회사는 아니다. 우리가 흔히 사먹곤 하는 드링크 제품이나 비타민같이 대중에게 친숙한 의약품을 만들지 않기 때문일 것이다. 그러나 녹십자는 B형간염 백신, 수두 백신, 인플루엔자 백신 등 각종 백신과 혈액으로 만드는 알부민을 생산하는 국내 굴지의 제약회사다.

사람의 피를 이용해 귀중한 약을 만드는 녹십자의 명칭에는 좋은 기업 이념이 담겨 있다. '녹색'은 번영, 풍요, 평화를 상징하고 '십자'는 사랑을 상징하는데, 이에서 알 수 있듯이 사람의 귀중한 생명을 지키는 예방 치료제를 생산하는 기업 이념을 담고 있는 것이다.

모든 제약회사들은 인간의 질병을 치유하거나 예방하는 약을 만들기 위해 연구개발을 최우선 과제로 삼는다. 일반의약품 생산보다 질병을 예방하기 위한 백신을 만드는 사업이 주력인 녹십자는 필연적으로 생산보다는 연구와 개발에 전념해야 한다. 그래서 녹십자는 다른 제약회사들보다 연구개발 활동을 활발히 할 수밖에 없다. 연구개발 활동에 치중하면 당장은 이윤을 얻기 힘들지만 녹십자는 기업 이념을 지켜가며 묵묵히 자신의 길을 걸어가고 있다. 이 과정에서 사람의 오줌을 이용해 혈전을 용해시키는 유로키나제라는 약품을 만들어 수출함으로써 자금난에서 벗어나기도 했다. 또한 질병이 왜 발생했는지 판단하는 데 도움이 되는 약품인 진단 시약을 국내 최초로 개발해 국내의 임상검사 분야를 발전시키는 데 크게 공헌했다.

녹십자는 목암생명공학연구소와 공동 연구를 통해 유전자 재조합 기술을 이용한 B형간염 백신 '헤파박스 진'을 개발했다. 국내에서는 처음이자 세계에서 네 번째로 유전자 재조합 백신을 개발해 유전공학 시대를 선도하는 회사로 나아가고 있다. 또한 바이러스가 우리 몸에 침입할 때 이에 대항하는 물질인 인터페론을 국내에서 처음 개발해 다른 기업들도 생명공학에 관심을 갖도록 하는 선도적인 역할을 했다. 녹십자는 목암생명공학연구소와 함께 활발히 연구개발을 진행하는데, 그 성과물은 매우 중요한 것들이다. 에이즈 진단 시약 및 백신 개발은 인류를 지키는 어렵고도 소중한 의약품 연구개발 사업이다.

2008년 2월, 녹십자는 혈액응고 작용을 하는 단백질 중 하나인 '8인자'의 3차원 구조를 밝혀냈다. 이 연구를 기초로 차세대 혈우병 치료제를 개발할 수 있게 된 것이다. 앞으로도 녹십자가 연구개발 사업으로 인류의 생명과 복지 향상에 기여하기를 기대한다.

경영 전략의 실천

경영 전략을 수립하기 위해서는 어떤 과정을 거쳐야 할까? 2008년 초 대한통운을 인수한 금호 아시아나를 통해 그 답을 알아보기로 하자.

비전과 목적

금호아시아나는 택시 2대로 시작한 창업자, 고 박인천 회장이 고속버스 운송업의 성공을 발판으로 오늘에 이른 회사다. 운송·물류, 건설·레저, 화학·타이어 및 금융의 4대 사업 영역으로 나누어 '아름다운 기업'이라는 경영 슬로건을 내걸고 내일을 향해 도약하고 있는 기업이다. 금호아시아나의 비전은 '아름다운 500년 영속기업'이며, 4개의 사업을 통해서 시너지 효과를 높이며 '업계 최고 1등 기업 가치 창출'이라는 목표를 설정하고 있다.

이러한 비전과 목적을 달성하기 위해 금호아시아나는 기존의 사업과 시너지 효과를 높이기 위한 전략으로 2006년 대우건설을 인수했고, 2008년 초 대한통운을 인수했다. 대우건설은 건설·레저 사업을 한 단계 성장시키기 위해, 여객운송뿐 아니라 화물운송으로 사업 영역을 넓히려고 대한통운을 인수한 것이다. 이처럼 경영 전략을 수립하는 것은, 기업이 앞으로 나아갈 방향과 목표 달성 방법을 생각해내는 것에서 시작하는 것이다. 기업의 비전이나 목적과 상관없이 특정 전략을 수립한다면 일시적으로는 성공할지 모르지만 장기적으로는 실패할 수 있다.

외부 환경 분석과 내부 역량 분석

금호아시아나는 대한통운을 인수하기로 한 다음, 대한통운의 구체적인 사업 영역을 분석했다. 대한통운은 화물운송과 물류가 주된 사업인데, 이 분야는 경쟁이 심해 영업 이익률이 5퍼센트도 안 될 정도로 수익성이 낮다. 또한 성장률도 낮아서 현상 유지에 머무르고 있는 실정이다. 그러나 1년 매출이 1조 6천억 원에 달하는 국내 최대 물류 기업이고 많은 부동산이 있다는 점을 고려해, 잘만 하면 성장할 수 있겠다고 판단했다.

그 다음으로 인수 경쟁에 참가하는 다른 회사에 대해 분석했다. 인수 경쟁에는 한진, STX, 현대중공업 등의 회사들이 참여했다. 한진은 항공을 비롯해 여러 사업 부문에서 금호아시아나와 라이벌 기업이라고 할 수 있다. 한진 역시 항공, 육상운송, 해운 등의 사업에서 강한 기업이기 때문에 대한통운을 인수할 경우 시너지 효과가 클 것으로 분석되었다. STX는 몇 년 전 범양상선 인수 경쟁에서 금호아시아나를 따돌리고 승리한 전력이 있으며, M&A에 매우 강하기 때문에 어떤 방식으로 STX보다 우위에 설 것인지 세부 전략을 세울 필요가 있었다. 현대중공업은 대한통운과 사업상 직접 연관되지는 않지만 간접적으로 물류 사업이 연관되어 있고, 현대중공업이 보유한 현금이 많기 때문에 인수 가격을 꽤 높게 써낼 것이라고 판단했다.

마지막으로 금호아시아나의 자체 역량 분석과 대한통운을 인수할 경우 어떤 방식으로 사업을 이끌어갈 것인지, 시너지 효과가 어느 정도인지 분석했다. 그 결과 금호아시아나 단독으로는 자금이나 경쟁 면에서 불리할 것 같다는 판단을 내렸다. 그리하여 다른 회사들과 연합해 컨소시엄 형태로 참가하는 전략을 세웠다. 대한통운을 인수할 경우 기존 운송 및 물류 사업과의 시너지 효과는 매우 클 것이며, 대한통운이 보유한 자원을 활용하면 새로운 성장 엔진으로 활용할 수 있다는 최종 판단을 내렸다.

이처럼 특정 전략을 수립할 때에는 외부 환경과 기업의 내부 역량을 종합적으로 분석한 후에 세부적인 실천 방안을 마련해야 한다. 이때 일반적으로 많이 쓰는 분석 방법으로 SWOT(Strong, Weak, Opportunity, Threat) 분석법이 있다. 이는 자기 회사의 강점과 약점을 살펴보고 외부 환경의 위협 요소와 성공 기회 등을 종합적으로 분석해, 세부적인 전략을 수립하는 방식이다.

전략 수립과 세부 실천 방안

외부 환경과 내부 역량에 대한 세밀한 분석을 마친 다음에는 세부 실천 방안을 세워야 한다. 가장 중요한 것이 인수 가격인데, 인수 가격이 너무 높으면 인수 후에 큰 부담이 되고 사업성이 떨어지는 문제가 생긴다. 금호아시아나는 적당한 인수 가격으로 4조 원을 책정했다.

그 다음으로 국민은행, 우리은행, 신한은행 등 인수금융단과 롯데, 효성, 코오롱, 사학연금 등 재무적 투자자들과 컨소시엄을 구성해 인수하는 방침을 정했다. 이처럼 우호적인 투자자를 많이 확보해 금호아시아나는 25퍼센트 정도만 자금을 부담하게 되어, 자금 부담과 사업 위험을 줄일 수 있었다.

비가격요소의 전략으로는 대한통운의 모든 직원을 100퍼센트 승계한다는 것을 명시하여 피인수기업의 적대감을 해소하고 우호적인 분위기를 만드는 데 주력했다. 거기에 대우건설이 리비아 대수로 공사 건설을 마무리할 적임자라는 점을 부각하여 점수를 얻은 것으로 분석된다. 리비아 대수로 공사의 사업주체 회사의 지분 25퍼센트를 대한통운이 갖고 있는데, 대우건설이 2007년 말 그 회사 주식의 25퍼센트를 100억 원에 인수해 전체적으로 50퍼센트의 지분을 획득한 것이 결정적인 승인이 된 것이라고 분석했다. 대한통운이 리비아 대수로 공사라는 큰 리스크를 안고 있는데 이를 대우건설이 그 사업에 뛰어들게 됨으로써 리스크가 해결된다는 점이 크게 작용한 것이다. 대우건설이 리비아 대수로 공사를 맡게 되면 리비아 리스크가 없어질 뿐 아니라 다른 잔여 공사를 맡을 수 있고 리비아 정부가 발주하는 또 다른 공사도 수주할 수 있다는 점 등이 크게 유리하게 작용한 것이다.

이러한 세부적인 전략 계획으로 금호아시아나는 대한통운 인수라는 대어를 낚게 된 것이다. 인수 작전을 총지휘한 박삼구 회장은 인수 작전명을 '다윈'으로 정했는데, 이는 다윈처럼 그룹을 한 단계 진화시키자는 야망을 담은 것이다. 이처럼 전략 수립과 세부 실천 방안은 각 전략의 성격에 따라 구체적으로 세우고, 남이 생각 못하는 요점을 찾아내는 것이 중요하다. 마치 전쟁에서 이기기 위해 상대방이 미처 생각하지 못한 전략을 사용하는 것처럼 말이다.

블루오션 전략

블루오션 전략은 김위찬 교수가 자신의 책을 통해 소개한 뒤 널리 알려진 전략이다. 블루오션은 레드오션과 비교되는 말로, 레드오션이 기존의 경쟁이 치열한 시장이라면, 블루오션은 경쟁이 없는 새로운 시장인 청정해역이다.

블루오션 전략은 새로운 시장과 새로운 산업을 개척하여 치열한 경쟁에서 우위를 점하는 기업의 생존 전략을 말한다. 블루오션 전략의 핵심은 '가치 혁신'이다. 가치 혁신은 높은 가치를 창출하면서 비용 절감을 동시에 이루는 것이다. 즉 기존 업계가 제공하지 못하는 높은 가치를 창출하고, 필요 없는 요소를 줄이거나 제거함으로써 비용을 절감하는 방식이다. 이는 필요 없는 군살을 없애고 예쁜 몸매를 만드는 것과 같다고 할 것이다. 레드오션은 기존 시장을 공략하고 가치와 비용 중 하나를 선택하는 반면, 블루오션은 가치와 비용을 동시에 추구하여 새로운 시장을 만들어내는 것이다.

블루오션 전략의 예로 '태양의 서커스'팀의 성공담을 들어보자. 전통적인 서커스는 텐트, 광대, 스릴 있는 곡예의 3가지 매력 포인트가 있다. 태양의 서커스팀은 서커스의 전통적인 상징인 텐트를 화려한 외관으로 치장하고 안락하게 설계했다. 곡예와 묘기는 비중을 줄이되 예술적 감각과 지적 호기심을 충족하도록 공연을 더욱 세련되게 꾸몄다. 즉 서커스에 연극적인 요소를 도입해 스토리가 있고 예술적인 음악과 무용 등이 결합된 새로운 개념의 공연을 만든 것이다. 이러한 아이디어는 브로드웨이 쇼에서 빌려왔으며, 매번 새로운 주제가를 만들고 시각적 볼거리와 조명, 무대 타이밍 등으로 쇼를 연출한 것이다.

블루오션 전략을 수행하기 위해서는 전략적인 포커스(선택과 집중), 멋진 슬로건, 차별성 등으로 새로운 시장으로 나아가야 한다. 예를 들어 전용기 공동소유권으로 블루오션을 창출한 넷제츠는 일반 항공기와 법인 전용기 시장의 장점을 통합해 일반 항공사 티켓으로 전용기 소유지분 16분의 1을 갖고 전용기의 편리성을 누리도록 했다. 즉 전용기 지분을 갖게 됨으로 출장 시간을 줄이고 공항의 혼잡을 피하게 되었으며, 중소도시 간 직항이 가능해지는 등 새로운 시장을 구축한 것이다.

일본의 게임업체인 닌텐도의 블루오션 전략도 살펴보자. 닌텐도는 최첨단 기술로는 소니의 PS3를 넘기 힘들다는 판단에 따라 어린아이뿐 아니라 어른들도 게임을 할 수 있도록 재미있는 콘텐츠를 개발하기로 했다. 그리고 2004년에 휴대용 게임기인 DS를 내놓았다. 이 DS에는 두 개의 스크린이 있는데. 그중 하나는 터치스크린이다. DS에서는 간단한 조작으로 게임을 할 수 있도록 했는데, 이것이 큰 인기를 끌었다. 특히 두뇌를 개발하는 게임의 개념을 도입해 상당수의 중년층 사용자들에게 인기를 끌어 영업 실적이 올라가게 되었다. 닌텐도가 최근 선보인 위Wii는 TV와 연결해 이용하는 게임기다. 이 게임기 역시 소니의 PS3에 비해 사용하기 편리하다. 복잡한 조작 버튼을 누르는 대신 사람이 TV 앞에서 움직이기만 하면 게임을 즐길 수 있다.

블루오션 전략을 잘해내기 위해서는 전략적인 순서를 잘 지켜야 한다. 제일 먼저 구매자의 욕구를 읽고 그에 맞는 제품이나 서비스를 만들어야 한다. 그리고 높은 가치와 낮은 가격으로 경쟁력을 갖춰야 한다. 모든 준비를 갖췄다면 넓은 바다로 나아가 물 만난 물고기처럼 즐겁게 유영하는 일만 남은 것이다.

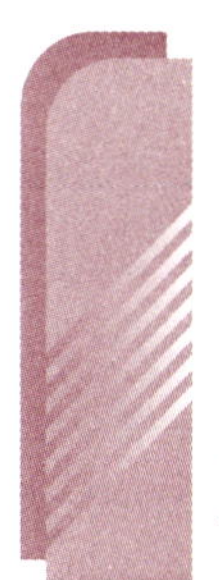

창조경영과 감성경영

와우 상품 이야기*

우리는 매우 신기한 것을 보거나 들을 때 감탄사 '와!'를 내뱉는데, 영어를 모국어로 사용하는 사람들은 놀라거나 기쁠 때 '와우 wow'라고 말한다. '와우상품'은 오랫동안 '와우'라는 감탄사를 내뱉게 하는 상품이라 할 수 있다. 와우상품은 한두 해 정도 반짝 히트한 후 사라지지 않고 상당히 오랫동안 사람들의 인기를 끄는 특성이 있다. 예를 들어 2007년 출시된 옥수수 수염차는 전통 한방 기능성 차 음료인데, 웰빙 시대를 맞아 건강을 생각하는 한국인들의 코드에 부합한 전략을 바탕으로 큰 히트를 쳤다. 그러나 5년이나 10년 뒤에도 사람들이 좋아할지는 알 수 없다. 만일 5년이나 10년 후에도 인기가

* 삼성경제연구소 이범일 전무의 "WOW 프로덕트와 창조경영"이라는 강의의 내용을 요약·정리한 것임.

식지 않는다면 와우상품이 되는 것이다.

　와우상품의 대표적인 예로는 '비틀스'를 들 수 있다. 비틀스는 1960년부터 1970년까지 10년 동안만 음악 활동을 하고 팀을 해체했다. 그들은 1960년대에 사회 및 문화적 혁명을 일으켰는데, 미국 내에서만 1억 600만 장, 전 세계적으로는 10억 장 이상의 음반이 판매되었다. 그들은 모든 장르의 비평가들에게 인정을 받아 대중음악 역사상 가장 성공적인 밴드로 기억되며, 아직도 지구 상에서 비틀스의 노래는 단 1초도 쉬지 않고 흘러나온다는 말이 있을 만큼 사랑받는 와우상품이다.

　와우상품은 폭발적 매출로 시장을 장악한 뒤 오랫동안 지속적으로 소비자들의 애호를 받는다. 또한 회사 이름보다 높은 인지도를 가지며, 브랜드명이 고유명사가 되는 특성이 있다. 그래서 많은 기업들이 와우상품을 어떻게 개발할 것인지 모색하고 있다. 와우상품은 남과 다른 생각을 가진 괴짜 디자이너나 개발자들이 상식을 뛰어넘는 일을 벌여 개발되는 경우가 많다. 예를 들어 어린이용 장난감 수준이던 게임기를 고성능 컴퓨터로 바꾸어 DVD와 게임기 기능을 모두 갖춘 소니의 플레이스테이션2(PS2)는 구다라기 켄이라는 기술자에 의해 세상에 나올 수 있었다. '플레이스테이션'이라는 이름은 일하는 컴퓨터를 '워크스테이션'이라고 부르는 것에 착안해, 가지고 노는 컴퓨터라는 의미로 붙인 것이다. PS2는 발매한 지 이틀 만에 100만 대가 판매되는 와우상품으로 올라섰다.

　1998년 '아이맥'이 상식을 깬 디자인으로 대히트를 치자 애플은 부활할 수 있었다. 아이맥은 컴퓨터 내부가 전부 보이도록 투명하게 디자인되어 소비자에게 많은 사랑을 받아 1998년에만 83만 대 이상 판매되었다. 아이맥을 디자인한 조나단 아이브는 이후 아이팟의 디자인 개발을 진두 지휘해 CEO 스티브 잡스가 애플에서 가장 소중한 자산으로 인정하는 디자이너다. 그는 디자인팀의 인사와 비용 지출에 대한 전권을 위임받아 애플의 디자인 개발을 책임지고 있다. 아이맥의 색감을 얻고자 사탕 공장에서 몇 달 동안 연구하고, 아이맥의 완벽한 내부 모습을 설계하기 위해 회로 기판까지 직접 디자인할 만큼 디자인광이며 천재라고 할 수 있다.

이처럼 와우상품은 창조적인 생각이나 인간의 감성을 아우르는 독특한 시각을 가진 사람에 의해 탄생된 것이다. 최근 들어 창조경영, 감성경영, 편경영 등을 강조하고 있는데, 그것들이 바로 와우상품을 개발하도록 만드는 원동력이다.

창조경영

이제는 상당한 시간이 지나 흥미 있고 기발한 영화였지 하는 기억으로 남아 있지만, 〈쥬라기 공원〉을 처음 보았을 때는 쥬라기 시대에서 실제 공룡을 보는 듯한 느낌을 받았다. 스필버그 감독 〈쥬라기 공원〉은 대성공을 거두고 그 당시 현대자동차가 자동차 몇 만 대를 수출해서 번 것과 맞먹는 돈을 영화 한 편으로 벌어들였다.

영화, 음악, 소설 같은 창작 활동은 창조적인 아이디어가 있어야만 생명을 얻기 때문에 예술가들의 창조성에 대해 존경과 사랑을 보내는 것은 당연한 일이다. 이러한 창조성이 경영과 접목하여 몇 년 전부터 창조경영이 화두로 떠오르고 있다.

영화 〈쥬라기 공원〉은 인간이 태고적의 환경과 같은 쥬라기 공원을 만들고 최첨단 유전자공학을 이용해 화석에 들어 있는 공룡의 피로 공룡을 재생해낸다는, 미래에나 일어남직한 이야기를 그리고 있다. 그러나 이러한 인간의 시도는 자연의 질서를 거스르기 때문에 결국 실패하고 만다. 쥬라기 공원 이야기를 한 김에 일본의 '아사히야마' 동물원을 살펴보자. 쥬라기 공원에는 공룡이 있지만 아사히야마 동물원에는 원숭이, 펭귄, 북극곰 등의 동물이 있다. 쥬라기 공원이 자연의 질서를 거스르는 콘셉트라면 아사히야마 동물원은 자연의 질서를 회복시키려 한다.

일본의 최북단 시골 도시인 홋카이도 아사히가와 시에 있는 아사히야마 동물원은 동물의 수도 별로 많지 않은 작은 동물원이다. 1980년대에 이 동물원은 테마파크에 밀려 관람객이 감소하면서 폐쇄 일보 직전까지 몰렸다. 이러한 절박한 상황에서 어떻게 하면 다시 관람객을 끌어들일 수 있을지 아이디어를 짜내기 시작했다. 우선 관람객이 감소한 이유를 분석했더니, 동물들이 관람객은 외면하고 먹이를 주는 사육사에게만 관심을 두기 때문에 관람객이 흥미를 느끼지 못한다는 것을 발견했다. 그래서 동물이 자연 상태에서 어떻게 행동하는지 생생하게 보여주면 사람들의 흥미를 끌 수 있을 것이라고 생각했다. 즉 동물이 가진 야생의 습성과 행동 능력을 자연 그대로 보여준다는 '행동 전시'라는 콘셉트를 내세운 것이다.

이 콘셉트에 의해 아사히야마 동물원의 동물들은 새롭게 변신했다. 그저 뒤뚱거리며 걷는 모습만 보이던 펭귄은 새로 만든 수족관에서 공중의 새가 날아다니는 것처럼 빠르게 헤엄 쳤고, 날아다니는 펭귄이라는 별명도 붙었다. 잠을 자거나 하품만 해대던 북극곰은 물고기를 먹기 위해 멋지게 다이빙하는 모습을 보여주었다. 오랑우탄은 사육사가 우리 밖에 놓아둔 먹이를 먹기 위해 멋지게 외줄을 탔다. 이처럼 동물들의 자연스러운 행동 그대로를 생생히 보여주고 체험할 수 있도록 한다는 아이디어를 바탕으로 관람객들의 폭발적인 호응을 얻어 일년에 300만 명이 관람하는 최고의 동물원이 된 것이다.

아사히야마 동물원은 동물뿐만 아니라 사육사들도 변화를 시도했다. 동물들에게 먹이를 주고 키우는 역할만을 맡았던 사육자에서 관람객에게 동물들의 습성을 설명하고 동물과 사람이 함께 살아간다는 것을 느끼게 해주는 엔터테이너로 혁신한 것이다. 즉 창조적인 역할을 하게 된 것이다.

우리나라의 삼성중공업은 땅이 비좁아 선박을 건조할 생산시설을 확장하기 힘들어지자 바다 위에서 화물을 운반하는 바지선을 이용해 배를 만드는 창조경영을 하고 있다. 흔들리는 파도 위에서 용접이나 도장 작업을 하는 것은 쉽지 않아 선주들은 이 아이디어를 신뢰하지 않았지만, 사내 전문가들이 각 분야의 문제점에 대해 분석해 해결책을 내고 시뮬레이션 과정을 통해 문제가 없음을 확신시켰다. 결국 땅 위에서 만든 것보다 더 뛰어난 품질의 배를 바다 위 플로팅 도크에서 만들어내는 데 성공한 것이다. 특히 배를 여러 개의 블록으로 나누어 바다 위에서 조립하는 방식인 메가 블록 공법을 채택해 선박

건조 기간을 3개월에서 1개월 반으로 단축시키는 생산성 혁신도 일으켰다.

그렇다면 창조경영은 어떻게 하면 할 수 있을까? 이어령 명예교수는 디지털에 아날로그를 접목하는 '디지로그'라는 용어를 만들어 앞으로의 경영이 디지로그를 염두에 두어야 한다고 역설했다. 최근의 한 강연에서 그는 인문, 사회, 예술 등 모든 분야를 전체적으로 바라보는 시각과 통찰력을 바탕으로 모순되는 두 개의 문제를 통합해야 한다고 했다. 예를 들어 아버지는 덥다고 창을 열라 하고 어머니는 모기가 들어오니 창을 닫으라 하는 모순된 상황에서 답은 창을 열고 창문에 모기장을 다는 것이다. 즉 창조는 둘 중의 하나를 선택하는 것이 아니라 모순으로 보이는 둘 모두를 감싸 안는 새로운 생각에서 나오는 것이다.

요즈음 인터넷 최강자로 떠오른 구글은 운동선수, 과학자, 의사 등 다양한 출신 배경의 직원들이 빨강, 파랑, 노랑 파라솔이 설치된 광장에서 함께 점심을 먹도록 하여 서로의 경험과 정보를 공유해 새로운 아이디어를 만들어내도록 하고 있다. 더욱이 회사 안에 당구나 포커를 할 수 있는 공간을 만들어 직원들이 놀이와 일을 통해 함께하는 문화를 만들었다. 또한 5일 중 하루는 자기가 하고 싶은 일을 하도록 하여 직원의 창의성을 기르도록 한다. 그래서 모두가 검은 모자를 썼을 때 흰 모자를 쓰는 사람이 구글의 표상이 된다는 문화를 키우고 있다. 이처럼 자유롭고 창의적인 문화 속에서 G메일, 구글 뉴스, 구글 툴바 등의 성과물이 나오게 된 것이다. 창조경영을 위해서는 직원들이 자신의 아이디어를 거리낌 없이 말하고 이를 서로 나누고 소통하는 문화를 조성하고, 실패를 디딤돌 삼아 성공의 길을 찾도록 하는 도전 정신을 장려해야 한다.

　삼성경제연구소의 이범일 전무는 창조경영을 위해 필요한 3가지 'PC'를 이야기했다. 3가지 PC는 사람의 창조성people creativity, 과정의 창조성process creativity 그리고 상품의 창조성product creativity이다. 이 중 상품의 창조성은 앞에서 와우상품을 예로 들어 소개했으므로 여기서는 사람의 창조성과 과정의 창조성을 살펴보기로 하자. 사람의 창조성을 이끌어내기 위해 리더는 창조적 긴장감을 조성하고 일상에서 일탈하는 여유 있는 문화를 만들어, 조직원들이 다양한 경험을 하도록 해야 한다. 또한 과정의 창조성을 위해 조직원들에게 대담한 목표를 주어 도전정신을 갖게 하며, 개개인이 자유롭게 생각하고 무언가를 시도하도록 장려해야 한다.

　야마하의 '빛나는 기타'는 손가락으로 코드를 잡을 때 빛으로 코드를 보여주기 때문에 초보자도 쉽게 기타를 칠 수 있도록 했다. 이 제품이 출시되기 전 영업부와 개발부는 이 아이디어를 받아들이지 않았지만, 아이디어를 낸 직원이 열정과 불굴의 의지를 갖고 추진한 끝에 마침내 출시되었고 크게 히트할 수 있었다. 창조경영은 기존의 관리 중심의 경영에서는 빛을 볼 수 없다. 개인이 마음껏 상상하고, 자유롭게 만들어보고 실패하는 문화가 조성되어야만 꽃피울 수 있는 것이다.

감성경영

영화 〈우리 생애 최고의 순간〉은 잔잔한 감동을 일으킨다. 주인공으로 나오는 아줌마들은 저마다 삶이라는 짐을 등에 지고 힘겹게 살지만, 국가대표 핸드볼 선수로서 악착스럽게 운동한다. 아테네 올림픽에서 아쉽게 금메달을 빼앗기고 은메달을 목에 거는 모습은 안타까움을 느끼게 한다.

경영에 있어서도 사람의 마음을 움직여 감동을 일으키는 감성경영이 점점 더 중요해지고 있다. 애플이 아이팟에 이어 2007년 내놓은 아이폰은 미국 스마트폰 시장에서 2위로 올라섰다. 최첨단 기능의 아이폰은 5~10분이면 사용법을 이해할 수 있도록 되어 있다. 손가락을 따라 사진이 움직이고, PC와 같은 인터넷 화면과 포털을 자유롭게 검색하는 기능 등으로 재미를 추가한 것이 인기 비결이 되었다. 이처럼 요즈음의 소비자들은 어떤 제품이나 서비스가 꼭 필요해서라기보다는 좋아서 구매하는 특성을 보인다. 똑같은 제품이라도 고객의 감성에 호소하는 스토리를 결합하면 훨씬 더 잘 팔리는 것이다.

물건을 파는 점포 자체를 예술과 문화를 접목시킨 공간으로 연출한 삼성테스코의 홈플러스 매장 역시 감성경영의 예에 해당한다. 실외 골프장, 사우나를 갖춘 헬스센터, 와인바 등을 꾸밈으로써 할인점을 예술과 문화가 만나는 공간으로 바꾼 것은 신선한 시도로 보인다. 2007년 개봉한 영화 〈디 워〉가 흥행에 성공한 이유 역시 영화의 내용 자체보다는 '바보 영구'에서 영화감독으로 성공한 심형래 감독의 '인간 승리'에 지지를 보낸 데 있다.

최근 들어 왜 감성경영이 중요한 화두로 떠오르게 되었는지에
대해 명지대학교에서 '여가 경영학'을 가르치고 있는 김정운 교수의
설명을 들어보자.

간단히 말하면 세상의 가치는 바뀌었다. 산업사회인 20세기에는
노동자의 성실성과 근면성이 성공의 주요한 요인이었지만, 지식사회
인 21세기에는 창의성, 재미, 행복 같은 것이 성공의 요인이 된 것이
다. 이처럼 세상의 가치가 변했는데도 이를 알지 못한 공산주의는 인
간에게 재미와 감동을 주는 상품을 무시하고 기능 위주의 상품만을 고
집하였기 때문에 몰락했다. 그러나 자본주의는 인간이 가장 관심을 갖
는 섹스를 이용해 광고를 하고 감성에 호소하고 있다.

작은 레코드 가게에서 시작해 '버진 그룹'을 이룬 리처드 브랜슨
은 『내가 상상하면 현실이 된다』라는 책을 통해 '일과 인생에 즐겁게
미쳐라'고 권한다. 그는 일을 할 때 무엇보다도 즐기려고 노력하며,
일과 재미가 조화를 이루어야 즐길 수 있다고 말한다. 재미는 원기를
회복시켜주어 육체와 정신에 활기와 생기를 불어넣어준다는 것이다.

리처드 브랜슨이 버진 항공사를 설립하는 과정은 매우 흥미롭
다. 뉴욕에서 여자친구와 행복하게 지내던 그는 어느 날 파티에서 한
사람을 만났다. 그는 파티장에서 만난 사람에게 버진 그룹의 이름이
버진 아일랜드를 딴 것이냐는 질문을 받았다. 물론 회사 이름은 버진
아일랜드와 상관이 없었고 그곳에는 가본 적이 없었다. 그런데 그곳
이 둘이 쉴 수 있는 로맨틱한 장소라는 생각이 들었고, 때마침 무료로

버진 아일랜드를 시찰할 수 있는 방법을 알게 되었다. 버진 아일랜드로 날아간 그는 그곳에서 수마일 떨어져 있는 작은 섬을 우여곡절 끝에 20만 파운드에 사게 된다. 섬에서 푸에트리코에 가려고 공항으로 갔는데, 비행기가 취소되어 사람들이 방황하고 있었다. 그가 나서서 2천 달러에 비행기 한 대를 전세 낸 뒤 칠판을 빌려 '버진 항공사 푸에르토리코행 편도 비행 39달러'라고 썼더니 순식간에 모든 표가 팔렸다.

이 일을 계기로 리처드 브랜슨은 버진 항공사를 설립하게 되었다. 그는 미국의 스티브잡스와 마찬가지로 영국에서는 창조적 CEO로 유명하다. 그가 운영하는 버진갤럭틱은 2010년부터 세계 최초 상용 우주선 '스페이스십 2'를 운항한다고 발표했다. 요금은 20만 달러 정도인데, 물리학자 스티븐 호킹 박사를 비롯해 200여 명이 예약했다고 한다. 이처럼 그는 남보다 앞서 기발한 아이디어를 상품화하는 재주가 있다.

미국에서 국내선만 운영한 작은 항공 회사에서 출발한 사우스웨스트 항공은 1973년부터 지금까지 매년 이익을 내고 있는 유일한 항공사다. 사우스웨스트 항공은 미국에서 가장 존경받는 기업이며, 항공 업체 중 시장가치가 가장 높은 기업이 다. 이 회사는 유머를 강조하는 것으로 유명하다. 직장 상사에게 편안함과 재미를 느끼고, 고객에게도 재미있는 서비스를 제공하고 있다. 이 회사의 CEO는 핵심 가치를 '사랑'으로 삼고 종업원 채용을 '입양'이라고 일컫는다. 종업원에게 칭찬을 아끼지 않으며 주인의식을 갖도록 한다. 운항 중인 비행기 내에서 담배를 피우지 말 것을 권고하는 안내 방송을 할 때도 '담배를 피우려는 분은 비행기 밖으로 나가서 피우세요'라고 유머를 담아 방송하고, 음료수는 '사랑의 물', 땅콩은 '사랑의 스낵'으로 부르며 스튜어디스는 청바지 차림으로 편안하게 서비스한다. 이런 재미있는 문화 때문에 1마일당 인건비와 비행에 소요되는 원가가 가장 낮은 항공사가 되었으며, 큰 이익을 내는 멋진 기업이 된 것이다.

우리나라의 '민들레영토'라는 작은 카페 기업은 전 직원을 대상으로 월 1회 보고와 건의, 고민상담 등을 사장에게 이메일로 보내도록 하고 있다. 민들레영토의 대표는 이메일을 통해 직원들의 생각과 사생활을 파악해 감성경영을 실천한다. 예를 들어 어머니가 편찮으셔서 마음고생을 하는 직원에게 '어머니 때문에 마음고생이 많지'라고 격려해 큰 감동을 주는 식으로 CEO가 직접 멘토 노릇을 하는 것이다.

유명한 사람의 정신이나 영혼이 담긴 상품을 만들어 그 사람과 자기가 연결되어 있다는 정서적인 연대를 일으키는 'Touch of Fame' (유명인과 접촉하기) 브랜드 상품도 독특한 아이디어다. 예를 들어 아인슈타인의 아이디어가 머리에서 나왔으니 그가 쓰던 것과 같은 머리빗을 만들어 팔거나, 모차르트가 입었던 가운을 만들어 모차르트의 영혼을 감싸는 기분을 느끼도록 감성을 자극하는 상품들이 그것이다. 이처럼 인간의 감성에 호소하거나 재미있는 유머나 즐거움을 주는 감성경영을 잘하는 기업이 경쟁력 있는 기업이 될 것이다.

웹 2.0 시대의 경영

협력업체와의 합창, 아웃소싱

현대자동차는 자동차를 만들 때 필요한 수많은 부품을 협력업체에게 공급받아 자동차를 만든다. 예전에는 특정 제품을 만들거나 서비스를 제공하는 등의 모든 일을 한 조직이나 기업이 전부 맡아서 했지만, 지금은 핵심 업무만 처리하고 나머지는 다른 업체에게 맡기는 아웃소싱 방식을 많이 쓰고 있다. 미국의 IBM은 은행이나 큰 제조회사에 필요한 정보시스템 전체를 통째로 맡아 서비스를 제공하는 영업으로 유명하다. 예를 들어 스위스의 전력 및 자동제어 기술업체인 ABB의 IT서비스를 10년간 통째로 맡고 있다. 이럴 경우 ABB는 IT에 필요한 대형 컴퓨터나 네트워크 기술 및 담당 직원이 없어도 되기 때문에 많은 비용을 줄이면서 더 좋은 서비스를 받을 수 있다.

이처럼 한 기업이나 조직이 핵심 역량만 자기 회사가 맡고 회계,

IT서비스, 인력, 신제품 개발, 디자인, 영업 등을 다른 회사에 맡기는 아웃소싱은 기업이 규모가 커질수록 더 많이 채택되고 있다. 나이키는 제품의 콘셉트를 잡는 일과 디자인, 광고 등의 핵심 업무만 맡고 제품의 생산은 동남아 국가의 하청업체에 맡기고 있는데, 이는 전형적인 아웃소싱 모델이다.

아웃소싱을 성공적으로 하기 위해서는 협력업체와 신뢰 관계를 구축해야 한다. 아웃소싱으로 크게 성공한 세븐일레븐을 살펴보자. 1990년대 들어 세븐일레븐은 중대한 위기에 봉착했다. 석유회사들이 주유소에 소형 마트를 설치하면서 경쟁이 심화되고 수익성이 떨어지기 시작했다. 세븐일레븐은 더 많은 고객을 끌어들이기 위해 제품과 서비스의 범위를 넓히고 식품류의 신선도를 높이는 데 주력했지만 근본적인 문제는 해결되지 않았다. 당시 부사장이던 키이스는 일본 지점들이 공급업자들과 밀접한 파트너십 관계를 유지함으로써 경쟁력을 갖춘 것에 주목하고, 핵심 역량이 아닌 모든 것을 아웃소싱하기로 했다. 제품 유통과 광고, 물품조달 등 다양한 분야에서 자사와 외부업체의 능력을 비교분석해 아웃소싱을 했다. 업체를 선정할 때는 비용 절감과 품질에 중점을 두었다. 또한, 전략적으로 판매하는 제품의 경우에는 단순한 아웃소싱에서 벗어나 긴밀한 협조체제를 구축했다. 예를 들어 맥주를 다른 상품과 묶어서 판매했을 때 더 성공적이라는 사실을 밝혀내고 '버드와이저' 맥주로 유명한 안호이저 부시와 제휴를 맺어 서로 정보를 교환했다. 유통업체인 CDC에 유통을 맡겨 유통 비용을 15퍼센트에서 10퍼센트로 줄였으며, 매일 신선한 식품을 배달하는 유통체계를 갖추었다. 이러한 아웃소싱의 결과 4만 3천 명의 직원을 3만 1천 명으로 줄일 수 있었고, 점포 매출도 최근 4년간 플러스 성장을 기록하며 업계 평균보다 거의 두 배 이상 성장했다.

전략적 제휴

중국의 춘추전국 시대에 적국에 대항하기 위해 오나라와 월나라가 일시적으로 손을 잡는 일이 있었는데, 이를 빗대어 '오월동주'라는 말이 생겨났다. 요샛말로 '적과의 동침'인데 '오나라와 월나라가 같은 배에 탔다'라는 이 말은 목적을 위해 경쟁자와 손잡고 나아간다는 뜻이다. 기업이 활동 영역을 넓히려고 협력업체와 손잡는 것은 물론이고, 오월동주처럼 경쟁 상대인 회사와 손을 잡아야 할 때도 있다. 이처럼 다른 회사와 손잡고 특정 사업이나 프로젝트를 수행하는 것을 전략적 제휴라고 한다. 예를 들어 국내의 한 항공사는 미국의 큰 도시까지만 운항하는데, 고객을 중소도시까지 운송하려면 중소도시를 운항하는 미국의 다른 항공사와 손잡아야 한다.

전략적 제휴는 해당 기업과 함께 이익을 낼 수 있는 윈윈 게임일 때 성공할 수 있다. 어느 한 회사가 이익을 보고 다른 회사는 손해를 본다면 제휴 관계는 맺어지지 않기 때문이다. 예를 들어 삼성전자는 이탈리아 패션 브랜드인 아르마니와 휴대폰과 LCD TV를 공동개발하고 있다. 이 제휴는 단순한 제품 공동 개발뿐 아니라 아르마니 전속 소매 유통망에서도 진열되어 판매까지 제휴하는 방식으로 서로 이익을 나누는 형태인 것이다. 또 다른 예로 포스코는 LG전자와 효율이 높은 모터를 공동 개발하는 제휴를 하여 양측 기술진이 참여하는 '기술 협력 위원회'를 운영하기로 했다. KTF는 앞으로 일본의 NTT도코모와 협력하여 로밍 길안내 서비스를 하도록 했다. 한국인이 일본에서 낯선 장소를 찾을 때 KTF의 길안내 서비스를 이용하고, NTT도코모는 그에 필요한 네트워크를 빌려주는 방식으로 제휴한 것이다.

IT기술 분야를 예로 들면, 서로 기술을 교환해 공동제품을 만들거나, 두 회사가 출자해 새로운 회사를 만들어 제품을 개발해 서로 이익을 나누는 공동사업 방식도 있다. 최근 일본은 반도체 생산에서 한국을 이기기 위해 도시바를 위시한 여러 업체가 많은 투자와 기술 개발을 제휴하고 있는데, 이런 방식 역시 전략적인 제휴 방식의 하나다.

우리나라에서는 2008년 초 삼성전자와 하이닉스가 차세대 메모리 반도체 공동개발에 나서기로 했다. 그동안 치열한 경쟁을 벌여왔던 관계지만, 차세대 기술 개발을 위해 공동전선을 구축한 것이다. 일본의 도시바와 NEC, 후지쓰 등 3사는 2006년부터 차세대 기술인 수직자기형 비휘발성 메모리 개발에 30억 엔을 투입하는 등 협력을 강화하고 있고, 이에 대항하기 위해 삼성전자와 하이닉스는 적과의 동침을 하게 된 것이다. 미국에서는 IBM과 애플이 마이크로소프트에 대항하기 위해 IBM의 '로터스 노츠'를 애플 아이폰과 아이팟 터치에 사용하기로 제휴했다. 이처럼 전략적 제휴는 둘 이상의 회사가 기술이나 제품, 시장 등에 대해 서로 연합해 공동목표를 추구하는 방식이다.

네트워크 경영

인터넷이 발달하자 여러 기업들이 다양한 형태로 네트워크를 형성하고 있다. 특히 인터넷을 위주로 참여, 개방, 공유의 특성을 갖는 웹 2.0 경영이 활발하게 발전하고 있다. 웹 2.0에 대해 알아보기로 하자.

P&G는 인터넷 홈페이지에 '원하는 것'과 '가진 것'이라는 항목을 두어 세계 각국 전문가들이 P&G의 R&D팀에 수시로 아이디어를 올리도록 하고 있다. 그리하여 일년에 2천 건이 넘는 제안서가 접수되었고, 이 가운데 상당수가 R&D에 채택되고 있는 실정이다. P&G의 전략은 외부 R&D 역량을 내부로 참여시켜 신속히 상품을 만들어내는 방식이다. 보톡스가 유행하던 2003년에 P&G는 프랑스의 소규모 벤처기업이 피부재생 기술을 보유하고 있다는 것을 알아내어, 이 회사와 함께 올레이 브랜드로 주름 개선 화장품을 시판했다. 연구 개발을 하는 데 18개월이 걸렸는데, 이는 기존 개발 기간의 절반에 불과했다.

일본의 도세히 전기는 몇 년 전에 반도체 생산에 필요한 장비와 레이저의 핵심기술을 개발했지만 이를 생산하기 위한 장비와 기술이 부족했다. 이 문제를 해결해준 것이 바로 네트워크였다. 도쿄의 산업 클러스트 본부를 통해 사양길을 걷던 용접, 금형, 기계 조립 등 100여 개 중소기업들을 소개받았고, 이들 기업들과 공동 투자해 장비를 마련하고 기술을 교환했다. 수평적 협업 과정을 통해 개발한 반도체용 레이저 용접 및 금형 기술은 세계 각국 3천여 개 기업에 공급될 정도로 히트했다. 이처럼 네트워크 방식을 이용하면 새로운 시너지를 창출하고 새로운 비즈니스 모델을 만들 수 있는 것이다.

한 기업이 자신이 갖고 있는 핵심역량에 집중하고 나머지는 외부의 전문기능을 갖춘 회사들과 협력해 마치 하나의 회사처럼 움직이는 방식을 가상기업virtual corporation이라고 한다. 가상기업 방식은 웹 2.0 환경에서 많은 중소기업이나 벤처기업이 활용할 수 있는 비즈니스 모델이다. 소규모 기업의 경우 인력이나 공장 등이 부족한 경우가 많은데, 이 모델을 활용하면 외부의 다른 기업들에게 협력을 받아 자신이 갖고 있는 기술이나 아이디어를 비즈니스화할 수 있기 때문이다. 물론 이 모델이 성공하기 위해서는 적절한 파트너와 손잡아야 한다. 도쿄의 산업 클러스트 본부처럼 협력업체에 대한 정확한 정보를 보유하고 각 기업들을 연결시켜주는 기업이나 조직이 있어야 한다. 앞으로는 부동산 중개업처럼 인터넷상에서 기업 간의 제휴를 중개하는 기업이 출현할 수도 있을 것이다.

웹 2.0 방식은 '위키피디아wikipedia'의 성공과 인터넷을 무대로 비즈니스를 개척한 아마존닷컴 등의 성공에 힘입어 급속히 발전하고 있다. 위키피디아는 '빠르다'라는 의미인 'wiki'와 백과사전인 'encyclopedia'의 합성어로 네티즌들이 자유롭게 참여해 만든 인터넷상의 백과사전이다. 아마존닷컴은 인터넷 서점으로 시작했지만 지금은 매우 광범위한 제품과 서비스를 판매하고 있다. 특히 외부 회원사들과 손을 잡고 있는데, 회원사가 아마존의 서비스나 제품을 고객과 연결시키면 일정 수수료를 회원사에 분배하는 윈윈 네트워킹 시스템으로 사업을 확장하고 있다.

또 다른 웹 2.0 기업인 세컨드라이프는 인터넷상에 3차원의 가상 세계를 만들어 놓고 실제 생활과 비슷한 활동을 자신의 분신인 아바

타를 이용해 할 수 있도록 하는 비즈니스 모델로 성공을 거두고 있다. 세컨드라이프에서는 평소에 이루지 못한 일을 이룰 수 있으며, 현장 감과 학습 효과 등이 있어 빠르게 성장하고 있는 네트워킹 비즈니스이다.

기업들이 웹 2.0 환경을 자신의 비즈니스 모델에 어떻게 적용해 발전시킬 것인가에 대해, 돈 탭스코트와 앤서니 윌리엄스는 『위키노믹스』에서 상세히 설명하고 있다. 그들은 회사 안팎의 사람이나 기업들이 동등한 입장에서 협력해 커뮤니티를 만들고 새로운 제품이나 서비스를 생산하는 방식인 동등계층생산peer production을 소개한다. 예를 들어 캐나다의 금광 회사인 골드코프가 금광을 찾지 못해 파산 위기에 몰렸을 때 이 회사 사장은 리눅스가 소스를 공개했던 것처럼 회사의 금광 탐사에 관한 모든 자료를 외부에 공개하고 총 57만 5천 달러의 골드코프 챌린지 콘테스트를 개최하였다. 이 콘테스트에 참가한 50여 개국의 1천여 명의 참가자들이 자료를 분석해 110곳의 후보지를 찾아냈으며, 새로운 후보지의 80퍼센트 이상에서 금이 나온 것이다.

세계 인터넷 검색 시장의 일인자 구글은 마이크로소프트를 위협할 만큼 성장하고 있다. 2008년 초 마이크로소프트는 시장의 열세를 회복하기 위해 야후를 인수하겠다고 공표했다. 구글은 검색뿐 아니라 광고 시장에서 전 세계 광고주 및 네티즌을 위한 수익분배 모델을 창출한 것으로 유명하다. 앞으로 웹 2.0 경영은 빠른 속도로 발전할 것이며, 기존의 사업 방식에 큰 변화를 가져올 것이다.

큰 기업을 아메바처럼 운영하기

빠르게 움직이는 거대 기업

스위스의 ABB는 산업용 기기나 전력용 송전시설 등을 생산하는 유럽 최대의 중전기 회사다. 140여 국가에서 사업을 하고 있으며 21만여 명의 사원을 거느린 거대 기업이다. ABB는 의사결정이 빠르고 본사가 작기로 유명하다. 본사 임원 8명, 본사 직원 170명 정도 규모이기 때문이다. 대신 모든 사업을 50명 규모의 이익센터가 맡아, 현장에서 신속하게 사업을 추진하는 것으로 업무의 효율성을 높이고 있다. ABB의 5천여 이익센터는 서로 경쟁하고 있다. 거대 기업이지만 작은 조직이고, 글로벌 기업이지만 현지화에 성공했기에 경쟁 우위를 지키는 것으로 유명하다.

ABB는 먼저 사업을 크게 4개의 본부로 나누고 부사장이 각 본부장을 맡고 있다. 각 사업부는 여러 사업 단위를 갖고 있고, 회사 전체

적으로는 50여 개의 사업 단위를 운영한다. 또한 유럽, 미국, 아시아
와 태평양의 3개 지역으로 나누어 각 지역을 부사장이 담당하도록 하
고 있다. 각각의 이익센터에는 사업별 매니저와 지역별 매니저를 두
고 있으며, 이는 경영회의를 통해 큰 방향을 논의하는 매트릭스 조직
이다.

매트릭스 조직은 사업과 지역별로 매니저가 있기 때문에 서로
의견이 충돌할 수도 있지만 서로 논의를 통해서 해결할 수 있다. 매
니저들은 자신이 맡고 있는 분야의 전문지식이 있기 때문에 서로 합
의해 사업을 수행하면 높은 성과를 올리는 것이다. 또한 각 이익센터
가 마치 하나의 기업처럼 모든 권한을 갖고 움직이기 때문에, 의사결
정이 매우 빠른 스피드 경영을 함으로써 다른 기업에 비해 유리한 점
이 많다.

SK그룹의 사내독립기업제

2007년 말 SK그룹은 SK에너지, SK텔레콤, SK네트웍스 등 주력
계열사에 사내독립기업제인 CIC(Company in Company)를 도입했다.
CIC는 마치 하나의 독립된 회사처럼 자율적으로 경영한다.

현장에서 시급히 결정해야 할 일들을 본부 경영진에게 보고하고
여러 가지를 분석한 후 현장에 지침이 내려오기를 기다리면 이미 그
프로젝트를 다른 회사가 맡아버리게 된다. 우리 속담대로 '원님 행차
뒤 나발 부는 꼴'이 되는 것이다.

SK는 CIC가 모든 것을 자율적으로 결정하도록 한 후 경영실적이

좋으면 보너스를 주거나 아니면 책임을 묻는 식의 성과보상 시스템을 실시하려는 것이다. 이런 사업부 시스템을 도입하면 사업실적이 부진할 경우 사업부를 맡는 사장이 비용을 줄이기 위한 생산성 향상 방식을 도입하거나 사업부 내의 적자 사업 영역을 폐쇄하는 등 구조조정과 혁신을 활발히 수행하게 된다. 또한 거대 기업을 CEO 혼자서 경영하는 것은 무리기 때문에, CEO의 업무를 각 사업부 사장에게 분담시킬 수도 있다.

증권업계에서는 미래에셋 증권이 2006년 11월부터 사업부제를 실시해 기업금융사업부, 리테일사업부, 법인사업부 등으로 나누어 운영하고 있다. 이러한 사업부제 조직이 성공하기 위해서는 예산과 인사, 보상 등 모든 것에 자율권을 주는 분권화가 이루어져야 한다.

아메바 경영

거대 기업을 작은 조직으로 나누어 경영해 크게 성공한 일본 교세라 그룹의 '아메바 경영'의 사례가 『이나모리 가즈오의 아메바 경영』이라는 책에 자세히 소개되어 있는데, 함께 살펴보자.

교세라의 가즈오 회장

세라믹 제품을 생산하는 '교세라'라는 회사를 창립한 이나모리 가즈오 회장은 일본 벤처업계에서는 신화적인 인물이다. 시골의 가난한 집에서 태어나 대학에 진학하려 한 그는 오사카 대학교 입학시험에 낙방하고 지방의 가고시마 대학에 들어간다.

졸업을 한 후 교토에 있는 한 세라믹 생산회사에 입사한 것이 계기가 되어 27세에 '교세라'를 세우게 된다. 그는 상사였던 기술부장과 부하 몇 명, 그리고 외부에서 자금을 출자한 사장과 함께 30명이 채 안 되는 사원으로 회사를 시작했다.

그런데 일본 기업은 모기업과 하청기업이 밀착되어 있기 때문에 교세라 같은 벤처기업이 시장 개척을 하기는 힘들다. 교세라 역시 초기에는 회사 경영이 어려웠지만 이후 IBM에서 대량 주문을 받는 등 회사가 발전하기 시작했다.

회사를 창업한 지 3년 되던 해인 1961년, 고졸 사원 11명이 그에게 찾아왔다. 그들은 정기 승급과 보너스 등의 임금 보장을 약속해 달라는 요구를 하면서 요구사항이 받아들여지지 않으면 모두 그만두겠다고 항의했다. 이나모리는 한 사람 한 사람을 붙들고 설득했는데, 사흘째 되는 날 마지막 한 사람을 겨우 설득했다. 이 사건을 계기로 경영에 대해 고민한 그는 '회사 경영의 가장 기본적인 목적은 종업원과 그 가족의 미래를 지켜주고 모든 사람의 행복을 추구해야 한다'라고 결론을 내렸다. 그리고 경영 이념을 '전 종업원의 물심양면에 걸친 행복을 추구한다'와 '인류 사회의 발전에 공헌한다'라고 정했다.

회사는 이후 크게 발전해 연 매출액 11조 원 이상을 기록하는 대기업이 되었다. 2000년에는 일본 4대 민간통신업체를 합병해 일본 제2위의 종합전기통신회사인 KDDI를 설립하는 등 큰 업적을 남겼다. 또한 일본 국내와 해외에 세이와쥬쿠라는 경영학원을 세워 젊은 경영자를 육성하고 있다.

이나모리 회장이 추구한 경영 이념은 '인간 중심의 경영', '경영은 마라톤', '양보와 배려', '경영은 숭고한 마음자세로 하는 것' 등의 말로 요약될 수 있다. 그런 그는 회사 창업 25년 만에 법을 위반해 여론의 지탄과 함께 1개월간 영업정지 처분을 받아야 했다. 이때 그는 마음의 스승인 한 스님에게 고민을 털어놓으며 위안을 받았다. 스님이 그에게 말했다. "괴로운 것은 살아 있다는 증거입니다. 재난을 만나는 것은 과거에 만든 업이 사라지는 걸 뜻합니다. 업이 사라지는 것이기 때문에 기뻐해야 합니다. 어떤 업이 있었는지 알 수 없지만 그 정도의 일로 업이 사라진다면 축복이지 않겠습니까?"

아메바 경영의 개념

교세라는 설립 당시에 뜻을 같이 한 8명이 주주로 참여해 회사를 운영했다. 그렇기 때문에 사내 인간관계는 하나의 목표를 위해 함께 꿈을 이루어가는 동지적 관계, '파트너십'의 관계에 뿌리를 두고 있다. 이러한 소집단은 강한 일체감을 보이는 장점이 있다. 하지만 회사 규모가 100명이 넘는 회사로 성장하자 이나모리 회장은, 어떻게 하면 종업원 모두가 창업 당시의 열정을 유지하고 보람을 느끼며 일할 수 있을까 고민한다. 그리고 '모두가 경영자가 되는 길'을 선택한다. 회사 전체를 20~30명 규모로 공정별, 제품별로 몇 개의 작은 조직으로 나누고 하나의 중소기업처럼 경영을 맡겨 독립채산제로 운영한 것이다.

이러한 소집단은 고정된 것이 아니라 환경 변화에 적응해 자기 증식을 하기 때문에 '아메바'라고 이름을 붙였다. 소집단 경영을 잘하기 위해서는 자기 집단의 영업 실적을 관리하는 손익계산이 필수적이다. 그리고 회계 지식이 없는 사람들을 위해 '시간당 채산표'라는 결산서를 만들었다.

시간당 채산표는 영업에 따른 매출 및 수익을 늘리고 경비를 줄이면 그 차액인 부가가치 또는 순이익이 증가한다는 원칙을 채산표 형태로 보여주는 것이다. 시간당 채산표는 각 팀의 부가가치 또는 순이익을 시간으로 나누어 1시간당 얼마의 이익을 얻고 있는지를 알려주도록 작성된다. 이 채산표는 각 팀의 현장 종업원들도 쉽게 이해하도록 되어 있어 모든 사원이 채산성 또는 수익성을 높이도록 유도하며, 사원들이 자발적으로 경영에 참여하도록 한다. 이러한 경영 참여와 훈련을 통해 주인의식을 가진 인재를 육성할 수 있는 것이다.

아메바 조직과 시간당 채산표

아메바 경영의 첫걸음은 전체 조직을 아메바 조직으로 나누는 것이다. 교세라에서는 3가지 조건을 고려해 아메바 조직으로 나누었다.

1. 명확한 수입이 존재하고 수입을 얻기 위해 필요한 경비를 산출할 수 있을 것.
2. 사업을 수행하기 위한 최소한의 기능을 가져야 할 것.
3. 회사 전체의 목적이나 방침에 어긋나지 않는 범위에서 분할할 것.

아메바 조직은 환경의 변화에 유연하게 대처할 수 있도록 늘 재구성해야 한다. 예를 들어 회사 내에 물류 부문이 커지면 별도의 독립 아메바 조직인 물류사업부를 신설해 효율성을 높이는 것이다.

아메바 경영을 실천하기 위해서는 시간당 채산표라는 관리 회계가 필요하다. 매월 각 아메바 조직은 시간당 채산표를 작성해 한 달 동안의 경영성적을 살펴보고, 수익을 늘리고 경비를 줄일 수 있는 방법을 모색하도록 하는 것이다. 시간당 채산표를 작성하면 자신이 속한 아메바 조직이 일을 얼마나 잘했는지, 어떻게 하면 성과를 더 올릴 수 있는지 등을 현장의 사원들이 서로 머리를 맞대고 논의할 수 있다. 또한 월초 계획과 실적을 함께 표시하면 왜 실적이 계획과 차이가 나는지 밝혀낼 수 있다.

최고경영자는 각 아메바 조직의 시간당 채산표를 통해 회사 전체가 어떤 방식으로 경영되고 있는지 한눈에 볼 수 있다. 지난달과 비교할 수도 있고, 서로 비슷한 다른 아메바 조직들과 비교해 경영 성과를 판단할 수도 있는 것이다.

아메바 경영의 성공 요인

아메바 조직과 시간당 채산표 등을 만들었다 해도 실제로 이것들을 경영 현장에서 활용하기 위해서는 다음과 같은 노력이 필요하다.

1. 회사의 구성원이 아메바 경영의 이념을 바로알고 자신들이 공동경영자라는 의식을 가져야 한다. 교세라의 경우 인간존중, 신뢰와 같은 회사의 경영 이념을 모든 사원들의 마음에 담도록 했으며, 회사의 정보를 공유해 주인의식을 갖도록 했다. 또한 각 아메바 조직은 구성원 모두가 목표를 공유했다.

2. 아메바 조직의 목표만 달성하려고 힘쓰면 자칫 회사 전체에 손

실이 되는 경우가 있다. 특히 아메바 조직끼리 거래할 경우 한 조직은 이익을 보지만 다른 조직은 손해를 볼 수 있다.

3. 각 아메바 조직의 리더를 육성해야 한다. 각 아메바 조직은 마치 하나의 독립된 회사처럼 경영된다. 이를 경영하는 리더는 경영자로서 갖추어야 할 지식과 경험이 있어야 하는 것이다. 교세라에서는 자신이 맡고 있는 아메바를 멋진 조직으로 만들려는 꿈과 열정을 쏟도록 리더를 양성하고 있다. 리더는 책임감과 사명감을 갖고 조직을 이끌어가는 경영 능력을 기르게 된다. 교세라에서는 간부회의를 통해 각 조직의 리더들이 전월 실적과 당월의 예상 실적을 발표하고, 각 리더에게 필요한 것을 경영진이 지적하고 교육하고 있다.

불가사리 조직

2001년 9월 11일 세계무역센터에 테러를 저지른 알카에다가 이른바 불가사리 조직이다. 불가사리 조직은 탈 중앙집권적으로 조직을 운영하므로, 하부조직이 창의적으로 임무를 수행하도록 한다. 세계무역센터 테러는 분명 인류를 향한 중대 범죄 행위지만, 알카에다의 조직 운영 방식은 2007년 초에 열린 세계경제포럼에서 논의될 정도로 주목을 받고 있다.

알카에다의 불가사리 조직은 중앙의 간섭 없이 각 지부의 조직원들이 자유롭게 지식을 공유하고 논의한다. 따라서 목표 달성을 위한 최선의 방법을 찾아내는 창조적 경영을 하는 것이다.

다리 하나를 잘라내면 새로운 다리가 생겨나고, 잘린 다리가 또

다른 불가사리로 성장하는 생명체. 이 같은 불가사리 조직은 조직원
모두가 의사결정자로서 하나의 생명체처럼 움직이며 조직의 목표를
달성한다.

역사에서 배우는 리더십과 내일의 경영

고금의 역사를 살펴보면 한때는 천하의 중심이었지만 이제는 역사의 뒤안길로 사라진 나라들이 많다. 이는 국가 경영이 얼마나 어렵고 중요한 일인지를 알려준다. 리더십의 관점에서 국가 경영을 살펴보면 기업을 경영하는 데 도움이 된다.

동서고금의 국가들을 경영의 관점에서 살펴보자. 아울러 내일의 세계가 어떻게 변화할지 알아보고, 다가올 미래를 대비하자.

이집트와 로마의 경영

인도의 초대 수상이 된 네루는 영국의 식민지 시절에 스트라이크를 일으킨 죄로 9번이나 감옥에 투옥되었다. 그런데 투옥 기간 중 딸 인디라 간디에게 인류 문명이 꽃피기 시작한 종교의 세기와 로마 제국부터 현대까지의 세계 역사를 편지로 알려주었다. 아버지 네루의 애정 어린 역사 교육에 힘입어 인디라 간디는 7억 인도를 이끄는 지도자로 우뚝 설 수 있었다.

경영과 역사가 무슨 상관일까 싶겠지만 역사는 경영의 힘을 기르는 타산지석이다. 이 장에서는 고대 이집트를 비롯한 근대와 현대의 강대국들이 국가 경영을 어떻게 했는지 살펴보도록 하자.

피라미드와 람세스

고대 이집트가 남긴 유물 중에서 피라미드는 경이의 대상이다.

그 규모도 그러하지만 고대의 기술력으로 정북향을 향해 정확히 배치한 점이나 태양, 달, 별과의 복잡한 상관관계는 많은 의문점을 남기고 있다.

피라미드는 19세기 말 파리의 에펠탑이 세워지기 전까지 세계에서 가장 높은 건물이었으며, 230만 개의 돌과 600만 톤의 무게는 오늘날의 런던 시내 건물들의 돌을 모은 것보다 많다고 한다. 피라미드를 보면 인간의 힘이 참으로 위대하다는 것을 깨닫게 된다. 그리고 경영의 관점에서 볼 때 피라미드 건설에 투입된 그 많은 사람들을 어떻게 관리했을까 생각하면 경이롭다. 피라미드를 짓기 위해 20년 동안 연인원 10만 명 이상이 동원되었다고 하는데, 이들을 어떻게 조직하고 관리했기에 목표를 이룰 수 있었을까?

피라미드는 과학적으로 건축되었다. 돌을 채석할 때는 쉽게 운반할 수 있도록 일정한 크기로 잘라 번호를 매기고, 우기에 나일 강을 통해 돌을 운반했으며, 벽돌을 쌓기 위해 경사로를 이용했다. 이처럼 기술을 활용해 체계적이고 효율적으로 일하도록 한 점은 오늘날의 첨단 경영과 비교해도 손색없다.

2008년 현재 아랍에미리트 두바이에서는 엠파이어스테이트 빌딩의 2배 높이인 '버즈두바이'를 삼성이 건설하고 있다. 넓이는 서울 여의도 공원의 2배, 일일 최대 공사 투입 인력 3,100명이라는 진기록까지 세우고 있다. 이집트의 피라미드가 영생불사를 기원한 죽은 사람의 구축물이라면 버즈두바이는 살아 있는 사람의 활동 공간이지만, 두 건축물 모두 그 시대를 대표하는 가장 거대하고 위대한 작품이라는 점에서 어떤 공감대가 느껴진다.

피라미드가 이집트의 유물로서 경영 활동의 흔적을 보여주는 것이라면, 위대한 파라오 람세스가 남긴 유적은 경영인의 모습을 보여준다. 성경의 출애굽기에 나오는 모세를 다룬 만화영화 〈이집트 왕자〉에는 모세에 대항하는 이집트의 왕이 나오는데, 그가 바로 람세스 대왕이라고 불리는 람세스 2세다. 고대 이집트 왕 중에서 가장 뛰어난 파라오였던 람세스 2세는 60년이 넘는 통치 기간 동안 전쟁을 통해 광대한 땅을 정복하고 신전 및 거대한 석상 등의 조각들을 건축해 지금도 이집트를 방문하는 이들에게 찬란한 이집트 문명을 보여주고 있다.

그가 남긴 유적은 이집트 문명에 대한 많은 연구를 불러일으켰다. 이러한 연구 결과 위대한 파라오를 만드는 요소들이 발견되었다. 즉 용감한 전사, 강력한 건설자, 영험한 신과 같은 요소를 자신의 통치에 적용해 위대한 왕의 이미지를 만들고, 이를 후세에 유적으로 전달하는 것이다. 현대적으로 보면 리더십을 발휘하고 이미지 메이킹에 능숙한 경영인의 모습을 보이는 것이다.

이집트학 연구자며 베스트셀러 작가인 크리스티앙 자크는 람세스 2세의 생애를 『람세스』라는 장편 소설로 되살렸다. 이집트 왕인 아버지 세티의 둘째 아들로 태어난 람세스 2세는 아버지의 후계자 자리를 놓고 형 세나르와 다툰 끝에 왕위 계승권을 따냈다. 또한 아름다운 여인 이제트의 사랑을 쟁취하기 위해 형과 경쟁해 자신의 두 번째 왕비로 삼는 등 스스로 신이 되고 싶었던 그의 모습이 재미있게 그려진다. 형과 경쟁할 때 그의 어머니는 충고해주었다. "진정한 남자는 바라는 것만으로 만족하지 않는다. 행동하는 것이다."

로마의 경영

로마하면 먼저 떠오르는 것이 로마 시대를 배경으로 하는 영화다. 필자가 중학교 때 보았던 영화 〈벤허〉의 전차 경주 장면은 아직도 생생한 긴장감을 느끼게 한다. 로마 장군이면서 검투사가 되었던 주인공을 그린 영화 〈글래디에이터〉와 최근 미국 드라마 〈ROME〉에서 카이사르도 로마의 모습을 잘 그려냈다. 이런 영화들에서는 로마 군인들의 멋있는 복장과 잘 짜여진 조직의 모습, 그리고 노예들의 절망을 엿볼 수 있다.

로마의 사상이나 제도는 그리스의 철학사상과 함께 유럽의 중추적인 토대를 형성했기 때문에 그리스–로마의 문화가 현대까지 고전으로 이어져오고 있다. 우리나라에서도 『그리스 로마 신화』가 교양 필독서로 읽히고 있고, 로마의 역사를 다룬 책들을 찾는 이들이 많다.

로마는 1,300년이라는 장구한 기간에 걸쳐 영토를 확장했으며 도로, 수도 등의 도시 체계를 정비했고, 군대 조직과 통치 체제 및 통치 이념 등을 가다듬었다. 로마는 영토 확장과 함께 정복지에서 많은 세금과 노예를 들여왔다. 한편 전쟁터에서 돌아온 시민계급은 전쟁으로 돌보지 못해 황폐해진 농지를 부자나 귀족에게 넘기게 되었다. 처음으로 프롤레타리아 그룹이 형성된 것이다. 노예는 검투사, 또는 농장이나 광산의 노동, 요리나 이발 등의 일을 맡게 되었다. 인간으로서 대접받지 못하고 동물과 마찬가지로 주인의 재산으로 취급당한 노예들은 스파르타쿠스라는 검투사의 지도 아래 무장봉기를 일으키기도 했다. 로마에서 시작된 노예제도는 19세기 미국에서 흑인 노예제도가 폐지되기까지 이어져 내려왔다.

로마 하면 카이사르를 빼놓을 수 없다. 카이사르는 집정관에 당선되어 폼페이우스, 크라수스와 함께 3명이 로마를 통치하는 삼두정치를 시작한 인물이다. 그 후 폼페이우스를 몰아내고 권력을 장악했다. 카이사르가 폼페이우스를 몰아내기 위해 루비콘 강을 건너면서 한 말인 '주사위는 던져졌다'는, 어떤 결정을 내리고 그것을 달성하기 위해 최선을 다하는 자세를 나타내는 것으로 아직까지도 널리 사용되고 있다.

형식적으로는 공화정이었지만 실제로는 로마의 모든 권력을 독점한 카이사르는 '임페라토르imperator'라는 호칭을 사용했는데, 이는 최고의 지도자를 나타내는 말이다. 훗날 임페라토르는 황제emperor를 뜻하는 말이 되었다. 카이사르는 브루투스에 의해 암살되면서 그 유명한 '브루투스 너마저도'라는 말을 남겼다. 카이사르는 관대하고 포용력 있으며 매우 개방적인 지도자로 알려져 있다. 〈ROME〉을 보면 이러한 그의 성격이 잘 나타난다. 그는 로마의 성곽을 없애고 다른 지역에서 자유로이 문물을 받아들이는 개방 정책을 실시했다.

황제가 지배하던 로마 시대에는 광활한 영토를 통치하기 위해 효율적인 통치 조직을 운영했다. 여러 지역으로 분산된 큰 제국을 효율적으로 통치하면서 세금을 걷어 들일 수 있도록 한 것이다. 각 지역에 일정한 권한을 넘겨주어 자치적으로 통치하게 했다. 그러나 군대 통솔권만큼은 지역 책임자에 맡기지 않았는데, 이는 황제에 대한 도전을 막기 위한 조치였다.

오늘날 로마를 방문하면 고대 로마가 남긴 실용적인 유산들, 특히 다양한 건축물을 볼 수 있다. 로마인은 대규모 목욕탕, 개선문, 원형 경기장, 하수도와 상수도 시설 등을 건축했는데, 다른 지역에서 로마로 들어오는 돌로 된 도로는 무엇보다도 독특하다. '모든 길은 로마로 통한다'라는 말은 모든 지역과 연결된 로마의 도로 자체를 의미하기도 하지만, 세상의 모든 것을 받아들이는 로마의 개방성과 포용성을 의미하기도 한다. 로마는 근대 법체계의 모범이 된 로마법을 제정했는데, 이 법은 로마의 지배를 받던 여러 지역으로 퍼져나가 유럽 각국 법의 기초가 되었다.

로마 시대에는 나라가 어려움에 닥치면 귀족이나 상류층이 이를 떠맡는 문화를 형성했다. 유럽의 귀족들이 전쟁이 발발하면 맨 먼저 전장에 나서는 전통도 로마 시대의 문화가 계승된 것이다. '노블리스 오블리제', 우리 사회의 지도층에게 귀감이 되는 훌륭한 문화다.

대국굴기에서 배우는 리더십

중국 국영방송인 CCTV에서 역사상 강대했던 아홉 나라를 조명한 다큐멘터리 〈대국굴기〉는 우리나라에서도 방송되어 많은 이들에게 교훈을 주었다. 굴기는 '산처럼 솟구치며 일어나다'라는 뜻인데, 아홉 나라들은 어떻게 굴기崛起할 수 있었을까? 〈대국굴기〉는 중국이라는 강대국이 앞으로 나아갈 방향을 모색하기 위해, 15세기의 포르투갈과 스페인을 비롯해 20세기의 미국까지 아홉 나라를 벤치마킹한 내용이다. 〈대국굴기〉는 미국 예일대 교수인 폴 케네디가 쓴 『강대국의 흥망』의 내용을 상당 부분 참조한 것 같다는 생각이 들었다.

포르투갈과 스페인(15~16세기)

포르투갈과 스페인, 이베리아 반도의 조그만 두 나라가 역사를 바꾸었다. 대항해 시대를 열어 동방과 무역하고 아메리카를 발견한 것이다. 두 나라가 대항해 시대를 연 데는 몇 가지 요인이 있다.

첫째, 당시에는 냉장고가 없어서 육류의 부패를 막기 위해 향신료를 구해야 했다. 예전에는 육로를 통해 구할 수 있었지만 동방으로 갈 수 있는 도로를 아라비아 상인들이 독점하고 있어서 바닷길을 개척할 수밖에 없었다.

둘째, 포르투갈에는 걸출한 리더가 있었다. 엔리케 왕자는 아프리카 서부 해안 항로를 처음으로 개척하고 국립해양학교를 설립하는 등 해양 개척을 추진했다. 또한 스페인에는 콜럼버스의 아메리카 발견을 지원한 이사벨라 여왕이 있었다. 두 나라 모두 선견지명을 가진 지도자가 있었던 것이다. 그 결과, 포르투갈은 동방 교역을 했고, 스페인은 아메리카 식민지를 개척해 막대한 돈을 벌게 되었다.

셋째, 양국의 지도자가 막대한 비용을 들여야 하는 모험을 시도할 수 있었던 이유는, 유럽 대륙에서 두 나라가 가장 먼저 통일군주제로 정치적 안정을 얻어 국가의 힘을 결집할 수 있었기 때문이다.

스페인과 관련해서는 영화 〈미션〉이 생각난다. 남아메리카의 정글지역에 목숨을 담보한 순수한 믿음으로 신앙을 전파하는 주인공인 가브리엘 신부와, 노예상인 출신이나 부인의 부정한 모습을 안 뒤로 삶의 희망을 잃고 살다 신앙의 힘으로 다시 일어선 또 다른 주인공 로드리고가 원주민과 함께 이루는 마을 모습은 얼마나 아름다웠던지 영화 속에서도 '지상의 천국'이라고 불릴 정도였다. 그러나 본국 스페인의 요구를 거부한 이유로 스페인 군대의 침공을 받아 가브리엘 신부는 무저항 상태에서 죽고 로드리고는 무장하여 항거했으나 그 역시 죽으면서 지상의 천국은 쑥대밭으로 사라져버리는 허망한 모습, 단지 어린이 몇이 조각배를 끌고 밀림으로 들어가는 마지막 장면, 슬프도록 아름다운 주제곡과 영상, 그리고 '빛이 어둠 속에서 비친다. 그러나 어둠이 빛을 이긴 일은 없다'라는 로드리고의 말이 생생하다. 스페인은 식민지 개척을 위해 원주민의 90퍼센트 이상을 학살했다고 하니 생명의 존엄을 무시한 인간의 이기심에 대해 다시 한번 생각해본다.

한편, 이 두 나라는 국내의 물가가 올라가는 인플레 문제를 신경 쓰지 않고, 국내의 상공업을 육성하지 않았으며, 외국의 명품을 수입했다. 결국 힘을 잃고 강대국의 지위를 다른 나라에 넘겨주게 되었다.

네덜란드(17세기)

14세기까지 네덜란드는 인구의 20퍼센트가 청어교역에 종사하는 어업과 상업의 나라였다. 그에 따라 일찍부터 수상 교통망이 발달했다. 특히 다른 나라에 비해 가볍고 빠른 배를 저렴한 가격으로 건조해 선박을 가장 많이 보유한 국가가 되었다. 그 결과, 해상 무역의 선두주자로 나설 수 있었다.

특히 하나의 국가처럼 여러 가지 권리를 행사하는 형태의 동인도회사를 설립했는데, 동방 교역으로 엄청난 돈을 벌 수 있었다. 이때 왕을 비롯한 국민 대부분이 동인도회사에 투자했고, 이 회사의 주식을 사고팔기 위해 세계 최초로 증권거래소를 세우게 되었다.

17세기부터 네덜란드 상인이 일본에 거주하면서 교역한 것을 보면 그들의 상업적 재질은 알아줄 만하다. 음식을 먹고 각자 셈하는 방식을 '더치페이'라고 하니, 이들의 상인다운 문화를 짐작할 수 있다.

영국(17~20세기)

엘리자베스 여왕 시대부터 영국은 강국으로 일어서기 위한 발걸음을 떼기 시작했다. 1558년 벌어진 해전에서 드레이크가 지휘한 해적선 위주의 영국 소형 선박들이 스페인의 대형 무적함대를 격파한 것은 아무도 예측하지 못한 사건이었다. 마치 거대한 곰을 놓고 작은 사냥개 여러 마리가 치고 빠지는 듯한 공격으로 무적함대를 격파했다.

엘리자베스 여왕이 통치하는 시기에는 문화도 많이 발전했다. 세계 최고의 극작가 셰익스피어도 이 시기에 활발한 작품 활동을 했다. 셰익스피어의 『햄릿』에는 "약한 자여, 그대 이름은 여자니라"는 대사가 있는데, 엘리자베스 여왕은 이것이 자신을 겨냥하는 것임을 알면서도 그냥 침묵으로 대했다 하니 멋있는 여왕이다.

스페인과의 해전에서 승리한 뒤 영국은 해양대국이 되었으며, 17세기에는 명예혁명으로 입헌군주제를 도입한 후 강대국으로 부상했다. 특히 항해법을 도입해 해외 무역을 할 때 영국 선적을 이용하도록 함으로써 네덜란드를 쇠퇴하게 했으며, 해외의 식민지를 개척하고 산업혁명을 일으켜 해가 지지 않는 나라가 되었다.

산업혁명과 관련해 제임스 와트가 증기기관을 발명할 수 있도록 큰 공헌을 한 볼튼이라는 동업자 이야기가 관심을 끈다. 와트는 소심한 나머지 종종 발명 의욕을 잃고 일을 진척시키지 못할 때가 있었는데, 낙관적이고 적극적인 성격의 볼튼이 와트에게 용기와 희망을 심어주어 결국 증기기관을 발명하게 했다는 이야기는 좋은 친구와 멘토의 필요를 다시 깨닫게 한다. 뉴턴의 만유인력 법칙이 산업혁명을 가능하도록 이론적인 뒷받침을 했다는 것도 흥미 있다. 그 당시 세계 각국에서 주문해온 수많은 직물을 만들기 위해서는 기계를 사용해야 했는데 기계는 풍력이나 수력 같은 자연의 힘을 이용할 수밖에 없었다. 그러나 뉴턴의 연구에 의해서 '인간이 만든 힘'을 이용할 수 있는 길을 보여 주었고 와트가 이를 실제 증기기관으로 실천함으로써 산업혁명이 시작되었다는 것이다. 학문의 힘이 얼마나 위대한지 다시 한 번 생각해본다.

영국이 발전하게 된 데는 애덤 스미스의 『국부론』을 빼놓을 수 없다. 각자가 시장을 통해 자유롭게 경쟁하면 '보이지 않는 손'에 의해 더욱 많은 돈을 벌고 국가 경제가 발전한다는 이론을 받아들임으로써 자본주의가 발전한 것이다.

해외무역과 식민지 개척 및 산업혁명 등을 통해 영국 최고의 전성기를 이끌었던 빅토리아 여왕은 모든 일에 일일이 관여하지 않고 전문가에게 일을 맡겼다고 한다. 이는 우리가 본받을 만한 점이다.

20세기 들어 영국은 식민지를 관리하는 데 들어가는 비용이 식민지에서 얻어내는 소득보다 커지자 식민지주의를 포기했다. 또한 두 차례에 걸친 세계대전으로 경제력을 잃었으며, 제2차 세계대전 이후 미국과 소련 및 독일과 프랑스 등의 경제력을 따라가지 못해 국력이 약해진다. 특히 전통적으로 노동조합의 힘이 강해 생산력이 떨어지고 산업이 정체하는 '영국병'에 걸리게 되었다.

1980년대에 수상이 된 마가렛 대처는 강력한 노동조합의 힘을 약화시키고 개혁 정책을 성공적으로 수행해 영국병을 치유했다. 다시 한 번 영국을 발전 궤도로 올려놓은 것이다. 그 뒤를 이은 블레어 수상 역시 경제성장률을 높이고 실업률을 낮추었다. 최근 수상이 된 브라운은 금융의 자율성을 높이고 공공부문 임금인상률을 억제하는 정책을 펴 런던이 뉴욕을 제치고 국제금융의 허브로 발돋움하도록 만들었다.

독일과 프랑스(18~20세기)

독일은 유럽에서 가장 늦게 통일국가를 세운 것으로 알려져 있다. 통일되기 이전에 독일에는 6천 종 이상의 화폐가 있었고 각국의 경계마다 관세를 납부해야 해서 활발한 교역이 이루어지지 못했다. 그러나 리스트라는 학자에 의해 주창된 '관세동맹'을 통해 경제통합이 이루어지고, 철혈재상 비스마르크의 노력에 의해 통일국가를 이룸으로써 생산력을 높이고 강대국이 되었다. 현재 유럽연합이 유럽 각국 간의 세금동맹을 통해 서로 연합하고 유로라는 통일된 화폐를 사용하게 된 밑바닥에는 독일의 '관세동맹'이 있어서가 아닐까 싶다.

독일은 국민에게 무상교육을 일찍부터 실시해 과학, 민족의식, 철학을 가르쳤고, 특히 왕이 개인 재산을 기부해 현대적인 대학을 설립할 수 있었다. 국가를 위해 개인의 이익을 희생한 왕의 모습도 부럽고, 대학에 학술 활동의 자유를 전폭적으로 부여한 선견지명도 부럽다. 대학을 자신의 뜻대로 움직이려 하는 우리나라 행정관리들은 깊이 생각해야 할 것이다.

히틀러가 제2차 세계대전을 일으키고 유태인을 학살하자 세계 여러 나라가 독일에게 반감을 품고 있을 때, 브란트 전임 수상이 나치에 희생된 유태인 묘지에서 무릎을 꿇고 과거 만행에 대해 용서를 구한 것은 매우 용기 있는 국가 지도자의 모습이다. 이러한 브란트 수상의 행동은 시간은 걸렸지만 결국 동독과의 통일을 이루는 데 필요한 발판을 마련한 것이다. 그런 점에서 볼 때 아직도 우리에게 저지른 만행에 대해 한 점 반성할 줄 모르는 일본을 보면 안타까우면서도 측은한 마음이 생긴다. 일본은 21세기 이후에도 돈만 있으면 살아남을 수 있다고 보는 것일까?

통일을 이룬 독일은 낙후된 동독을 재건하기 위해 막대한 통일 비용이 필요해 경제적 고통을 겪어야 했다. 그러나 21세기에 들어서 슈뢰더 정부는 기업이 노동자를 쉽게 해고할 수 있도록 하는 노동시장의 유연화와 실업수당 감축 등의 경제개혁 정책을 추진해 경제 침체에서 벗어나고 있다. 최근에는 메르켈 수상이 세금을 낮추고 연구개발비를 늘리며 임금인상 없는 근로연장 등 새로운 경제발전 정책을 내세워, 유럽의 강자로 자리매김하고 있다.

이제 프랑스로 가보자. 절대왕권을 수립한 '태양왕' 루이 14세는 반세기 동안 독재 권력을 휘두르며 베르사유 궁전도 짓고, 31년이라는 긴 기간 동안 전쟁을 벌이느라 재정이 어려워지자 세금을 많이 거둬들였다. 당시의 프랑스 국민은 1류 인생 성직자, 2류 인생 귀족, 3류 인생 평민으로 나뉘었는데, 1류와 2류는 그 지위를 이용해 세금을 내지 않았지만 어쩔 수 없는 3류인 평민들은 세금을 고스란히 부담하느라 허리가 휘었다. 이처럼 평민들의 억울함은 점점 쌓여갔고, 이후 프랑스 대혁명이 일어나게 되었다.

그런데 절대군주나 실력자가 한 시대를 풍미한 뒤에는 국가 전체가 후유증으로 매우 큰 어려움을 겪는 것을 알 수 있다. 루이 14세 이후의 프랑스가 그러했고 고구려의 연개소문 사후가 또 그랬다.

프랑스 대혁명 이후 기존의 낡은 체제는 무너졌지만 새로운 체제는 극심한 혼란을 일으켰다. 이때 불세출의 영웅 나폴레옹이 나타나 유럽 대륙을 정벌해 프랑스인의 높은 코를 조금 더 높이려 했으나 영국에 패하여 일장춘몽이 되었다. 20세기에 들어와서 숙적 독일에게 제2차 세계대전에서 패망하는 뼈아픈 역사를 남기기도 했다.

하지만 나폴레옹은 역사에 길이 남은 영웅이다. 그는 나폴레옹 법전을 제정해 세상살이의 모든 것을 법으로 해결하도록 했고, 인권 선언에 나타난 인권, 자유, 평등을 존중하도록 했다. 나폴레옹은 다른 나라를 정복하면서 유럽의 봉건제도를 철폐시키고 프랑스의 인권 사상을 전파했다.

제2차 세계대전 이후 집권한 드골 대통령은 경제 성장을 적극적으로 추진하고 식민지 시대를 종결시켰다. 또한, 공산주의 중국을 최초로 인정하여 다양한 정치체제를 수용했다.

그러나 프랑스는 지난 10여 년간 '유럽의 병자'로 인식될 만큼 경제가 침체되었다. 높은 노동 비용에 비해 생산성이 낮은 경제 체제 때문이다. 최근 새 총리가 된 사르코지는 이러한 프랑스의 노동시장에 메스를 들이댔다. 초과근무수당에 세금을 매기지 않고 대중교통 노조의 파업을 제한하며, 공무원 숫자를 줄여 일하는 정부로 바꾸었다. 세금을 낮추어 기업의 경영 환경을 개선하는 등 유럽의 병자에서 벗어나기 위해 노력하고 있다.

러시아와 일본(18~20세기)

18세기의 위대한 차르(황제) 표트르 대제가 등장하자 러시아는 대국으로 부상했다. 비잔틴 제국이 멸망하자 비잔틴 황제의 조카딸이 러시아 왕비로 시집 온 것을 계기로 러시아는 로마 제국과 신성 로마 제국을 이어받은 정통 제3로마제국이라는 자부심을 갖게 되었다.

표트르 대제는 그 당시까지 아시아에만 머물던 러시아를 유럽으로 확장시키기 위해 수도를 상트페테르부르크로 옮기고, 강력한 국가를 만들기 위해 국민들에게 모든 것을 국가에 바치도록 강요했다. 전통 복장 대신 양복을 입게 하고 수염을 기르는 것을 없애기 위해 수염세라는 세금까지 매겼다. 그러나 자신의 친아들마저 이 개혁을 감당하지 못하고 도망치자 아들을 처형했다. 이 시대에는 톨스토이와 도스토예프스키 같은 위대한 문학가가 탄생했다.

20세기에 들어서자 러시아는 '공산주의 혁명'으로 세계 역사에 큰 족적을 남겼다. 서구 자본주의의 모순으로 노동자 계급에 의한 혁명이 이루어질 것이라는 마르크스의 생각과는 달리 농업국가인 러시아에서 공산혁명이 일어난 것이다. 그 당시 농민들은 계속되는 착취로 너무 힘들고 아무런 희망이 없었기 때문에 마지막 밧줄로 '공산주의'를 붙잡은 것이다.

공산국가 구소련은 '계획경제'라는 새로운 실험을 통해 중공업을 일으키고 세계 최초로 우주선을 발사하는 등 그 힘을 과시했다. 러시아가 실험한 계획경제는 대공황시기에 미국의 루즈벨트 대통령이 뉴딜정책을 추진할 때 모델이 되기도 했다. 그러나 강력한 군대를 염두에 둔 중공업 중심의 경제로 생활에 필요한 경공업은 쇠퇴되었고,

인간의 마음속 깊은 곳에 자리한 '자신의 것'에 대한 어쩔 수 없는 욕구 등을 무시했기에 실패하고 말았다. 같은 공산국가인 중국은 구소련의 실패를 거울삼아 일정 부분 사유재산을 인정하고 시장경제를 접목했다. 작은 거인 등소평의 현실적인 방향 전환으로 21세기의 주역으로 무섭게 일어나고 있다.

소련이 붕괴한 뒤에도 러시아는 여전히 광활한 자연에서 천연자원을 얻고 있는데, 특히 석유자원 덕분에 큰 힘을 과시하고 있다. 우리가 평창 동계올림픽을 유치하려고 안간힘을 쏟았으나 러시아의 힘에 밀려 뜻을 이루지 못한 것은 국력의 차이 때문이다. 그러나 절망할 필요는 없다. 우리도 국력을 키우면 언젠가 꿈은 이루어지기 때문에.

가깝고도 먼 나라 일본으로 가보자. 일본의 막부정치가 쇠퇴해 갈 즈음에 미국의 페리 제독은 4척의 '흑선'을 이끌고 문호개방을 요구했다. 그 요구를 수락한 일본은 세계사에 진입했다. 일본은 문호를 개방하는 과정에서 도쿠가와 가문의 쇼군이 통치하던 막부정치를 종식하고 천황이 직접 통치하는 정치체제로 바꾸었다. 이른바 '메이지 유신'이라는 개혁 과정을 통해 일본은 동양의 맹주로 일어선 것이다. 메이지 유신 시대에 일본은 경제를 개혁하고, 기모노 대신 양복을 입었으며, 태양력을 이용하는 등 서양 문화를 받아들였다.

또한 유럽과 미국 등 선진국 제도를 본받기 위해 고위행정관리를 포함한 엘리트집단을 구미사절단으로 파견해 벤치마킹에 나섰다. 그리고 독일의 성장모델을 본받아 일본식 성장모델을 개발했다. 일본은 국가 발전의 초석이 되는 산업을 민간 기업이 맡도록 했고, 국가는 적극적으로 민간 기업을 보호하고 지원했다. 미쓰비시, 미쓰이 등의 일본 재벌은 이때 탄생한 것이다.

일본과 러시아는 모두 서구 문화를 받아들여 개혁했다. 그러나 두 나라의 개혁에는 분명한 차이가 있다. 러시아는 전통 문화를 무시하고 유럽 문화를 도입했기 때문에 국민의 반감을 사 성공하지 못했지만, 일본은 유럽의 문물을 받아들이면서도 전통 문화를 유지했기에 성공을 거둔 것이다.

천황을 중심으로 하는 강력한 군국주의의 힘과 국가가 뒷받침하는 민간기업의 힘으로 단기간에 경제대국이 된 일본은, 이후 주변 국가를 침략하는 만행을 저질렀고 제2차 세계대전으로 폭삭 망하고 말았다. 그러나 전후 미국의 전폭적인 경제 지원과 한국전쟁 등을 통해 가전, 자동차 등을 중심으로 세계 제2위의 경제대국으로 재기했다.

미국(20세기)

신앙의 자유를 찾아 메이플라워호를 타고 신대륙으로 건너온 미국의 조상들은 앞으로 어떤 방식의 삶을 살 것인지에 대한 최초의 정치협약문서를 작성했다. 이것이 메이플라워 서약서다. 이 서약서는 신앙의 자유를 위시한 자유의 문제, 새로운 땅을 독립적으로 관리하기 위한 제도 등을 포함하고 있다.

비록 영국의 식민지로 출발했지만 미국은 다른 식민지들과는 다르게 '식민지 의회'를 두어 자치적으로 모든 것을 결정하고 집행했다. 그런데 영국은 프랑스와 '7년 전쟁'을 벌이게 되어 재정이 궁핍해지자 미국인들에게 많은 세금을 부과했다. 그 유명한 '보스턴 차 사건'

으로 알려진 세금 불복 운동도 이러한 환경에서 비롯된 것이다.

미국인들이 특히 반발한 것은 신문이나 책 등에 대한 세금인 인지세였다. 미국인들은 영국 상품에 대한 불매운동을 벌이고 이에 따라 영국에 실업자가 급증하자 인지세법은 3개월 만에 폐지되었다. 이런 가운데 영국 정부가 동인도회사에 차 무역독점권을 부여하자, 보스턴 항에 정박해 있던 동인도회사 소속 배 2척에 인디언 차림을 한 미국인들이 차 상자를 모두 바다에 빠뜨린 사건이 바로 보스턴 차 사건이다. 보스턴 차 사건을 계기로 영국과 독립전쟁을 벌이게 되고 8년간의 전쟁 끝에 미국은 독립을 쟁취한다. 이때 미국을 지원한 프랑스는 미국의 독립을 축하하기 위해 그 유명한 자유의 여신상을 보내왔으며, 지금도 미국의 상징물로 빛을 발하고 있다.

남북전쟁을 승리로 이끈 링컨 대통령은 '홈스테드 법'을 제정했다. 광활한 서부 개척지를 5년 동안 경작하는 사람에게 무상으로 소유권을 준 것이다. 이 법에 의해 서부의 광활한 땅이 농경지로 개발되고, 뒤이어 캘리포니아에서 금광이 발견되어 본격적인 서부 개척 시대가 시작되었다. 이후 에디슨이 전기를 발명하고, 지적 재산권을 보호하는 특허권 제도와 모건 은행과 같은 금융 제도를 갖추고, 유럽에서 건너온 이민자가 늘어나면서 세계 최강국이 되었다.

대통령을 4차례나 연임한 루즈벨트 대통령은 스탠더드 오일 회사가 석유독점권을 갖고 있어서 경제에 악영향을 끼친다고 보았고, 이를 막기 위해 반 트러스트 법을 적용해 공정한 경쟁이 이루어지도록 했다. 또한, 도시 빈민자의 생계를 위한 사회복지제도를 만들었으며, 1929년 대공황 시기에는 시장경제만으로는 문제가 있다는 케인스의 이론에 따라 정부가 개입하는 뉴딜정책을 시행해 경제를 되살렸다.

세계 유일의 초강대국이 된 미국은 베트남 전쟁의 후유증과 이라크 전쟁 등으로 재정적자에 시달리고 있다. 게다가 해외 무역적자까지 기록하고 있어 최근의 미국 경제 상황은 그리 밝지 않다. 그러나 정보기술을 활용한 민간 기업의 눈부신 성장과 달러화가 기축 통화로 사용되고 있으므로, 아직까지 미국은 세계 최강국의 지위를 유지하고 있다.

대국굴기의 교훈

〈대국굴기〉에서 소개한 9개 나라는 각각 그 시대에 맞는 환경과 문화, 기술 등을 활용해 강대국으로 올라설 수 있었다. 그 나라들이 강대국이 될 수 있었던 요인을 정리하면 다음과 같다. 국민과 지도자의 신뢰와 단결, 지도자의 선견지명과 리더십, 생산성을 위주로 한 경제력, 전쟁을 승리로 이끄는 군사력, 자유와 창의, 문화의 힘, 시장경제 체제와 국가의 보이는 손의 조화……. 이러한 요인들은 오늘날을 살아가는 우리가 기업이나 조직을 경영하는 데도 필요한 성공 요인이 될 것이다.

테일러와 드러커의 경영학

경영학의 첫걸음, 테일러의 과학적 관리법

아주 먼 옛날부터 인간은 일을 효율적으로 해내기 위해 경영 활동을 발전시켜 왔지만, 경영학이 하나의 학문으로 정립된 것은 20세기에 들어와서다. 경영학은 경영 현상을 연구하고 경영에 관한 법칙이나 이론을 세우는 학문이다.

1911년, 테일러는 과학적 관리법을 만들었다. 미국의 테일러가 노동자들의 업무 효율성을 높이기 위해 작업량과 노동 시간을 연구하면서부터 경영학이 출발한 것이다. 테일러는 노동자가 수행하는 일을 세부적으로 나누어 표준화된 작업 절차를 만들고, 작업도구와 장비를 제공하면서 노동자를 훈련시키며, 노동자들이 목표를 초과 달성할 경우 인센티브를 주는 등 과학적인 관리법을 쓸 것을 주장했다.

그가 주장한 방법을 철도 노동자에게 적용한 결과 하루 평균

12.5톤을 싣던 일이 47톤으로 늘어난 것으로 밝혀졌다. 즉 과학적으로 일을 관리하면 일의 효율성이 높아지는 것이다. 이를 통해 회사는 인건비를 줄이고 종업원은 높은 임금을 받게 되었다.

어떤 일을 할 때 무작정하기보다는 어떤 방법이나 일의 순서를 생각해보고 할 때 더 좋은 성과를 거둘 수 있다. 이러한 테일러의 이론은 다른 학자들의 연구로 좀 더 발전했다. 특히 포드자동차는 컨베이어 벨트를 이용해 노동자들이 세분화된 작업을 수행하도록 함으로써 훨씬 더 빠르고 효율적으로 자동차를 만들 수 있었다. 즉 포디즘을 탄생시킨 것이다. 그러나 포디즘은 영화 〈모던 타임스〉의 찰리 채플린의 모습을 통해 알 수 있듯이, 노동자의 삶을 기계처럼 돌아가게 하는 문제를 낳기도 한다.

메이요의 호손 실험과 조직행동 연구

경영은 결국 사람이 하는 것이기 때문에 한 조직 내에서 사람들이 어떻게 행동하며, 어떤 요인이 사람의 행동에 영향을 주는가를 연구하게 되었는데, 이를 조직행동organizational behavior 연구라고 한다. 조직 행동을 최초로 연구한 메이요 팀은 호손 실험을 실시했다. 그 결과, 집단이 개인의 행동에 영향을 미치며, 인간의 감정, 태도, 작업자 간의 관계 등이 업무를 수행하는 데 있어 중요한 요인임을 밝혀냈다. 이 연구는 이후 작업장에서 좋은 인간관계를 형성하면 생산성이 올라간다는 인간관계 운동으로 발전했다.

매슬로우는 욕구 단계론으로 인간의 욕구에 대해 설명했다. 매슬로우에 따르면 인간의 욕구에는 생리적 욕구, 안전 욕구, 소속 욕구, 자아실현 욕구가 있다. 경영자는 이러한 욕구를 충족시키는 경영을 해야 하는 것이다. 이 이론은 일하게 만드는 동기를 부여하는 동기이론으로 발전했다.

동양에서는 사람의 본성이 원래 착하다는 주장과 악하다는 주장이 대립했는데, 맹자의 성선설과 순자의 성악설이 그것이다. 노동자의 본질을 두 가지로 파악한 맥그리거는 X이론과 Y이론을 주장했다.

X이론은 성악설처럼 인간은 원래 일하기 싫어하고 책임감이 없고 수동적이며 금전의 보상이나 통제가 가해져야 일한다는 이론이다. 우리가 하고 싶지 않은 일을 강제에 의해 억지로 할 때를 생각하면 X이론을 이해할 수 있다. 예를 들어 군대에서 하기 싫은 일을 억지로 하는 병사의 태도는 X이론에 해당되는 것이다.

이와 반대로 Y이론은 사람은 원래 자발적으로 일하려 하며 스스로 책임을 지고 목표를 정해서 일한다는 것이다. 주인의식을 갖고 일하는 직원은 창의적이며 스스로 무언가를 해내려고 업무시간 이후에도 연구하는 모습을 보인다. 이런 직원의 모습은 Y이론에 해당된다.

직원의 삶에 대한 태도와 직장의 문화, 경영자의 자세 등에 따라 X이론을 따를 수도 있고 Y이론을 따를 수도 있다. 어떤 직장에서는 당근과 채찍이 훌륭한 동기부여가 될 수 있고, 다른 직장에서는 자발적인 참여와 창의성을 높이도록 하는 관리 방식이 훨씬 더 효율적일 수 있기 때문이다. 하지만 현대와 같이 직원들의 의식 수준이 높고 지식과 창조경영이 기업의 승패를 가르는 경우에는 Y이론을 따르는 관리 방식이 더 효율적일 수 있다. 예를 들어 모든 직원에게 회사 주식을 나누어줌으로써 회사 일을 자기 일처럼 하도록 해 성공하는 기업이 많다.

현대 경영학의 아버지 피터 드러커

현대 경영학은 2005년 세상을 뜬 미국의 피터 드러커 교수에게서 시작되었다. 그는 1954년 발표한 『경영의 실제』를 통해 경영 활동에 대해 종합적으로 다루었는데, 이 책에서 소개된 경영기법이나 이론들이 오늘날까지도 경영의 초석이 되고 있다.

드러커 교수는 1950년 뉴욕대학교 경영대학원의 경영학 교수로 부임하면서 경영학이라는 학문을 대학에 도입한 최초의 교수다. 『경영의 실제』 이전에도 『경제인의 종말』, 『산업인간의 미래』 등의 책을 발표해 학회의 주목을 받았으며, 이후 GM을 위시한 많은 회사의 컨설팅을 하며 현장의 실무를 분석했고, 경영의 사상과 이론을 발전시켰다.

드러커 교수는 경영학뿐 아니라 경제학, 사회학, 철학, 역사학, 인문학 등을 연구했고, 기업의 실제 경영 현장을 분석해 미래의 모습을 앞서 보여주기도 했다. 『단절의 시대』, 『새로운 현실』, 『Next Society』 등의 책을 통해 우리 사회가 어떻게 변화되고 있는지 이야기했다. 특히 구소련의 붕괴를 아무도 예상하지 않았을 때, 『새로운 현실』을 통해 구소련이 필연적으로 붕괴할 것을 예측했다. 그 책에서 그는 우리가 살고 있는 시대가 '지식 사회'며, 이러한 사회에서 기업, 경영자, 근로자가 어떤 자세로 살아야 하는지 친절하게 알려주었다.

또 다른 책인 『경영의 실제』의 서론에서 드러커는 경영자의 본질을 이야기했다. 현대사회에서 경영자는 조직의 필수 기관이며, 20세기 이후 등장한 경영자는 근원적으로 자원을 생산적으로 변화시키는 역할을 맡고 있다. 경영자는 경제적 성과를 창출하는 일, 생산적인 기업을 만들기 위해 관리하는 일, 조직 구조를 만드는 일, 그리고 인적 자원 관리와 작업 관리 등의 일을 맡는다.

일반적으로 '기업의 목적은 이익 추구'라고 생각하지만, 피터 드러커는 기업의 목적은 '고객을 창조하는 것'이라고 정의한다. 사업이 무엇인지 결정하는 것은 고객이다. 특정 제품과 서비스에 대가를 치르는 고객이 있어야만 자원을 재화로 전환시키는 사업이 생겨나기 때문이다. 고객 또는 시장을 창조하기 위해서는 마케팅과 혁신이 필요하다. 마케팅은 고객이 무엇을 좋아하는지, 즉 고객이 원하는 가치를 발견하는 활동이다. 혁신은 고객들이 깨닫지 못하는 욕구를 찾아내 새로운 가치를 만드는 활동이다. 고객을 창조하기 위해서는 '고객이 현재 구입하거나 앞으로 구입하려는 것은 무엇인가'를 깊이 생각해야 한다.

다음으로 피터 드러커는 경영자 관리managing managers를 이야기한다. 경영자(관리자)들이 성과를 올리기 위해 정해야 할 8가지 성과 목표를 제시한다. 시장점유율, 혁신, 생산성, 물적 자원 및 화폐 자원, 수익성, 경영자의 성과, 근로자의 성과나 태도, 사회적 책임 등이 그것이다. 『경영의 실제』에서는 각각의 목표에 대한 구체적인 설명과 함께 어떤 방식으로 목표를 설정해야 하는지 이야기했는데, 중요한 것은 조직의 구성원이 목표 설정에 참여하고 이해하도록 해야 한다는 것이다.

피터 드러커는 조직 관리를 이야기하면서, 조직 구조를 설계할 때는 다음의 세 가지를 고려하라고 제안한다.

첫째, 조직은 기업의 성과를 달성하기 위해 존재한다.
둘째, 경영계층 수를 가능한 한 적게 한다.
셋째, 미래의 경영자들을 훈련시키고 평가해야 한다.

근로자 관리 및 작업 관리와 관련해 드러커는, 고용이란 한 명의 인간을 통째로 채용하는 것이기 때문에 작업을 수행하면서 목표 달성 능력을 개선할 수 있도록 해야 한다고 말한다. 인적 자원을 관리할 때 기업이 근로자에게 요구할 것은 무엇이고, 근로자가 기업에게 요구해야 하는 것은 무엇인지 생각해야 한다. 또한, 기업이 근로자에게 지급하는 임금은 기업의 비용이지만 근로자 입장에서는 소득이고 생계 수단이기 때문에 이에 대해 여러 가지 방안을 검토해야 한다. 승진이나 자리이동과 같은 인사 관리는 원칙을 지켜야 하고, 직무 내용을 철저히 고려해 공정하게 관리해야 하는 것이다.

마지막으로 드러커 교수가 소개한 몇 가지 개념을 알아보자.

· 미래 사회의 조직: 종래의 전통적 조직은 그것이 기능별 조직이든 분권화된 조직이든 기계공학의 메커니즘을 모방해 왔다. 그러나 앞으로는 생물체의 메커니즘을 흉내 내는 생태적 조직이 생겨날 것이다.

· 지식은 책 속에는 없다: 지식은 책 속에는 없다. 책 속에 있는 것은 정보뿐이다. 지식이란 그런 정보들을 업무나 성과로 연결시키는 능력이다. 그리고 지식은 인간, 즉 그 두뇌와 기능 속에만 존재한다. 피터 드러커는 "지식은 사업이기도 하다"라고 지적한다. 즉 제품과 서비스는 기업이 갖고 있는 지식과 고객이 갖고 있는 구매력을 교환하기 위한 매개체에 지나지 않는다는 것이다.

· 커뮤니케이션: 인간은 지각하고 싶은 것을 지각한다. 인간은 어떤 인상이나 자극을 받으면 이미 갖고 있는 기대의 틀 속에 그것을 맞추려고 한다. 즉 보고 싶은 것을 보려고 하는, 소위 '자기실현의 예언self-fulfilling prophecy'이 작용하는 것이다.

마지막에 소개한 이런 인간의 본성 때문에 인간의 마음 자체를 바꾸려는 시도, 즉 기대하지 않은 것을 지각하도록 하거나 혹은 기대하는 것을 지각하지 못하도록 하는 시도는 모두 철저한 저항을 받게 된다. 그러한 저항을 배제하기 위해서는 우선 상대가 지각하고 싶어하는 것을 이해할 필요가 있다.

미리 가본 내일의 세계

오늘의 세계

내일은 세상이 어떻게 변할지 우리는 늘 궁금하다. 새해가 되면 많은 사람이 재미로 운세를 보거나 국가나 세계의 변화에 귀 기울이는 것은 미래에 대한 궁금증 때문이다. 기업을 경영하는 경영자는 내일의 모습, 특히 경제의 흐름과 소비자들의 동향에 대해 촉각을 세울 수밖에 없다. 시장이 어떤 방향으로 움직이느냐에 따라 비즈니스가 달라지기 때문이다.

2008년은 미국에서 일어난 서브프라임 모기지의 여파가 전 세계 금융 시장을 강타하면서 불안하게 출발했다. 시티그룹이나 메릴린치 등 대형 투자은행들이 막대한 손실을 입고 아시아의 국부 펀드에 도움의 손길을 요청하고 있는 실정이다. 서브프라임 모기지 사태로 미국을 위시한 세계경제가 침체에 빠질지 모른다는 우려가 높다. 게다가 국제 유가가 100달러를 돌파했고 곡물 가격과 원자재 가격이 오르고 있어 인플레이션이 일어나지 않을까 하는 걱정도 잇따르고 있다.

이처럼 2008년에는 좋은 소식보다 나쁜 소식이 더 많이 들려오고 있다. 그렇지만 시간이 지나면 지금의 시간과 사건이 기억의 한 모퉁이에 조그맣게 남을 것임을 우리는 알고 있다. 우리 주위의 환경이 아무리 어둡다 해도 희망을 잃지 않고 앞으로 나아가야 한다. 지나간 어둠은 역사에 맡기고 눈앞에 닥친 문제를 해결하면서 살기 좋은 세상을 만들기 위해 지혜와 용기를 모아야 하는 것이다.

삼성경제연구소가 전망한 10년 후 한국의 모습에 따르면, 10년 뒤에는 연간 경제성장률이 1~2퍼센트에 머물 것이고, 앞으로 10년 동안이 한국 경제가 고속 성장을 할 수 있는 마지막 기회가 될 것이다. 향후 10년 동안은 중국이 급부상하고, 초고령화 사회가 도래하며, 통일의 전망이 보일 것으로 예상했다. 이를 위해 기업은 과감히 투자를 하고 새로운 수익모델을 창출해야 하며, 위험을 무릅쓰는 기업가 정신을 높여야 한다. 국가는 각종 규제를 과감히 풀어 기업이 활발히 사업할 수 있도록 도와야 할 것이다.

2007년에 삼성전자는 앞으로 히트할 제품이 가질 특성을 발표했다. '개인화, 감성자극, 엔터테인먼트, 편리성, 도시적 감성, 헬스웰빙, 공유개방, 안전보안, 네트워크, 컨버전스, 노령화, 다양성, 계층화, 환경에코, 지식, 커뮤니케이션, 여성'이 그것이다. 앞으로는 소비자 개개인의 개성을 존중하는 제품, 즉 '퍼스널 미디어'가 주도할 것이다. 또한 헬스, 바이오, 재생에너지 같은 분야도 새롭게 떠오르고 있다.

신문이나 텔레비전 등 언론매체를 통해 정보를 접하면 가까운 미래의 환경 변화는 예측할 수 있지만, 5년이나 10년 후의 먼 미래를 예상하기는 쉽지 않다. 다행히 여러 학자나 경영자들이 미래의 큰 흐름을 내다보고 이를 꾸준히 책으로 발간하고 있다. 앨빈 토플러의 『미래의 충격』, 『제3의 물결』, 『부의 미래』, 존 네이스비츠의 『메가트렌드』, 『마인드세트』, 피터 드러커의 『새로운 현실』, 『Next Society』 등은 미래의 흐름을 읽는 데 큰 도움을 준다.

제3의 물결

1980년에 발간된 앨빈 토플러의 『제3의 물결』은 우리가 살고 있는 문명을 새로운 시각으로 바라본 세계적으로 매우 큰 충격을 준 책이다. 미래에셋의 박현주 회장은 이 책을 10번 이상 읽으면서 다가오는 미래의 모습을 나름대로 정리했다고 할 만큼 이 책은 그 내용이 방대하고 여러 분야에 걸쳐 앞으로 세상이 어떻게 변화될지를 다루고 있다. 이 책이 나온 지 30년이 지났지만, 아직도 우리에게 지혜의 보고처럼 많은 의미를 주고 있다. 책은 총 28장으로 구성되어 있으며, 물결의 충돌, 제2의 물결, 제3의 물결 및 결론으로 크게 분류해 경제, 사회, 기술, 문화, 정치체제 등 우리가 살고 있는 문명을 자세히 파헤치고 있다.

앨빈 토플러는 새로운 문명을 이야기하기 전에 1만 년 전 농업이 시작된 제1의 물결, 산업혁명으로 인한 제2의 물결, 그리고 정보화와 글로벌 문명에 의한 대변동의 시기인 제3의 물결로 문명을 나누고 있다. 새로운 문명은 모든 낡은 권력 관계에 도전하고 새로운 행동규범과 제도를 만들어내고 있어서, 저자는 문명 대신 물결이라는 단어를 택했다.

제2의 물결인 산업사회는 매스미디어의 정보체계, 대규모 공장과 교통망 등의 기술체계, 핵가족과 같은 사회체계로 구성되고, 시장이 중심 되는 사회다. 저자는 제2의 물결의 6가지 원칙을 표준화, 전문화, 동시화, 집중화, 극대화, 중앙집권화로 규정하고 이에 대해 상세히 설명한다. 그러면서 제2의 물결의 이러한 원칙은 결과적으로 물질을 중시하는 비인간적인 관료기구에 의해 움직인다고 비판한다. 제2의 물결인 산업사회에서 자연은 인간이 정복할 대상이고, 인간은 진화론에 의해 보다 강하고 높은 것만이 살아남는다는 적자생존의 논리와 제국주의의 정당성을 옹호한다. 또한 우주를 유기체로 보지 않고 작은 조각으로 분할하는 원자론의 입장에서 보기 때문에, 자율적인 개인주의를 정당화한다.

이러한 산업사회는 생태계를 파괴하고 인간을 심리적으로 좌절하게 만들고 정신적인 문제를 일으킨다. 따라서 진정한 행복과 멀어지는 것이다. 이에 대한 반작용으로 인간들은 공동체 의식을 느낄 수 있고 인간의 의미를 찾을 수 있는 신앙이나 소그룹 모임을 찾게 되었으며, 획일화를 벗어나는 문화를 추구하는 제3의 물결로 접어들게 되었다.

제3의 물결은 과학기술, 특히 정보기술의 급격한 발달과 글로벌한 시장 환경, 환경파괴에 따른 새로운 에너지 대책 등이 원인이 되어 산업사회와는 매우 다른 모습을 보인다. 우리가 살아가는 현대사회가 바로 제3의 물결에 해당한다. 저자는 대량 생산에서 다품종 소량 생산으로, 획일화에서 벗어나려는 현상과 생산자와 소비자가 일치하는 프로슈머(production과 consumer의 합성어)의 출현을 정확히 예측했다.

앨빈 토플러는 이 책 이후에도 몇 권의 책을 더 발간해 제3의 물결이 변화하고 있다고 밝히고 있다. 『권력이동』에서는 왕이 가졌던 정치적이고 물리적인 권력이 경제적인 부로 이동되고, 이제는 지식으로 이동되었다고 이야기한다. 2006년 출간된 『부의 미래』에서는 프로슈머의 개념을 더 확장한 '프로슈밍' 현상을 설명하는 한편 중국, 일본, 유럽, 미국 등 세계 주요 지역의 정치경제 현상을 짚어냈다. 이 책에는 우리나라도 언급되고 있는데, 우리의 위상이 커졌음을 알 수 있다. 또한 제3의 물결의 부 창출 시스템은 서비스하는 것, 생각하는 것, 아는 것, 경험하는 것을 기반으로 한다고 밝히며, 현재와 다가올 미래의 모습을 해박한 지식으로 그리고 있다.

마인드세트

존 네이스비츠는 『메가트렌드』를 통해 세계의 트렌드가 어떻게 변화되는지 보여주어 화제를 모았다. 우리 사회에 '메가'라는 단어가 넘쳐나는 것을 봐도 그의 영향이 얼마나 큰지 알 수 있다.

신작 『마인드세트』에서는 시각 문화, 경제 도메인, 중국, 유럽, 진화의 순서로 미래의 모습을 보여주고 있다.

시각 문화가 지배하는 세상

약 6,000년의 역사를 가지고 있는 문자 문화는 쇠퇴하고 있다. 즉 소설, 시, 신문 등은 쇠퇴하는 대신 영화, TV, 비디오, DVD 같은 시각 문화가 빠르게 성장하는 것이다. 문자 중에서 그나마 유일하게 성장하는 분야는 만화를 엮어 소설처럼 편집한 그래픽 소설이다. 저자는 시각 문화에 대해 다음과 같이 말하고 있다.

문명의 역사는 곧 커뮤니케이션의 역사다. 따라서 커뮤니케이션 수단이 문자에서 시각 언어로 옮겨간다면 우리는 원활한 상호작용을 위해 새로운 언어를 배워야 한다. 시각 언어가 지배하는 세상에서 경쟁력은 기술 및 예술 교육에서 나올 것이다. 과학기술이 이끄는 지성과 시인의 감성 말이다.

저자는 시각이 지배하는 세계의 모습을 여러 가지로 보여주는데, 그중 몇 가지를 살펴보자.

· 신문 문화의 점진적인 죽음: 신문의 구독률은 점점 떨어지고 우리 일상에서 신문이 점차 그 중요성을 잃고 있다. 최근 영국의 한 신문은 DVD를 끼워주는 등의 방법을 시도하는데, 이것은 문제의 해결책이 아니다. 이는 아날로그 카메라에 공짜 필름을 끼워준다고 해서 문제가 해결되지 않는 것과 같다.
· 광고, 천 마디의 말보다 한 장의 그림이 낫다: 베네통의 도발적인 일련의 사진 광고 캠페인을 보면 시각적인 광고가 독특한 메시지를 담

으면서 기업의 홍보 및 회사의 가치를 전하고 있음을 알 수 있다. 어느 광고 기획자가 한 말인 '더 이상 선전 문구 때문에 차를 사는 사람은 없다. 차를 구입하고 싶게 만드는 충동은 이미지가 만들어낸다' 는 광고의 의미를 함축적으로 표현한 것이다.

· 일용품 디자인의 고급화: 앞으로는 디자인 경쟁력이 중요해질 것이다. '한층 더 세련된 고객들에게 긍정적인 감정을 불러일으키는' 제품과 서비스를 창조하는 것이 경쟁력의 핵심이라는 것이다. 스와치 시계는 시계에 '미와 감각과 시적 감수성' 을 불어 넣었다. 전 세계 모든 문화권에서 받아들여지는 벤츠의 디자인 전략 및 노키아의 최고급 휴대폰 '베르투' 는 디자인이 인간의 지성과 감성을 만족시키고 있음을 알 수 있다.

· 패션과 건축, 그리고 예술: 패션의 명품시장이 포화상태에 이르게 되면, 이를 해결하기 위해서 예술과 패션이 공생해야 한다. 유명한 패션 매장에서 고가의 미술품을 전시하거나, 매장 건축물 자체를 예술적으로 건축해 패션의 이미지를 전달하는 것 등은 그 예에 해당한다.

· 음악, 비디오, 영화: MTV, 비디오 게임 등이 전 세계적으로 확산되고, 디지털 배급망을 통해 집에서 영화를 보게 될 것이다.

· 미술의 대중화: 현대 미술은 대중화되고 있다. 이에 따라 많은 기업들이 고가의 미술품을 소장하고 전시하거나 후원할 것이고, 미술은 대중에게 가까이 다가갈 것이다.

국민 국가에서 경제 도메인으로

경제 도메인Economic Domain은 특수한 제품이나 서비스에 대한 경제 활동이 이루어지는 범위를 말한다. 예를 들어 자동차 경제 도메인, 금융 서비스 경제 도메인처럼 어떤 특수한 분야의 경제 활동 범위를 말하는 것이다. 이러한 도메인 세상에서는 탈집중화가 성공의 요인이 된다. 작은 사업체의 연합으로 재구성한 기업이 거대하고 관료적인 회사와 맞서 승리하는 것이다.

경제 도메인에서는 범세계적으로 재능 있는 인재와 기술을 아웃소싱하게 된다. 이는 국가를 넘나들며 트레이드하는 프로 스포츠를 보면 알 수 있다. 따라서 교육과 훈련이 국가의 최우선 과제가 된다.

중국, 지방이 곧 중앙

중국은 탈집중화와 세계화의 길을 걷고 있다.

유럽, 쇠락하는 역사의 테마공원

유럽은 경제적 패권과 사회적 복지라는 서로 다른 두 개의 심장이 뛰고 있어서 서서히 쇠락하고 있다.

진화의 시대

20세기 후반이 수많은 변화가 아무 연관 없이 일어나는 '불연속적 변화'의 시대였다면, 21세기 초반인 현재는 20세기에 형성된 기반 위에서 연속적 변화가 장기간 지속되는 '진화의 시대'다. 특정한 발명품이나 기술이 등장한 후 이를 개조하고 진화하는 과정에서 빛을 보게 된 것을 통해 그 사실을 알 수 있다.

다보스 포럼이 바라본 세계

2007년 1월 스위스 다보스에서 개최된 세계경제포럼은 '힘의 이동'을 주제로 택했다. '힘의 이동'은 다음 4가지 분야에서 일어나고 있다.

첫째, 경제 분야에서는 북미 유럽 시장에서 신흥 시장으로, 블루칼라 노동자에서 화이트칼라 근로자로, 상장 기업 중심에서 개인 기업으로 힘이 이동되고 있다.

둘째, 미국과 유럽을 중심으로 한 힘이 다극화multi-power되고 있으며, 특히 에너지를 중심으로 하는 동맹 체계를 맺고 있다.

셋째, 비즈니스 분야에서는 선진국 기업 대신 브릭스BRICs 국가의 기업이 부상하고 있으며, 사회책임 경영에서 성장 경영으로 패러다임이 변하고 있다. 또한, 소비자의 힘이 커지고 있다.

넷째, 기술과 사회 분야에서는 기관 위주의 커뮤니케이션에서 개인 위주의 커뮤니케이션으로 전환되며, 전통적인 인간관계에서 새로운 커뮤니티 네트워크로 이동하고 있다. 또한 노령화 문제가 대두되고 있다.

지금 세계 경제는 미국과 유럽 중심에서 BRICs(브라질, 러시아, 인도, 중국), NEXT 11(한국, 방글라데시, 이집트, 인도네시아, 이란, 멕시코, 나이지리아, 파키스탄, 필리핀, 터키, 베트남)과 기존의 BRICs에 카자흐스탄, 남아프리카 공화국이 추가된 BRIKs 등의 신흥시장으로 그 중심이 이동되고 있다.

이외에도 세계 경제를 움직이는 요인들은 많다. 에너지 안보 문제, 달러화 약세로 인한 미국 경제의 불균형, 유로화의 헤게모니, 동아시아의 경제 통합, 중국과 인도의 경제 성장, 일본 경제의 회복 여부, 헤지펀드와 사모펀드에 의한 M&A 등이 변수가 될 것이다.

2008년 1월, 다보스 포럼에서는 '협력을 통한 혁신'을 논의했다. 또한 불안한 미래에 대해 논의했다. 향후 10년을 뒤흔들 리스크로서 서브프라임 모기지 등의 금융 위협, 식량안보 위협, 에너지 가격의 상승 등의 문제가 거론된 것이다. 세계 경제가 이러한 문제를 안고 있다는 것을 생각하면서 새로운 길을 모색한다면, 위기를 기회로 만드는 경영자가 나타나지 않을까?

사회와 함께 가는 기업의 길

BMW와 뮌헨

기업과 도시가 서로 돕고 발전하는 내용의 기사를 한 경제신문에서 읽고 감동을 받은 일이 있다. 그 주인공은 독일의 자동차 회사인 BMW와 뮌헨 시다. 뮌헨 시를 관할하는 바이에른 주의 총리는 뮌헨 시에 'BMW벨트'를 열도록 했다. BMW벨트에서 고객에게 전달되는 차량이 연간 4만 5,000대 정도이므로 가족을 포함하면 연간 20만 명가량이 차량을 픽업하기 위해 뮌헨을 방문할 것이다. 유럽 전역은 물론 상당수 미국 고객들도 유럽 여행을 겸해 BMW벨트를 방문할 것이란다. 또한, BMW 뮌헨 공장과 뮌헨 시가 연계한 견학 프로그램 참관자와 'BMW 체험교실', 콘서트홀 및 회의실 등을 방문하는 사람까지 합하면 연간 85만 명 정도가 방문할 것이다.

'BMW벨트' 덕분에 뮌헨 시는 많은 관광 수입을 올릴 것이고,

BMW의 협조를 받아 콘서트홀 등 각종 문화시설을 덤으로 얻게 되었으니, 기업과 도시가 서로 상생하게 된 것이다. 뮌헨 시 역시 BMW벨트 건립으로 교통 혼잡이 가중되지 않도록 교통신호 체계를 개선해주고, 인근에 지하철역도 만들어주는 등 협력했다. 이 일을 계기로 BMW는 400여 명을 추가로 고용하게 되어 뮌헨 시의 경기가 좋아지게 된 것이다.

미국 펜실베이니아의 '허쉬 마을'도 비슷한 예에 해당한다. 초콜릿 제조공장인 허쉬 공장을 중심으로 학교, 호텔, 테마파크, 병원 등을 갖춘 이 마을에서는 모든 것이 허쉬 초콜릿과 관련되어 있다. 가로등마저 '키세스' 초콜릿 모양을 하고 있고 매년 500만 명이 넘는 관광객을 맞이하는 명품 도시가 된 것이다.

이처럼 기업과 도시가 서로 도우며 발전해 가는 것을 보면 부러움을 느낀다. 한때 우리나라에서도 이런 기업 도시를 만든다는 소문이 한동안 떠돌다가 지금은 잠잠해지고 있으니 씁쓸하기만 하다.

기업이 사회에 주는 혜택과 고통

BMW와 뮌헨 시의 관계를 통해 알 수 있듯이 기업은 사회에 여러 가지 혜택을 준다. 무엇보다도 고용이 늘어나면 지역사회는 경제적으로 윤택하게 된다. 조선소가 있는 울산이나 거제도는 다른 지방 도시보다 주민의 살림살이가 더 윤택하다. 기업체가 많은 직원을 고용하기 때문에 지역경제가 활성화되기 때문이다.

최근 한 신문에서 신세계의 구학서 부회장이 기업발전론을 소개한 것을 접했다. 기업은 크게 4단계의 과정을 거친다. 돈을 벌어 이윤을 얻는 것, 법을 지키는 것, 미비한 제도를 스스로 보완해 가는 것, 그리고 스스로를 넘어 남을 생각하는 과정을 거치는 것이다. 기업의 본래 목적은 제품이나 서비스를 제공해 생존하고 발전하는 것이다. 그 기본 바탕 위에 사회적이고 윤리적인 책임, 박애적인 역할까지 맡는 기업이 이상적인 기업의 형태다.

이처럼 기업은 가치 있는 제품이나 서비스를 제공하고, 사람들에게 일자리도 주며 문화를 발전시키는 등 많은 공헌을 하지만, 2007년 12월 태안 앞바다의 원유 유출사고로 서해바다가 기름으로 뒤덮인 것처럼 큰 재앙을 일으키기도 한다.

미국에서는 거대 전력회사인 아메리칸 일렉트릭 파워가 뉴저지 주 등 8개 주에 일으킨 산성비와 스모그 등의 피해를 보상하기 위해 4조 원가량을 내놓았다. 기업이 사회에 끼치는 고통을 더 이상 외면해서는 안 된다는 것을 인식한 것이다.

기업의 사회적 책임과 기여

오늘날에는 언론이나 NGO 등을 통해 환경, 에너지, 부패, 인권과 같은 사회적 문제가 계속 거론되고 있으니, 기업은 더 이상 이를 외면할 수 없게 되었다. 온실가스 배출량 규제가 점점 더 심해지는 까닭에 자동차 회사들은 친환경 차량을 개발하기 위해 온힘을 쏟고 있다. 자동차 업체는 휘발유 등의 화석연료를 대체하는 수소자동차, 연료건전지 자동차 등의 하이브리드 차 개발에 연구력을 집중하고 있으며, 생산 과정에서 폐차에 이르기까지 환경오염을 줄이고 에너지를 절약할 수 있는 제품과 시스템을 개발하고 있다.

미국 GE의 이멜트 회장은 2005년 온실가스 감축을 명문화한 교토 의정서가 비준된 지 3개월 뒤에 '에코매지네이션' 경영을 선포했다. 에코매지네이션은 생태학ecology과 GE의 슬로건인 상상력 imagination at work의 합성어다. GE는 청정기술 연구개발비를 2배로 늘려 2012년까지 온실가스 배출량을 1퍼센트 감소시키기 위해 노력하고 있다. 그리고 플라스틱으로 외관을 꾸민 차량, 정차 시 에너지를 배터리에 저장하는 열차 엔진, 물을 7퍼센트까지 절약하는 농약살포제 등을 만들고 있다. 또한 고유가로 인해 수익성이 떨어지고 있는 항공사를 위해 연료 효율성을 크게 높인 항공기 엔진을 개발했다. 그래서 지금은 GE가 말한 'Green is green.(환경이 돈이다.)'이 유행어가 되고 있을 정도다.

환경뿐 아니라 기업의 비윤리적 행위도 중요한 문제로 떠오르고 있다. 인종차별, 기업 재산의 사적 유용, 세금 포탈, 회계 부정 등의 비윤리적인 행위를 바라보는 사회의 시선은 뜨겁다. 피터 드러커 대학원의 학장을 맡기 전인 1990년대에 잭슨 학장은 보스턴 은행의 부사장이었다. 당시 미국 금융당국은 흑인이나 히스패닉 등 소수인종에 대한 차별을 금지하고 있었다. 그래서 보스턴 은행은 이를 새로운 비즈니스 기회로 보고 인종차별의 벽을 허물었다. 그 결과, 고객의 평판도 높아졌으며 백악관에서 주는 상도 받았다. 사회에 대한 적극적인 기여가 복을 부른 것이다.

생활소비용품 업체인 프록터앤갬블은 전 세계 20억 명의 빈곤층을 위한 제품 개발에 주력하고 있다. 앞으로의 비즈니스 기회를 사회적 기여에서 찾은 것이다. 스타벅스는 시간제 직원을 포함한 14만 명의 모든 직원들에게 스톡옵션을 주고 의료보험을 제공함으로써, 기업이 많은 사람의 행복에 기여하고 있다는 사실을 알려준다.

인터넷 검색업체 구글은 2004년에 상장하면서 구글 주식의 1퍼센트와 연간 수익의 1퍼센트를 자선사업에 쓰겠다고 약속했다. 이 약속을 지키기 위해 2006년에 'Google.org'를 설립했으며, 2008년에는 수년간 집중 지원할 5대 사회공헌 과제를 선정해 발표했다.

사회책임경영

기업이 사회적으로 책임을 지고 더 나아가 사회공헌을 하기 위해서는 우선 경영윤리를 실천해야 한다. 경영윤리는 사회가 정한 법이나 도덕적 기준을 지키는 것이다. 예를 들어 한 건설회사가 하청업체에 공사를 맡기면서 실제 공사대금은 100억 원이지만 계약서에는 110억 원으로 작성했다고 하자. 하청업체가 차액 10억 원을 건설회사에 리베이트로 돌려준다면 이는 비도덕적인 행위다. 법과 사회 질서를 파괴하는 것이므로, 결코 해서는 안 될 비윤리적인 행위인 것이다.

경영윤리를 소중히 여기는 기업은 윤리헌장을 선포하고 이를 적극적으로 실천한다. 미국의 존슨앤존슨은 5가지의 경영 윤리헌장을 두고 있는데, 고객과의 관계, 회사 직원과의 관계, 경영자의 책임, 사회적 책임, 회사 주주에 대한 책임 등으로 이루어져 있다. 다행히 우리나라에서도 경영진이나 직원의 비윤리적 행위를 발견하면 벌칙을 주는 윤리경영을 실천하는 기업이 늘어나고 있다. 상납이나 뇌물 제공, 회계 부정, 뒷거래를 통한 리베이트, 회사 기밀을 외부로 유출하는 스파이 활동, 경쟁사 간의 담합과 같은 행위는 비윤리적인 행위에 해당한다.

끝으로 GRI(Global Reporting Initiatives)에서 만든 기업의 지속가능성 보고서 가이드라인을 소개하겠다. 전 세계의 많은 기업들이 이 가이드라인을 적용하고 있는데, 기업의 사회공헌 성과를 6개 분야로 나누고 있다.

- **경제 분야**: 경제적 가치의 창출 등의 경제 성과와 시장 지위, 공익을 위한 인프라 투자 등 간접경제 효과를 보고한다.
- **환경 분야**: 원료 사용량, 에너지 소비 및 절감량, 물 사용량, 생물의 보호, 온실가스와 폐기물 배출량, 환경법규 준수 여부 등을 보고한다.
- **노동 분야**: 고용, 노사관계, 직장보건 및 안전, 교육 및 훈련, 다양성 및 평등한 기회 제공 여부 등을 보고한다.
- **인권 분야**: 인종차별, 아동노동, 강제노동, 원주민 권리 침해 여부 등을 보고한다.
- **사회 분야**: 부패사건, 경쟁저해 행위 및 법규 준수에 관해 보고한다.
- **제품 책임 분야**: 고객건강 및 안전규칙, 제품 및 서비스의 정보 유형을 보고한다.

　이 가이드라인을 통해 알 수 있듯이 이제 기업은 다양한 공헌 활동을 요구받고 있다. 이러한 공헌 활동을 잘하는 기업은 사회적으로 존경을 받고, 고객들에게 좋은 이미지를 심으면서 발전할 수 있는 것이다.

　그런데 우리나라 기업 중 상당수 기업들이 뇌물 제공이나 회계 부정 등으로 국민의 가슴에 부정적인 이미지를 심어놓고 있으니 참으로 가슴 아픈 일이다. 우리나라에도 다양한 사회공헌을 통해 세계적으로 사랑받고 인정받는 기업이 나올 수 있을지…….

　그런 기업을 만드는 것은 바로 우리의 몫이다.

경영을 알면 행복합니다

미국 인디애나 주립대학교에서 박사 과정을 마치고 신시내티 대학교의 경영학 교수로 부임하던 즈음에 있었던 일입니다. 인디애나 주립대학교에서 공부할 때 교회를 나가게 되었는데 얼마 지나지 않아 세례를 받았습니다. 그리고 박사 학위 과정이 끝날 때쯤에는 골프도 처음 배웠는데 매우 재미있었습니다. 그래서 골프도 마음껏 치고 연구도 좀 더 하고 한국으로 돌아가겠다는 생각에 귀국을 미룬 채 신시내티 대학 경영학과로 옮기게 되었습니다.

신시내티 대학에는 5년 정도 있었는데, 지금 생각해보면 그때 내 삶의 방향이 완전히 바뀌었던 것 같습니다. 신시내티 대학으로 옮길 것을 권해주시고 환경을 만들어주신 교수님이 계십니다. 돈 리케트 Don Rickett 교수님인데, 그분이 삶을 대하는 자세에 늘 고개가 숙여졌습니다.

그 교수님은 아름다운 부인과 예쁜 두 딸과 함께 행복한 인생을 살고 있었는데, 얼굴에는 늘 웃음이 가득했습니다. 그리고 나를 비롯한 다른 교수들을 만나면 '요새 잘 지내지? 뭐 어려운 일 없어? 내가 도울 일 있으면 언제든지 말해’ 하는 말로 상대방을 진심으로 보살피는 것이었습니다. 부모님과 스승님 몇 분 말고는 누구에게도 이런 대접을 받아보지 못한 나로서는, 말하자면 일종의 ‘정신적 충격’을 받았습니다. 어떻게 남의 행복을 위해 저렇게 진심으로 애쓰는 사람이 있을까 하고 궁금해 했습니다.

한국에서 여러 학교를 다녔고 은행 등 다양한 직장에서 사회생활을 했지만, 그런 식으로 진심으로 사람을 대하는 사람을 거의 보지 못했기 때문입니다. 그때 마음속으로 작지만 굳게 결심했습니다. ‘나도 저런 삶을 살 테다.’ 이 결심이 잘 지켜졌는지는 아직 모르지만 적어도 옛날의 악착스러움은 많이 벗어버린 것 같네요. (안타깝게도 리케트 교수님과 사모님은 두 분 다 암으로 천국에 가셨습니다.)

한국으로 돌아온 뒤에는 모교 성균관대학교에서 후학을 가르치며 행복하게 살고 있습니다. 다만 경영학을 오래 가르치면서 이 학문이 주는 지식이 정말 모든 사람이 알아야 할 것인데도 사람들이 이를 모른다는 생각에 늘 안타까운 마음을 품고 있었습니다. ‘행복할 수 있는 길이 여기 있는데……’ 하는 그런 마음 말입니다. 이 책을 쓰게 된 동기도 결국 그것이지요.

‘행복은 무엇입니까?’라고 누군가 내게 묻는다면 프롤로그에도 쓴 것처럼 ‘주위 사람이 행복하고 삶의 보람을 느낄 수 있도록 돕는 인생이야말로 진정 멋진 삶이고 행복이다’라고 말할 것입니다.

하지만 아무리 훌륭한 뜻을 가졌다 해도 그 뜻을 이루는 방법을 모르고 실천하지 않는다면 그건 그저 허망한 꿈에 그치고 말 것입니다. 뜻을 현실로 일궈낼 능력을 가져야 합니다. 경영학을 오래 공부한 제가 자신 있게 말할 수 있는 건 바로 경영에 대한 이해와 지식이, 꿈을 현실로 만들어줄 분명한 도구라는 것이지요. 이 책은 그런 능력을 기르기 위해 젊은이들이 무엇을 준비해야 할 것인지 여러분과 함께 생각하기 위해 쓴 글입니다.

이 책을 통해 만난 여러분 감사합니다. 행복하십시오.